CONSTITUIÇÃO E POLÍTICA NA DEMOCRACIA: APROXIMAÇÕES ENTRE DIREITO E CIÊNCIA POLÍTICA

DANIEL WEI LIANG WANG
Organizador

CONSTITUIÇÃO E POLÍTICA NA DEMOCRACIA: APROXIMAÇÕES ENTRE DIREITO E CIÊNCIA POLÍTICA

ANDREI KOERNER
ARGELINA CHEIBUB FIGUEIREDO
CLÁUDIO G. COUTO
DANIEL WEI LIANG WANG
ELOÍSA MACHADO DE ALMEIDA
LUÍS GUSTAVO BAMBINI
LUCIANA GROSS CUNHA
MARCOS PAULO VERÍSSIMO
OCTAVIO LUIZ MOTTA FERRAZ
ROGÉRIO B. ARANTES
VANESSA E. OLIVEIRA
VITOR MARCHETTI

Marcial Pons
MADRI | BARCELONA | BUENOS AIRES | SÃO PAULO
2013

Constituição e política na democracia: aproximações entre direito e ciência política
Andrei Koerner / Argelina Cheibub Figueiredo / Cláudio G. Couto / Daniel Wei Liang Wang
Eloísa Machado de Almeida / Luís Gustavo Bambini / Luciana Gross Cunha / Marcos Paulo
Veríssimo / Octavio Luiz Motta Ferraz / Rogério B. Arantes / Vanessa E. Oliveira
Vitor Marchetti

Organização
Daniel Wei Liang Wang

Capa
Nacho Pons

Preparação e revisão
Ida Gouveia

Editoração eletrônica
Oficina das Letras®

Impressão e acabamento
Gráfica Vida & Consciência

Dados Internacionais de Catalogação na Publicação (CIP)
Câmara Brasileira do Livro, SP, Brasil

Constituição e política na democracia : aproximações entre direito e ciência política / Daniel Wei Liang Wang, organizador. – São Paulo : Marcial Pons, 2013.

Vários autores.

ISBN 978-85-66722-06-2

1. Ciência política 2. Democracia 3. Direito e política 4. Direito constitucional I. Wang, Daniel Wei Liang.

13-07765 CDU-342

Índices para catálogo sistemático: 1. Ciências políticas e direito : Direito público 342

Av. Brigadeiro Faria Lima, 1461, conj. 64/5, Torre Sul,
Jardim Paulistano CEP 01452-002 São Paulo-SP

☎ (11) 3192.3733

www.marcialpons.com.br

Impresso no Brasil [07-2013]

PREFÁCIO

Os pais fundadores do pensamento moderno sobre o direito público em geral, e especialmente sobre direito constitucional, tinham plena consciência das conexões políticas de seu objeto. Por isso, eles procuraram dialogar com a filosofia política de sua época. Para garantir que essa troca se mantivesse ao longo do tempo, a Teoria Geral do Estado (a famosa TGE) foi incluída como conteúdo obrigatório no currículo das Faculdades de Direito no Brasil. Infelizmente, com os anos essa disciplina acabou se enrijecendo e foi deixando de acompanhar a evolução posterior das pesquisas sobre política. Isso teve efeito negativo na formação de profissionais do Direito e no pensamento brasileiro sobre direito público.

Em 1993, surgia a Sociedade Brasileira de Direito Público – SBDP. Sua ambição era justamente livrar o direito público das armaduras acadêmicas que impediam seu adequado desenvolvimento entre nós. Com um amplo programa de iniciação científica (a Escola de Formação, funcionando ininterruptamente desde 1998), a SBDP investiu na criação de uma elite de pesquisadores jurídicos de cabeça aberta, que valorizassem os métodos das ciências sociais e interagissem com a produção contemporânea da ciência política. Em paralelo, a SBDP criava cursos e seminários interdisciplinares, especialmente sobre a experiência constitucional, juntando constitucionalistas e outros juristas, cientistas políticos, economistas, autoridades públicas, filósofos, teóricos em geral. A aposta foi na capacidade transformadora do encontro sincero entre as muitas áreas do conhecimento.

Este livro mostra que ambas as iniciativas deram frutos. Daniel Wang, aluno brilhante em 2006 da Escola de Formação da SBDP, rapidamente se transformou em um pesquisador ativo e influente. Por isso, em 2011 foi escolhido para coordenar o curso «Constituição e Política», que sua competência e dedicação transformaram neste projeto mais amplo: o de produzir também um livro capaz de espelhar a rica conexão, que já ocorre, do conhecimento jurídico com a ciência política, e ainda de apontar caminhos para seu aprofundamento.

É muito importante destacar a generosidade com que o coordenador e os autores deste livro têm colaborado com o desenvolvimento das ideias no Brasil, e também com a SBDP. A eles se somam muitos outros professores, pesquisadores e estudantes, vindos de muitas instituições, que têm acreditado na força renovadora do diálogo, e a excelente equipe executiva da SBDP, dirigida por Roberta Alexandr Sundfeld. A prestigiosa editora espanhola Marcial Pons, agora no Brasil, tendo acolhido o projeto, garante sua qualidade editorial.

Carlos Ari Sundfeld

Presidente da Sociedade Brasileira de Direito Público – SBDP
Professor da Direito FGV-SP e da PUC-SP

SUMÁRIO

AUTORES

Andrei Koerner

Professor do Departamento de Ciência Política da Universidade Estadual de Campinas – Unicamp e pesquisador do INCT-Ineu. Mestre e Doutor em Ciência Política pela Universidade de São Paulo e bacharel em direito pela Universidade Federal de Santa Catarina.

Argelina Cheibub Figueiredo

Professora e Pesquisadora do Instituto de Estudos Sociais e Políticos da Universidade do Estado do Rio de Janeiro. Doutora em Ciência Política pela Universidade de Chicago.

Cláudio G. Couto

Professor do Departamento de Gestão Pública da Fundação Getúlio Vargas de São Paulo. Doutor em Ciência Política pela Universidade de São Paulo e Pós-Doutorado em Ciência Política pela Columbia University.

Daniel Wei Liang Wang

Post-Doctoral Fellow na London School of Economics and Political Science (LSE). Doutor em Direito pela LSE. Mestre em Filosofia pela LSE e em Direito pela Universidade de São Paulo (USP). Bacharel em Direito e em Ciências Sociais pela USP. Coordenador e professor do curso de Direito Constitucional da Sociedade Brasileira de Direito Público de 2010 a 2011.

Eloísa Machado de Almeida

Advogada e consultora em direitos humanos. Mestra em Ciência Política pela Pontifícia Universidade Católica de São Paulo e doutoranda do Programa de Direitos Humanos da Universidade de São Paulo.

Luís Gustavo Bambini

Professor do Curso de Políticas Públicas e Direito da Universidade de São Paulo. Mestre e Doutor em Direito pela Universidade de São Paulo. Ex-Assessor de Ministro do Supremo Tribunal Federal e ex-Chefe de Gabinete do Tribunal Superior Eleitoral. Foi Secretário Parlamentar no Senado Federal, Assessor Especial da área jurídica da Casa Civil da Presidência da República e Diretor da Secretaria de Assuntos Legislativos do Ministério da Justiça.

Luciana Gross Cunha

Professora e Coordenadora do Mestrado Acadêmico em Direito na Direito GV. Mestre e Doutora em Ciência Política pela Universidade de São Paulo.

Marcos Paulo Veríssimo

Professor Doutor do Departamento de Direito do Estado da Faculdade de Direito da Universidade de São Paulo. Conselheiro do Conselho Administrativo de Defesa Econômica. Mestre e Doutor em Direito pela Universidade de São Paulo.

Octavio Luiz Motta Ferraz

Professor de Direito da Universidade de Warwick. Mestre em Direito pela Universidade de São Paulo e pelo King's College London. Doutor em Direito pela University College London.

Rogério B. Arantes

Professor e Coordenador da Pós-Graduação do Departamento de Ciência Política da Universidade de São Paulo. Mestre e Doutor em Ciência Política pela Universidade de São Paulo.

Vanessa Elias de Oliveira

Professora Adjunta da Universidade Federal do ABC. Doutora em Ciência Política pela Universidade de São Paulo.

Vitor Marchetti

Coordenador do Bacharelado de Políticas Públicas da Universidade Federal do ABC e Doutor em Ciência Política pela Pontifícia Universidade Católica de São Paulo.

INTRODUÇÃO

DANIEL W. LIANG WANG[1]

«It is time that other political scientists demand public law scholars and teachers who can speak to them, not to John Marshall.» – MARTIN SHAPIRO (1993: 377)

«Menos leitura de código e mais ciências sociais.»
Anônimo (pichação no muro da Faculdade de Direito da Universidade de São Paulo).

Constituição e política são indissociáveis. Se aceitarmos que a constituição, escrita ou não, é um conjunto de instituições que dão identidade ao regime político ao estabelecer e delimitar os poderes dos governos, fornecer os princípios para a disputa política e determinar a relação entre os cidadãos e o Estado (LOUGHLIN, 2009: 46), então separar constituição de política é semanticamente impossível.

A constituição, além de ser um produto da política, é também a política (*polity*) em seu aspecto formal e estabelece os atores, regras, objetivos, procedimentos e limites em que o jogo político (*politics*) ocorrerá para a produção de políticas (*policies*).

---

[1] Agradeço a Rogério Arantes e Cláudio Couto pelas sugestões feitas com relação aos títulos do livro e deste capítulo. Agradeço também a Octávio Ferraz e Vitor Marchetti pelos comentários feitos a esta introdução.

Contudo, chama atenção como embora constituição e política sejam conceitos semanticamente indissociáveis, a produção intelectual daqueles que se especializam no estudo do direito constitucional tende a dialogar pouco com aquilo que esta sendo produzido por aqueles que estudam a política – os cientistas políticos. Embora ambos possam estar estudando um mesmo fenômeno ou fenômenos correlatos, muitas vezes «sentam em mesas separadas» e perdem a possibilidade de trocas intelectualmente produtivas (Whittington; Kelemen e Caldeira, 2011: 242).

Nessa introdução, primeiramente, buscar-se-á entender as razões para o afastamento entre cientistas políticos e juristas. Em segundo lugar, será feita uma análise das razões do recente esforço de aproximação dessas duas áreas. Posteriormente, serão discutidos alguns cuidados que devem ser tomados quando essa aproximação é buscada. Por fim, serão apresentados os capítulos que compõem este livro.

HIPÓTESES PARA O AFASTAMENTO

Como explicar que especialistas em áreas de conhecimento tão próximas dialoguem tão pouco?

Uma *primeira hipótese* estaria na própria origem dos departamentos de Ciência Política, que em muitas universidades nasceram como uma divisão da Faculdade de Direito. Esse vínculo de origem entre os departamentos de Ciência Política e as Faculdades de Direito ocorreu, por exemplo, nos Estados Unidos (Whittington; Kelemen e Caldeira, 2011), na Alemanha (Rehder, 2007: 7) e no Brasil (Forjaz, 1997).

Essa proximidade que, à primeira vista, deveria tornar as duas áreas de conhecimento muito próximas, na verdade pode ter forçado o estabelecimento de certa distância entre elas. Porque a Ciência Política nasce fortemente vinculada ao Direito, ela precisa propositalmente afastar-se do Direito, criar seus próprios paradigmas e métodos, para marcar sua autonomia (Rehder, 2007: 9; Forjaz, 1997). Talvez isso explique por que no Brasil e na Europa o interesse da Ciência Política no estudo sobre o papel das Cortes e do Direito é relativamente recente e com um número ainda pequeno de pesquisas e pesquisadores (no caso da Alemanha, ver Rehder, 2007; sobre o Brasil ver Koerner, neste volume).

Uma *segunda hipótese* para o afastamento entre Direito e Ciência política (que se aplica mais à Europa Continental e ao Brasil) seria a resistência de juristas a fazer uso de métodos e conhecimentos de outras áreas em razão da tradição formalista, que acredita que o próprio direito fornece os instrumentos para resolver seus problemas, tornando a interdisciplinaridade desnecessária (Balkin e Levinson, 2006). O isolamento do direito foi, provavelmente, agravado com a grande influência que o positivismo jurídico kelseniano – que buscava afirmar o Direito como uma ciência autônoma de outros conhecimentos, como a Filosofia e as Ciências Sociais – teve sobre o Direito europeu continental e brasileiro.

Rehder narra que a maior parte dos trabalhos na Europa sobre os tribunais não os veem como políticos, mas como experts ou tecnocratas; e tratam questões jurídicas como questões técnicas a serem resolvidas por profissionais do direito (Rehder, 2007: 19).

Portanto, diferentemente da primeira hipótese, em que os cientistas políticos distanciaram-se do Direito para afirmarem autonomia de sua ciência, na segunda hipótese foram os juristas que se afastaram das Ciências Sociais (inclusive da Ciência Política) para afirmar a autonomia de seu campo de estudo.

Nos EUA essas duas hipóteses aplicam-se com menos força em razão de dois movimentos. Primeiramente, pelo fato de existir lá uma linha muito forte de estudos na Ciência Política sobre o Judiciário, em especial sobre a Suprema Corte (Graber, 2005). Além de pesquisadores que dedicaram seus esforços para o estudo do Direito e das Cortes, como Martin Shapiro, fundador da «political jurisprudence», outros nomes importantes da Ciência Política americana escreveram trabalhos relevantes sobre o tema, como «Decision-Making in a Democracy: The Supreme Court as a National Policy-Maker» *de Robert Dahl.*

Um segundo movimento, dessa vez iniciativa de juristas, foi o realismo jurídico americano, que parte de pressupostos diferentes do formalismo jurídico europeu (sobre o realismo jurídico, ver Veríssimo, neste volume). Não só o realismo jurídico estava muito mais aberto para ler, compreender e aproveitar trabalhos de outras áreas, como também abriu espaço para que cientistas políticos olhassem o fenômeno jurídico despido da sacralidade em que o formalismo o envolve (Powe, 2000).

Uma *terceira hipótese* – que se aplica inclusive aos EUA a partir dos anos 70, quando constitucionalistas passaram a deliberadamente ignorar os cientistas políticos (Powe, 2000) – é a de que constitucionalistas buscaram preservar o constitucionalismo contra as criticas contra-majoritárias fundando-o na ideia de neutralidade. Defendeu-se a ideia de que a jurisdição constitucional – por estar fundada em princípios, valores, na analise e na razão – estivesse acima das disputas e vicissitudes políticas e da busca de resultados imediatos (Graber, 2002: 323).

De acordo com esta percepção, não haveria um papel para a Ciência Política no Direito Constitucional. Afinal, os constitucionalistas não precisam saber a que grupo social as decisões judiciais favorecem, quais os impactos políticos das decisões ou se elas são efetivas. Constitucionalistas precisam saber apenas se os juízes justificam adequadamente suas decisões. Em outras palavras, a política se preocupa com os interesses, enquanto que o constitucionalismo com os princípios (Graber, 2002).

Essa diferenciação entre a política e o direito para fundamentar a legitimidade da revisão constitucional promoveu o afastamento dos constitucionalistas da literatura produzida pela Ciência Política. Afinal, se as cortes são atores políticos, produzem decisões políticas e estão imersas em um contexto político – como consideram os cientistas políticos – como justificar que poucos ministros, imune a qualquer controle democrático, possam impor sua preferência sobre aqueles levados ao cargo por eleições majoritárias?

RAZÕES PARA APROXIMAÇÃO

As duas últimas décadas têm testemunhado uma crescente reaproximação entre Ciência Política e Direito Constitucional. No caso dos Estados Unidos, constitucionalistas estão esboçando uma retomada pelo interesse no trabalho de cientistas políticos (Graber, 2002). Na Europa, estão surgindo cada vez mais estudos de cientistas políticos sobre o papel do Direito e dos tribunais (Rehder, 2007). No Brasil também tem aumentado o número de trabalhos publicados em Ciência Política sobre o tema. Um indício do crescente interesse é a grande quantidade de mesas e grupos de trabalho sobre Judiciário e Direito organizados por cientistas políticos na ANPOCS (Associação Nacional de Pós-Graduação e Pesquisa em Ciências Sociais) nos últimos anos. Também vale notar que muitos juristas têm se preocupado em estudar e usar métodos, conceitos e informações da Ciência Política em suas análises, como provam diversos capítulos deste volume.

Uma *primeira explicação* para essa aproximação seria o fato de que cientistas políticos de diversas correntes, mas principalmente os neo-institucionalistas, têm percebido a importância de se estudar as instituições: que se apresentam, em grande parte, como normas jurídicas. Nesta perspectiva, as normas jurídicas moldam o processo de tomada de decisão e influenciam o seu resultado, além de formar identidades, funções e preferências (Shapiro, 2002: 1; Rockman; Binder e Rhodes, 2011). Com o crescimento do neo-institucionalismo, o direito passou a ser considerado mais seriamente (Rehder, 2007: 16).

Portanto, conhecer Direito passa a ser fundamental para uma análise de Ciência Política, independentemente do objeto de estudo. Neste volume, por exemplo, cientistas políticos explicam, a partir da Constituição, diversos aspectos da formulação de políticas públicas, da governabilidade e da relação entre Executivo e Legislativo (ver os capítulos de Argelina Figueiredo; Rogério Arantes e Cláudio Couto; e Vanessa Oliveira). Estes autores estão fazendo o que Wittington (2008) chama de *empirical constitutionalism*, ou seja, analisando como a Constituição e seus componentes funcionam na prática. Argelina Figueiredo, inclusive, é citada na *Oxford Handbook of Law and Politics* como um exemplo de trabalho na área de *empirical constitutionalism*.

Uma *segunda explicação* é que cientistas políticos no Brasil e na Europa tem se dado conta de algo que a Ciência Política americana e o Realismo Jurídico já tinham percebido há tempo: juízes e tribunais ao interpretar e aplicar normas, especialmente em sede de controle de constitucionalidade, atuam inevitavelmente como atores políticos (Shapiro, 2002: 4). E, a partir do momento em que o Judiciário é visto como parte do governo, ele pode ser analisado com a mesma lente que cientistas políticos analisam outras instituições e atores.

Nesse ponto, a aproximação entre juristas (especialmente constitucionalistas) e cientistas políticos ocorre não apenas porque sua forma de entender o Judiciário se aproxima (menos idealizada por parte do jurista), mas porque a linguagem política é transformada em jurídica dentro dos tribunais. Portanto, para entender as decisões judiciais é preciso olhar tanto para seus aspectos extralegais – por exemplo, a agenda política dos juízes e a relação com membros dos outros Poderes –, mas também para seus aspectos propriamente jurídicos – por exemplo, a norma, a jurisprudência e a doutrina.

O jurista que tenta explicar o comportamento do Judiciário apenas a partir de elementos propriamente jurídicos corre o risco de não enxergar o processo político que levou à decisão e as verdadeiras disputas que estão sendo travadas sob intermediação da linguagem jurídica. O cientista político, por outro lado, ao analisar o Judiciário como um ator político, precisa atentar para o fato de que a atividade do juiz, assim como a de qualquer outro agente, é constrangida por regras, tanto jurídicas quanto à da comunidade de operadores de Direito a que pertence. Em conclusão, é preciso prestar atenção tanto às motivações internas ao direito quanto às que são externas a ela e, por isso, o conhecimento em direito ajuda o cientista político em suas analises, assim como a ciência política ajuda o jurista (Shapiro, 2008: 768).

Uma *terceira explicação*, e talvez o que despertou os estudiosos para as duas anteriores, é que o Judiciário é um ator político que tem ganhado cada vez mais importância (Neal e Vallinder, 1995; Hirschl, 2011). A ideia da expansão global do Judiciário e da judicialização da política tem tomado um destaque cada vez maior nos debates públicos e acadêmicos. Não pretendo explorar a vasta literatura existente sobre o tema, mas apenas apontar que chegam para decisão do Judiciário questões morais fundamentais e de políticas públicas que impactam a vida de grande parte da população. A ideia, que vem desde os Artigos Federalistas, de que o Judiciário é o menos poderoso dos poderes está sendo revista com bastante cuidado pelos cientistas políticos.

A natureza controversa e/ou policêntrica dessas questões levanta o problema da legitimidade dos tribunais. Também leva o juiz e o jurista a concluir que os elementos propriamente jurídicos aprendidos na Faculdade de Direito – o texto legal, o ordenamento jurídico, a hermenêutica jurídica, a jurisprudência, os precedentes e a doutrina jurídica – são insuficientes frente à dimensão das questões que deve responder. Em outras palavras, o problema da capacidade institucional e da legitimidade do Judiciário coloca-se de forma cada vez mais forte (ver Veríssimo, neste volume) e a busca de legitimidade por meio da afirmação de uma suposta neutralidade da jurisdição em relação à política parece ter cada vez menos aceitação.

A abordagem das Cortes tem sido não a de negar o elemento político de suas decisões, mas de incorporá-lo para dentro do processo. Por exemplo, o Supremo Tribunal Federal tem buscado nas audiências publicas e nos *amici curiae* um diálogo com a sociedade civil para conseguir mais informações sobre a questão em litígio bem como para dar um caráter mais legítimo à sua decisão (ver Machado, neste volume). Outra medida defendida por alguns juristas e aplicada por alguns tribunais é fazer da corte um espaço de deliberação e cooperação entre poderes (ver Ferraz, neste volume). Independentemente dos problemas e virtudes de cada estratégia, o fato é que as Cortes já não mais se defendem por trás do escudo do formalismo ou da divisão estanque entre racionalidade jurídica e racionalidade política.

Por fim, uma *quarta explicação* de natureza epistemológica. Desde que o formalismo foi desmantelado de forma irreversível, juntamente com a metodologia positivista do estudo do Direito, a doutrina jurídica está buscando refúgio em outras áreas de conhecimento. Essa busca levou a linhas de pesquisa apelidadas de «Direito e», como, por exemplo, Direito e Economia, Direito e Literatura, Direito e Sociedade, Direito e Política, Direito etc. (Rubin, 1997). E a Ciência Política é um dos refúgios onde a metodologia jurídica pode encontrar mais apoio.

A Ciência Política, assim como as outras ciências sociais, permite ao jurista desenvolver modelos realistas da relação do direito com a sociedade em geral e explicar uma série de forças e efeitos que não são explicáveis dentro de um discurso meramente jurídico (Rubin, 1997: 554).

Isso não significa, de forma alguma, que aspectos jurídicos – o texto legal, o ordenamento jurídico, a hermenêutica jurídica, a jurisprudência, os precedentes e a doutrina jurídica – não tenham importância. Significa apenas que outros aspectos também importam, tais como o processo interno de tomada de decisão, a relação com outros entes políticos, a atuação de grupos de interesse e da opinião publica e uma agenda política dos próprios membros do judiciário. E, sem olhar esses outros aspectos, talvez o constitucionalista tenha dificuldade de entender seu próprio objeto de estudo.

Se o positivismo no passado tentou separar o Direito de outras ciências para reafirmá-lo como um campo autônomo de estudo, arrisco-me a dizer que hoje é preciso reaproximar o Direito delas para reafirmá-lo como um campo relevante de estudo.

CUIDADOS NA REAPROXIMAÇÃO

A aproximação entre Direito Constitucional e Ciência Política é um processo necessário e com ganhos mútuos. Porém, é preciso ter alguns cuidados ao se fazer isso.

Não é raro encontrar constitucionalistas citando os grandes clássicos da política (aprendidos na aula de Introdução à Ciência Política ou Teoria Geral do Estado durante o primeiro ano da faculdade) de forma descontextualizada, contraditória e retórica, acreditando estar enriquecendo sua analise com elementos interdisciplinares (Oliveira, 2004). Porém, pouco conhecem a respeito dos debates contemporâneos dentro da Ciência Política e de como suas perguntas, métodos e conclusões poderiam enriquecer o seu objeto de estudo. Por exemplo, não é incomum encontrar trabalhos em Direito Constitucional que ao falar de separação de poderes não vão além do *Espírito das Leis* de Montesquieu, como se nada mais de relevante tivesse sido escrito sobre o tema nos últimos 250 anos.

Igualmente, não é difícil encontrar trabalhos jurídicos que estão fundamentados em premissas baseadas no senso comum ou em afirmações que, no mínimo, demandariam um grande trabalho empírico e conceitual para poderem ser afirmadas com um mínimo de segurança. Por exemplo, fala-se com frequência da paralisia decisória no Brasil, um diagnóstico bastante controverso entre cientistas políticos (ver Figueiredo, neste volume). Também os juristas costumam ressaltar a incapacidade do Estado de dar resposta aos problemas sociais, o que justificaria a judicialização de políticas sociais. Essa opinião precisaria, no mínimo, enfrentar o fato de que houve avanço no Brasil em praticamente todos os índices que medem efetividade de políticas de saúde, educação e pobreza nas últimas décadas.

Por outro lado, o cientista político também precisa ficar atento para o fato de que as leis, bem como as interpretações e os métodos de interpretação que os juízes fazem delas, mudam de forma muito rápida. Apenas a título de exemplo, um cientista político que tenta contabilizar a taxa de sucesso das ações diretas de inconstitucionalidade como medida de ativismo judicial pode ser levado a engano se o tribunal decide fazer uso da «interpretação conforme». Formalmente, a lei está mantida, porém o seu conteúdo foi mudado de forma que a única interpretação possível é aquela que o STF entendeu ser cabível, o que pode ser uma demonstração maior de ativismo do que se ele declarasse a lei inconstitucional. Portanto, um pesquisador desavisado sobre as novidades hermenêuticas do STF pode chegar a conclusões equivocadas.

Em resumo, o constitucionalista deve tomar cuidado para não fazer ou usar uma ciência política de segunda qualidade. A recíproca também é verdadeira. E a atenção a esse cuidado reforça ainda mais a importância do diálogo e da colaboração entre juristas e cientistas políticos.

ESTRUTURA DO LIVRO

A ideia deste livro nasceu juntamente com a organização do «Curso de Constituição e Política» promovido pela Sociedade Brasileira de Direito Público (SBDP) ao longo do primeiro semestre de 2011.

O curso foi pensado sob as seguintes diretrizes: (1) não repetir o conteúdo de um curso de Direito Constitucional oferecido nas faculdades; (2) reunir professores e pesquisadores que estejam desenvolvendo trabalhos originais e de impacto sobre a Constituição em suas respectivas áreas; (3) promover a maior variedade possível de abordagens e metodologias; e (4) instigar e abrir campo para futuras pesquisas.

Deste esforço resultaram duas constatações. A primeira é que existem muitas pessoas na Ciência Política e no Direito Constitucional que estão tratando de um mesmo objeto e formam uma literatura comum sobre a Constituição. A segunda constatação foi a de que não havia no Brasil uma publicação destinada a reunir esta literatura. Daí nasce a ideia do presente livro.

Os capítulos que compõem este volume são baseados nas aulas proferidas pelos seus respectivos autores durante o referido curso, mais as preciosas contribuições de Vitor Marchetti e Octávio Ferraz. Importante ressaltar, também, o apoio de um grande grupo de pesquisadores da SBDP cujo comprometimento e dedicação tornaram esse livro possível: Bruno Drago, Cláudia Matsuo, Daniel Gemignani, Fernanda Balera, Fernando Sakuma, Karina Santos, Luciana Ramos, Luciana Reis, Luciano Oliveira, Manuela Camargo, Margareth Alves, Natália Pires e Victor Marcel.

No primeiro capítulo, «A análise política do Direito, do Judiciário e da doutrina política», Andrei Koerner parte da tese de que a discussão técnica no direito é política e que, portanto, o jurista, ainda que não saiba ou admita, está sempre fazendo política. Dessa forma, a doutrina, a jurisprudência e as normas não podem ser entendidas sem se considerar as forças políticas em ação em um determinado contexto político. O autor analisa, entre outros temas, a evolução do controle de constitucionalidade no Brasil para mostrar como suas regras e usos foram moldados pelas mudanças políticas do país.

Marcos Paulo Veríssimo, no capítulo «Controle de constitucionalidade e ativismo judicial», trabalha os conceitos de «judicialização» e «ativismo judicial» para discutir a incorporação da racionalidade político-jurídica dentro do processo judicial de controle de constitucionalidade das leis. Essa incorporação, cada vez mais frequente e aparentemente definitiva, levanta o debate na teoria do Direito e na prática do controle de constitucionalidade sobre a capacidade institucional do Judiciário de lidar com questões policêntricas e a sua legitimidade para reverter decisões de representantes majoritariamente eleitos.

«O Poder Judiciário e seu protagonismo nas decisões políticas brasileiras», de Luís Gustavo Bambini, desenvolve a tese de que o grande envolvimento do Judiciário na vida política do país se deve à aquiescência do Legislativo. O Congresso, ao nao decidir sobre algumas questões, estaria deixando ao Judiciário, uma instância menos suscetível à pressão da opinião pública, o ônus de decidir sobre temas politicamente sensíveis. No entanto, diagnostica o autor, o fato de que esses temas cheguem ao Judiciário faz com que este poder também passe a ser sensível a apelos da opinião pública e produza decisões de caráter mais político que técnico.

Vitor Marchetti, em «Reformas políticas sem políticos: quando decisões do TSE e do STF alteraram as regras eleitorais», mostra que as regras institucionais na governança eleitoral, combinadas com uma agenda política de membros da cúpula do Judiciário, levaram a importantes mudanças na legislação eleitoral no Brasil nos últimos anos. O texto trata também da reação do Legislativo às mudanças introduzidas pelo TSE e STF para argumentar que Judiciário não avançou sobre o vazio legislativo ou em razão de uma paralisia do Congresso, mas porque havia uma vontade política viabilizada por regras institucionais.

Octavio Ferraz, em *Entre usurpação e abdicação? O direito à saúde no Judiciário do Brasil e da África do Sul*, apresenta o dilema que a dimensão positiva dos direitos constitucionais (uma obrigação de fazer) coloca para o Judiciário. Ao trabalhar a jurisprudência em direito à saúde no Brasil e na África do Sul, o autor mostra que se, por um lado, o Judiciário não impõe obrigações positivas ao Estado, ele é acusado de omissão. Se, por outro, impõe as obrigações, as críticas de ausência de capacidade institucional e legitimidade democrática do Judiciário são levantadas.

Em «Participação social no Supremo Tribunal Federal: o caso das Patentes Pipelines», Eloísa Machado de Almeida discute uma progressiva abertura do STF para a manifestação de atores da sociedade civil – por meio do instituto do *amicus curiae* e da realização de audiências publicas – em casos envolvendo direitos humanos. Essa abertura ocorre concomitantemente à transposição para a Corte Constitucional de questões travadas no âmbito do Legislativo e do Executivo. O diálogo do STF com a sociedade civil por meio de *amici curiae* é trabalhado a partir do caso das «patentes pipelines», que tem no seu cerne questões de natureza policêntrica, como o modelo de desenvolvimento do país e políticas de saúde.

O capítulo de Luciana Gross Cunha, «Por que devemos confiar no Judiciário?», parte da premissa de que o direito não possui parâmetros científicos para dar conta de responder a diversas questões que ele mesmo se coloca e que, portanto, precisa incorporar novos instrumentos e métodos de pesquisa. Essa é a premissa que motiva a pesquisa Índice de Confiança na Justiça Brasileira (*ICJBrasil*) desenvolvido pela autora para medir a confiança da população no Judiciário, seja em seu papel de prestador de serviço ou no de poder político do Estado. A metodologia e a interpretação dos principais resultados desta pesquisa são discutidas neste capítulo.

Argelina Cheibub Figueiredo apresenta em seu capítulo «Escolha institucional, constituição e governabilidade» alguns resultados de uma das linhas de pesquisa mais importantes sobre a Constituição brasileira. A autora aponta que os diagnósticos de que a Constituição de 1988 estaria criando um país ingovernável não se comprovam empiricamente. Mostra também que a Constituição provê os governos com os mecanismos institucionais – constitucionais e infraconstitucionais – que tornam possível a governabilidade do país. Outro ponto de destaque neste capítulo é a discussão sobre as medidas provisórias, muitas vezes vistas como uma usurpação da competência do Legislativo pelo Executivo, mas que, na visão da autora, é um instrumento de governabilidade que serve tanto ao Presidente quanto aos parlamentares.

«Constituição, governo e governabilidade», de autoria de Cláudio Couto e Rogério Arantes, apresenta uma metodologia desenvolvida pelos próprios autores para análise de constituições e que faz parte de uma linha de pesquisa que já resultou em diversas publicações. Esse capítulo consolida alguns dos dados e interpretações obtidas durante o desenvolvimento desta linha de pesquisa, adicionado de elementos inéditos. Aplicando essa metodologia à Constituição brasileira, os autores afirmam que ela constitucionaliza muitos elementos controversos e desce a minúcias e, por isso, é frequentemente emendada, o que aumenta os custos de governabilidade do país e de mudança do *status quo*.

O tema do federalismo é tratado por Vanessa Oliveira em «Federalismo e políticas públicas: interação e suas consequências». A autora chama atenção para o fato de que o modelo federativo brasileiro estabelecido pela Constituição possui um impacto muito grande nas políticas públicas. Além do mais, dentro de um modelo federalista pode haver contextos de maior ou menor centralização. A forma como a Constituição distribui recursos e competências, bem como a forma como os entes da federação se organizam dentro deste marco constitucional, podem ser determinantes para o sucesso ou fracasso de uma política.

Por fim, Daniel Wang, em «Desobediência civil em um Estado Democrático de Direito», discute a definição e a justificação da desobediência civil dentro da teoria política normativa contemporânea. O autor argumenta que a desobediência civil é uma forma de se fazer política por um meio ilegal, mas que apela ao senso de justiça da maioria com fundamento em valores constitucionais. Este capítulo analisa a capacidade das teorias existentes de justificar a desobediência civil em um Estado Democrático de Direito e o tratamento dado no Judiciário brasileiro para casos em que aqueles que violam as leis argumentam realizar atos de desobediência civil.

Boa leitura!

BIBLIOGRAFIA

BALKIN, Jack M., 2006: Levinson, Sanford V. Law and the Humanities: an uneasy relationship. *Yale Law of Journal and Humanities*, v. 18.

FORJAZ, Maria Cecília Spina, 1997: «A emergência da ciência política no Brasil: aspectos institucionais». *Revista Brasileira de Ciências Sociais*, 35, nov., 1997.

GRABER, Mark A., 2005: Constitutionalism and Political Science: imaginative scholarship, unimaginative teaching. *Perspective on Politics* 3(1).

HIRSCHL, Ran, 2011: «The judicialization of politics». In Robert Goodin. The Oxford Handbook of Political Science. Oxford: Oxford University Press.

KAGAN, Robert A., 1995: What Socio-Legal Scholars Should Do When There is Too Much Law to Study. *Journal of Law and Society*, v. 22, n. 1.

LOUGHLIN, Martin, 2010: *Foundations of Public Law*. Oxford: Oxford University Press.

OLIVEIRA, Luciano, 2004: Não fale do Código de Hamurábi – a pesquisa sócio-jurídica na pós-graduação em Direito. In *Sua excelência o comissário e outros ensaios de sociologia jurídica*. Rio de Janeiro: Letra Legal.

POWE, Lucas A., 2000: *The Warren Court and American Politics*. Cambridge: Harvard University Press.

REHDER, Britta, 2007: *What is Political About Jurisprudence? Courts, Politics and Political Science in Europe and United States*. MPIfG Discussion Paper 07/5. Cologne.

RHODES, R. A. W., 2011: Binder, Sarah e Rockman, Bert. *The Oxford Handbook of Political Institutions*. Oxford: Oxford University Press.

RUBIN, Edwar L., 1997: Law and the Methodology of Law. *Wisconsin Law Review*, 521.

SHAPIRO, Martin e Stone-Sweet, Alec, 2002: *On Law, Politics e Judicialization*. Oxford University Press.

SHAPIRO, Martin, 1993: «Public Law and Judicial Politics». In: FINIFTER, Ada W. *Political Science: the State of the Discipline II*, Washington: The American Political Science Association.

____, 2008: «Law and Politics: the Problem of Boundaries». In: Whittington, Keith; Keleman, R. Daniel e Caldeira, Gregory A. *The Oxford Handbook of Law and Politics.* Oxford: Oxford University Press.

Tate, C. Neal; Vallinder, Torbjörn, 1995: *The Global Expansion of Judicial Power* (Editors). New York: New York University Press.

Whittington, Keith; Keleman, R. Daniel e Caldeira, Gregory A., 2011: «Overview of Law and Politics: the study of Law and Politics». In: Goodin, Robert. The Oxford Handbook of Political Science. Oxford: Oxford University Press.

Whittington, Keith, 2008: «Constitutionalism». In: Whittington, Keith; Keleman, R. Daniel e Caldeira, Gregory A. *The Oxford Handbook of Law and Politics.* Oxford: Oxford University Press.

1

A ANÁLISE POLÍTICA DO DIREITO, DO JUDICIÁRIO E DA DOUTRINA JURÍDICA

ANDREI KOERNER

INTRODUÇÃO

Este capítulo toma como ponto de partida uma proposição que permite sugerir algumas abordagens possíveis para pesquisar as relações entre direito e política: a discussão técnica no direito é política. Para desenvolver esta proposição, pode-se tomar como objeto da análise política os próprios termos da reflexão dos juristas, e não adotar um ponto de vista externo, que seja indiferente a ela. Essa perspectiva trabalha as diferenças entre o tipo de trabalho do jurista e do cientista político e propõe que ambas se beneficiem de suas influências mútuas no desenvolvimento de suas problemáticas e estratégias de pesquisa.

Neste capítulo serão tratados os seguintes pontos: 1. Explorações das relações entre constituição, direito e política, com ilustrações sobre o direito brasileiro do século XIX; 2. Análise crítica de teses em ciência política que aplicam os conceitos de judicialização e ativismo à pesquisa sobre o Supremo Tribunal Federal (STF) e o Judiciário no Brasil; 3. Uma ilustração sobre a necessidade de formular as pesquisas sobre novas bases: a evolução do controle da constitucionalidade no Brasil. O objetivo é mostrar o potencial analítico de uma abordagem que, por um lado, adote um enfoque historicamente situado para a análise das relações entre direito e política, e, por outro lado, analise teorias, conceitos e técnicas jurídicas de forma combinada com as relações estratégicas entre juízes e outros agentes políticos.

1. EXPLORAÇÕES

Como pensar as relações entre direito e política? Uma primeira concepção pensa essas relações como de subordinação do direito à política Nesta concepção, o direito passa a ser representado como a expressão contingente da vontade do soberano, de forma que o direito estaria contido na política. Sob o que é chamado direito, quando são eliminadas todas as mediações, resta em última instância a vontade política. Portanto, o direito seria a expressão contingente da vontade do soberano.

Isso não está presente apenas no pensamento tipicamente absolutista, em que o rei é a encarnação da soberania, a fonte última da ordem e da justiça, em função de cuja vontade se ordenam as relações no espaço territorial. Uma representação desse tipo também está presente no pensamento liberal do século XIX, como em John Austin, discípulo de Bentham, jurista inglês do século XIX, que representa o direito como ordens emanadas pelo soberano.

Uma segunda concepção opõe o direito à política, como se fossem dois domínios separados Uma expressão que representa esta concepção é a de que o quando começa o poder, o direito fica em suspenso. O direito estaria no âmbito da razão, das normas, da generalidade, com um pensamento estruturado e uma concepção sistêmica e autônoma. Do outro lado, a política seria esse mundo caído, da vontade de dominação, das paixões, dos interesses mesquinhos inconfessáveis, da vulgaridade, ilustrado pelo espetáculo deprimente dos escândalos, da corrupção e da violência que se vê na mídia. É como se o direito fosse da ordem da alma e a política do corpo. Essa oposição está presente num pensamento idealista liberal, que apresenta uma idealização do plano do direito e, por outro lado, uma descrença e descaracterização do que seria o campo da política. No Brasil, um pensador importante – e interessante porque nele a crença na força do direito é uma dimensão de um projeto racional e transformador da política do país – é Rui Barbosa.

Numa outra concepção, poder-se-ia pensar que o direito contém a política, ou seja, não existe política além, fora do direito, ou que não seja colocada pelo direito. É um pensamento idealista, presente no jusnaturalismo, em que, a partir de uma concepção idealizada do contrato político seriam estabelecidos direitos e obrigações recíprocas entre os sujeitos, dos quais a política não seria mais do que decorrência. Essa concepção aparece também em um pensamento de caráter religioso que entende que todo direito estaria contido nas escrituras sagradas e toda verdadeira política teria que ser orientada por esse direito.

Pode-se pensar, também, como o faz a teoria dos sistemas, que são duas esferas de atividade social diferenciadas, com lógicas distintas, mas que se influenciam reciprocamente.

Diversas outras abordagens são possíveis. Poder-se-ia pensar ainda as relações entre direito e política, por exemplo, como e forma e conteúdo, ou o direito como estático e a política como dinâmica.

Adota-se neste artigo uma abordagem do direito e da política como tendo implicações recíprocas, como esquemas de interação que se constituem numa estruturação social mais ampla. Esses esquemas ordenam distintos tipos de objetividade, com lógicas próprias, e em relação aos quais os sujeitos atuam. Esses esquemas não são absolutamente diferenciados, pelo contrário, eles se configuram reciprocamente e suas relações podem ser determinadas em função de diversas variáveis, como instituições, interesses, regras e valores. A caracterização do que é «o direito» e «a política», bem como as suas relações, é distinta segundo as épocas e as sociedades e é inseparável da reflexão dos próprios sujeitos dessas sociedades a respeito. Assim, não se pode afirmar que essas características sejam definíveis em termos absolutos, nem a partir de um único ponto de vista, mas elas podem ser reconhecidas e comparadas com outras sociedades ou com outras épocas da mesma sociedade.

Neste sentido, o direito no Brasil, e suas relações com a política, não é absolutamente «brasileiro», pois não se formou de forma autônoma, mas, por outro lado, configura relações próprias, que são diferentes daquelas de outras sociedades. Essas observações têm o sentido de se evitar um nacionalismo jurídico, que esteve presente na história do direito e do pensamento jurídico brasileiro. Buscava-se, já no início do século XX, pesquisar a formação política, as leis e ler os pensadores jurídicos brasileiros do século XIX a fim de identificar e valorizar o que era especificamente nacional e distintivo do direito no Brasil. Não se consegue encontrar o que seria distintivo do direito no Brasil como produção autônoma, diferenciada em relação a outros países, mas quando se toma um conjunto de elementos, pode-se encontrar uma combinação com certas especificidades. Essas especificidades poderão ser explicadas se consideradas do ponto de vista dos processos, em termos das relações entre sujeitos, instituições e estruturas presentes na nossa formação social.

Alguns exemplos do século XIX ilustram essas afirmações. O Código Criminal do Império é considerado por muitos um monumento do liberalismo, que teria influenciado a codificação noutros países, inclusive citado por juristas europeus. Porém, tem-se um código criminal absolutamente liberal e moderno numa sociedade escravista em crise, e na qual as relações entre senhores, escravos e outros homens livres se dão com uma série de características específicas. Qual é a peculiaridade do Código Criminal do Império? Não é um ponto específico, mas a combinação de dispositivos que compatibiliza liberalismo penal e escravismo «à brasileira».

O senso comum dos juristas entende que se trata do código penal para os homens livres. Os escravos seriam considerados «coisas». Mas os escravos não cometem crimes? Eles eram responsáveis penalmente, responsabilidade que não era sujeita ao absoluto arbítrio dos senhores ou dos agentes públicos. Isso está no próprio Código Criminal do Império, onde há dois artigos interessantes. Um deles estabelece que se o acusado for escravo, a pena de prisão será convertida em açoites. Outro artigo determinava que eram admitidos castigos moderados em relações domésticas. O Código de Processo estabelecia que não seriam admitidas denúncias dentro de uma mesma família e nem do escravo contra o senhor.[1] Para além do direito de propriedade em sentido estrito, em que o escravo é, por ficção jurídica, *equiparado* a coisa, o escravo é considerado um órfão, que está posto sob a guarda do senhor. Então, o escravo não pode denunciar o senhor, mas se o escravo cometer um crime poderá ser processado. O senhor prefere punir o escravo por conta própria, mas isso nem sempre acontecia. Então, há uma lógica que está presente não nas regras gerais do Código, na sua generalidade, na sua expressão liberal (e mesmo literal). Ela está presente no Código naquilo que são algumas exceções, e, de um modo mais geral, é nas relações entre a generalidade e as exceções que se pode começar a explicar o sentido social desse Código. A partir daí pode-se extrair toda uma série de considerações sobre a política criminal e a segurança interna do Segundo Reinado, em que se dava a cooperação entre autoridades públicas e proprietários na vigilância e na punição.

O caso da codificação civil no século XIX também é interessante. A Consolidação das Leis Civis teve suas normas organizadas da seguinte maneira: as regras gerais no corpo do texto e as regras sobre escravidão em notas de rodapé. Então, à primeira vista poder-se-ia afirmar que a verdade do «código» civil do século XIX estaria no rodapé da Consolidação, que seria uma legislação dual, como a dualidade da sociedade. Porém, nessa perspectiva, o papel do direito liberal no Brasil no século XIX não seria nada e seriam deixadas de lado, por exemplo, as regras para as relações entre proprietários, para as relações familiares e o papel da Igreja Católica. Assim, é mais interessante analisar as relações entre essas duas partes da Consolidação, dado que elas se distinguem no texto, e suas relações são trabalhadas pela prática.

---

[1] O art. 60 do Código Criminal estabelecia a comutação em açoites das condenações dos escravos por crimes que não fossem punidos com a morte ou galés. O art. 14, § 6.º, do mesmo Código dispunha que não seriam puníveis como crimes «o castigo moderado, que os Pais derem a seus filhos, os senhores a seus escravos, e os mestres a seus discípulos». Entre as circunstâncias agravantes da pena estava a hipótese de que o ofendido pelo crime tivesse a «qualidade de ascendente, mestre ou superior do delinquente», ou tivesse com o ofensor «qualquer relação na qual este devesse respeito filial ao ofendido», o que incluía os escravos ou libertos, que eram juridicamente classificados como órfãos, sob a tutela de seus senhores (art. 16, § 7.º, do Código Criminal). As denúncias propostas por alguma pessoa contra seus próprios familiares ou as de escravo contra seu senhor não seriam aceitas pelas autoridades públicas (art. 75 do Código de Processo Criminal). Ver KOENER, A. «Punição, disciplina e pensamento penal no século XIX». *Lua Nova*, 68: 205-242, 2006.

Essas relações complexas podem ser remetidas às características estruturais da sociedade no século XIX: a escravidão, as relações entre pessoas de *condições* sociais distintas, estrangeiros, e, ainda o fato de a definição dos direitos básicos ser associada com a religião católica, dado o papel da Igreja na organização monárquica. Então, se se pode falar que há uma codificação das relações civis, a sua caracterização se vê na maneira como as distintas partes da legislação e da prática combinam essas características, essas aparentes dualidades que confundem a nossa imaginação jurídica educada com as categorias do liberalismo e do positivismo legalista.

Assim, a originalidade do direito civil não está numa «contribuição original» brasileira ao pensamento ou às instituições jurídicas. O direito brasileiro do século XIX não está em «monumentos», como a legislação ou a doutrina, nem exclusivamente nas suas exceções, mas surge da combinação desses elementos num contexto social. Pode-se entender como era difícil que a iniciativa política para a codificação civil pudesse se realizar. Seria necessário reduzir aos conceitos e regras gerais postos pelos cânones do pensamento jurídico do século XIX toda a diversidade das condições pessoais, da propriedade imobiliária, de concepções sobre as trocas econômicas, do papel da Igreja na sociedade, além das situações transitórias postas pela política de imigração e a estratégia de abolição gradual da escravidão adotada pela elite face aos riscos que via nessa transformação para a ordem e a hierarquia social.

Outro ponto é que no Brasil do século XIX predomina um pensamento político e jurídico conservador, no sentido de distinto e, mesmo oposto ao liberalismo. Embora Rui Barbosa tenha sido um liberal, a relevância de seu pensamento é a de um crítico, e não de um representante do direito e de suas relações com a política no Brasil do Segundo Reinado à Primeira República.

No Segundo Reinado prevalece um pensamento conservador que tem uma concepção do direito e da política como entrelaçados, em que a relação da legalidade e das condições sociais se dá em termos de acomodação das mudanças com a preservação da hierarquia social. Prevalecia, em última instância, a decisão da autoridade política, sem responsabilidade, imotivada. O domínio da lei alcançaria apenas as margens desse poder discricionário da autoridade, visto que se considerava que não era possível defini-lo ou delimitá-lo por regras gerais. Esta relação encarna-se no Poder Moderador do Império, no poder do senhor sobre o escravo e na definição do poder do agente da ordem pública. Essa concepção estava presente em traços mais gerais. O agente da ordem pública, o policial ou o cidadão que está investido de poderes de polícia – como, por exemplo, o senhor de escravo e o fazendeiro – deveria apreciar as circunstâncias e exercer a força caso seja necessário, e ele não seria responsabilizado por isso. Considerava-se que ele não deveria correr o risco de que seus atos pudessem ser examinados por uma autoridade judicial, pois, do contrário, ele seria tolhido na sua tarefa de manter a ordem, por antecipar os riscos de ser responsabilizado penalmente.

O pensamento brasileiro é muito mais conservador do que o de John Austin. Em Austin o direito se define por comandos emitidos pelo soberano, que no caso é o Parlamento liberal cuja base de representação política estava sendo ampliada. No Brasil, existe uma reserva de poderes atribuídos àquele que tem o poder de mando, que tem uma reserva de poderes que não é limitada, e sua autoridade não tem base na representação política, mas numa concepção naturalizada da hierarquia política. É uma espécie de reserva, de resíduo do absolutismo, que tem efeitos até hoje.

Dessas ilustrações tiram-se consequências importantes para a delimitação da perspectiva da análise política sobre o «fenômeno» chamado «direito». Elas mostram a variedade das relações entre direito e política, as suas relações com a estrutura social, e como a reflexão jurídica é parte delas.

A organização da autoridade política contemporânea – o Estado, as relações internacionais, a ordenação das relações sociais, a contestação – é feita com conceitos jurídicos e, de certa forma, é um processo complexo de concretização de teorias jurídicas. O uso de conceitos e teorias jurídicas não é exclusividade dos juristas, mas está inserido nas práticas sociais. Os juristas trabalham, criam, transformam e também reproduzem práticas sociais em particular aquelas realizadas no âmbito das organizações estatais. Enfim, pesquisadores acadêmicos do direito e da política compartilham um vocabulário jurídico-político, mas utilizam-nos de forma distinta, dados seus interesses, abordagens e objetivos próprios.

Para ilustrar esse último ponto, tomemos o tema «sistema de justiça». Se partirmos das definições lexicográficas, cada termo tem inúmeros sentidos. O dicionário *Aurélio* atribui à palavra *sistema* 19 definições e dá 87 expressões ilustrativas, mas entre elas não estão «sistema de justiça», «sistema jurídico» ou «sistema judiciário». Para a palavra *justiça* ele apresenta *só* 7 definições. Se multiplicarmos 19 por 7, teremos 133 significados possíveis para a expressão «sistema de justiça». Algumas combinações produzem os sentidos correntes e que convergem com os utilizados na prática do direito. Mas outras são inesperadas, como «sistema» no sentido de série de sons musicais e «justiça» no sentido de «o Poder Judiciário» (mas que fariam sentido para quem nele trabalhava na época das máquinas de escrever, em que cada marca ou modelo produzia seus próprios sons). Outras combinações poderiam ser sugestivas, ou cômicas, como «sistema» no sentido de sons e «justiça» no sentido de o pessoal que trabalha no Judiciário, e assim «sistema de justiça» seria o nome de um conjunto musical. Podem-se ter sentidos ilegais e contrários ao sentido senso comum entre juristas, se tomamos «sistema» como um hábito ou maneira e «justiça» como vingança a expressão seria sinônimo de «justiceiro». Se tomamos «sistema» como o conjunto de elementos (de pessoas, no caso) contíguos num determinado terreno e «justiça» como vingança, sistema de justiça significaria «linchadores» ou «linchamento».

Mas a diferença entre sentidos em ciência política e teoria do direito é importante, pois, numa teoria positivista do direito, sistema significa ordem ou ordenamento, e «justiça» é equiparada às normas legais. Então, «sistema de justiça» poderia significar sistema jurídico, em que seria o conjunto coerente, completo e autônomo de normas positivas. Se «justiça» significar «Poder Judiciário», sistema de justiça seria o conjunto de normas referentes e esse poder do Estado.

Em ciência política, o termo *sistema* é utilizado como um modelo para a análise de *comportamentos*.[2] A teoria sistêmica foi elaborada com o objetivo de elaborar proposições e conceitos gerais, estabelecer princípios aplicáveis a numerosos sistemas e que podem ser transpostos de uma disciplina a outra. A teoria é empiricamente orientada na medida em que os conceitos devem ser operacionalizáveis em pesquisas. «Sistema» é um conjunto de elementos interdependentes, os quais se encontram em interações dinâmicas, enquanto o sistema social é composto das interações entre os atores de uma coletividade. A teoria diferencia analiticamente subsistemas que se referem a dimensões específicas do sistema social, as quais se encontram em uma rede complexa de interações. Para cada subsistema, os demais constituem o ambiente nos quais se dão interações de outras dimensões sociais. A política é uma dessas dimensões, definida como a atribuição autoritária de valores e o sistema político é definido como o conjunto de interações em que se efetua essa atribuição. O sistema político se concentra numa autoridade, ou estrutura institucional, que, em resposta aos impulsos recebidos (demandas e sustentação), toma decisões com força obrigatória. Por sua vez, essas decisões – e outras ações do sistema político – são recebidas pelo ambiente mutável, que num processo de retroação coloca novos impulsos ao sistema político. Para que possa persistir, o sistema político tem que se adaptar ativamente e responder àquelas demandas, uma vez que as decisões e ações políticas dependem da sustentação dos outros subsistemas sociais, de atitudes e comportamentos nos outros subsistemas sociais que lhes sejam favoráveis. Assim, «sistema» tem o sentido de um conjunto consistente em equilíbrio dinâmico, adaptativo, que se dá num processo permeado de conflitos e tensões. Por sua vez, o termo «justiça», se considerado como parte do sistema político, diz respeito às interações de um setor especializado da autoridade política, o judiciário. Então, «sistema de justiça» equivale a sistema judicial, o domínio especializado da alocação de valores, voltado para a efetivação de regras em relação adaptativa com o ambiente externo.[3]

---

2 EASTON, D. *Uma teoria de análise política*. Rio de Janeiro, 1968.

3 Outra possibilidade seria pensar sistema de justiça como sinônimo de sistema jurídico e daí se poderia pensar numa sociologia jurídica como a de Luhmann (LUHMANN, N. *Legitimação*

Vê-se, por essas explorações, que existe uma multiplicidade de relações e uma convergência de práticas sociais e de usos terminológicos entre «direito» e «política» na sociedade. Por outro lado, há também a diversidade de perspectivas, que se refletem em abordagens, teorias e conceitos próprias às teorias do direito e da ciência política.

Para voltar ao tema inicial, de que a discussão técnica no direito é política, pode-se propor que, de um ponto de vista da ciência política, a prática do direito – particularmente a que se dá nas organizações estatais e, de modo ainda mais específico, na jurisdição constitucional – e as divergências sobre questões técnico-jurídicas sejam analisadas enquanto debates políticos.

Assim, o cientista político normalmente pergunta quem ganha, quem perde com determinada formulação? Quais políticas elas promovem? Quais as relações dessas decisões com os interesses e estratégias de agentes políticos relevantes e as relações destes com os juristas? Quais os *enjeux* políticos mais amplos, tais como as implicações ou consequências mais gerais para o processo político no qual elas se dão? Porém – e apesar de nem todas as divergências técnicas terem significação ou relevância política direta – ao analisar uma tomada de posição jurídica, o pesquisador de ciência política precisa prestar a atenção às questões de relações de poder que estão presentes, de forma implícita, nos conceitos e teorias utilizados, nas peculiaridades da linguagem jurídica e no conhecimento compartilhado pelos agentes do campo.

Por exemplo, a questão do federalismo, que é uma dimensão estrutural do Estado. Um jurista pode ser mais federalista, ou, pelo contrário, unitarista, e ter uma série de argumentos jurídicos, mas necessariamente haverá uma dimensão política, em termos de relação com as circunstâncias, o processo, e as implicações de se adotar uma ou outra posição e de escolher certos argumentos e não outros para defendê-la. Então, nesse sentido, os juristas fazem política o tempo todo. Só que a doutrina jurídica não diz que eles fazem política, pois, a sua problemática e abordagem é a da sistematização do material jurídico e a resolução de problemas práticos para os juristas. Do ponto de vista da ciência política, eles fazem política mesmo quando eles elaboram e dizem que fazem o direito.

O Supremo Tribunal Federal é um caso interessante. A dimensão política das suas decisões é colocada, por críticos e a mídia, em função de um suposto vínculo entre o ministro e o Presidente que o nomeou. Essa suposição é, porém, questionável pela observação mais detida de decisões do tribunal. No entanto, seria idealismo concluir que não há relação entre as posições das forças políticas, o debate técnico-jurídico e as decisões do tribunal. Então, é preciso construir instrumentos de pesquisa que permitam determinar a maneira pela qual se dão essas relações.

---

pelo procedimento. Brasília, 1980).

Tomemos como exemplo a ação direta de inconstitucionalidade. Uma pesquisa que tenha a ADIn como objeto poderá separar a dimensão política da dimensão jurídica? Como formular uma pesquisa política que não utilize, explicitamente ou não, conceitos jurídicos? A impossibilidade de fazer a economia de conceitos jurídicos na pesquisa política torna-se claro a partir do momento em que se pergunta qual é o objetivo de uma ação de inconstitucionalidade, que é um efeito jurídico: declarar a validade e invalidade de um ato normativo. São necessárias muitas mediações para transformar as decisões num processo desse tipo em indicadores mensuráveis de interesses dos sujeitos (tanto juízes como agentes políticos). Pois os juristas podem promover interesses que são, eles próprios, jurídicos, como a validação judicial de teses que sustentaram. Ou, inversamente, certos interesses aparecem traduzidos de tal forma em teses jurídicas que eles se tornam quase irreconhecíveis enquanto expressões de forças «externas» ao próprio direito. Além disso, as relações entre interesses e teses ou conceitos jurídicos não são imediatas nem lineares e, por isso, a «tradução» não é linear nem desprovida de ambivalências ou consequências imprevistas.

De um modo mais geral, a relação do direito com as relações sociais não é apenas instrumental, pois o direito não incorpora e promove a realização de objetivos sociais que lhes são externos. Com o direito se criam «mundos»: os institutos jurídicos não só proíbem, obrigam e permitem condutas sociais, mas também criam, induzem, favorecem os sujeitos a promover e realizar formas de vida social que eles projetam.[4]

Assim, é necessário, mas não suficiente, reconhecer a relação instrumental do debate jurídico com as forças políticas em ação num determinado contexto. Deve-se extrair todo o seu significado, o que em última análise remete a pesquisar a maneira pela qual, numa sociedade, em certa época, constrói-se o que é «o direito» e «a política». As diferenças entre pesquisa em direito e ciência política são de perspectiva, mas, em ambos os casos, é preciso reconhecer a complexidade das relações entre direito e política. Em suma, a divisão do trabalho dos pesquisadores não deve ser delimitada por uma definição meramente instrumental dos seus objetos – ou das relações entre eles.

2. ANÁLISES POLÍTICAS ATUAIS DO JUDICIÁRIO

Se os campos de pesquisas sobre direito e política são primo-irmãos, no Brasil a ciência política tem bem menos tradição, especialmente a respeito do direito e do Poder Judiciário. O número de pesquisadores é pequeno e o

---

4 McCann, M. Poder Judiciário e mobilização do direito: uma perspectiva dos «usuários». Seminário Nacional sobre Justiça Constitucional. Centro Cultural da Justiça Federal: *Revista EMARF*, Cadernos Temáticos, 2010: 175-196 http://www.trf2.gov.br/emarf/documents/revistaemarfseminario.pdf.

acervo de pesquisas é restrito e recente. Nessa situação, as pesquisas de ciência política sobre o Judiciário brasileiro ressentem-se de problemas importantes. Primeiro, têm adotado de forma acrítica teorias e conceitos da ciência política internacional, que são fortemente influenciados pelo debate norte-americano. Segundo, adotaram de forma também acrítica teorias e conceitos sobre o Judiciário e o controle da constitucionalidade elaborados pela doutrina jurídica brasileira.[5]

Sobre o primeiro problema, as pesquisas e debates atuais sobre o Judiciário têm sido marcados pelos temas da judicialização da política, o ativismo e o enfoque do Judiciário do ponto de vista do impacto das decisões judiciais sobre as políticas públicas. Esses temas foram elaborados pela ciência política norte-americana e pesquisadores de vários países incorporaram essas visões que, no entanto, fazem parte de uma temática proposta pelos conservadores dos Estados Unidos, que se mobilizaram contra o papel ativo das cortes em favor dos direitos civis e sociais.[6] Esta é uma concepção muito limitativa da Constituição e do papel do juiz que é trazida para as suas problemáticas de pesquisa.[7] Esta perspectiva parte de uma concepção do papel dos juízes formulada pelos juristas neoconservadores norte-americanos, seja na vertente do originalismo,[8] seja na da análise econômica do direito.[9]

O tema judicialização na ciência política parte de um seminário internacional em 1992, publicado em uma revista[10] e, em seguida, no livro organizado por Tate e Vallinder.[11] O que pode significar a expressão «judicialização da política»? Existe a ambiguidade dos sentidos tanto do termo da judicialização quanto as variedades do sentido da palavra «política».[12] Judicializar pode significar a ampliação dos poderes dos tribunais, a intenção dos juízes de influenciar políticas públicas, as consequências, intencionais ou não, das decisões dos juízes, as estratégias dos atores sociais, uma mudança macro-sociológica das democracias contemporâneas, como se vê nos trabalhos de Tate e Vallinder (1995). Política pode ser pensada como forma de organi-

---

[5] Este ponto será desenvolvido na próxima seção.

[6] Teles, S. M. *The Rise of Conservative Legal Movement – The Battle for Control of the Law*. Princeton: Princeton U.P. 2008; Chemerinsky, E. *The Conservative Assault on the Constitution*. New York: Simon e Schuster, 2010.

[7] Berger, R. *Government by Judiciary – the transformation of the Fourteenth Amendment*. Cambridge, MA: Harvard U.P., 1977.

[8] Rehnquist, W. The notion of a living Constitution. *Texas Law Review*, vol. 54, 1976.

[9] Posner, R. *Economic analysis of law*. Boston: Little, Brown and Company, 1986.

[10] *International Political Science Review*, n. 15(2), abril de 1994.

[11] Tate, C. N. e T. Vallinder. *The global expansion of judicial power*. New York, New York University Press, 1995.

[12] Maciel, D. A. e Koener, A. Sentidos da judicialização da política: duas análises. *Lua Nova*, 2002: 113-134; Koerner, A. e Inatomi, C. *et alii*, Eds. Sobre o Judiciário e a Judicialização. Motta, L. E. e Mota, M. *O Estado democrático de direito em questão – Teorias críticas da judicialização da política*. Rio de Janeiro: Campus-Elsevier, p. 149-180.

zação da comunidade política (*polity*); domínio especializado da esfera de ação governamental ou sistema político (*politics*); decisões das instâncias estatais para direção política, política legislativa, política governamental, política social, política econômica (*policy*). Pode-se pensar a política como as ações de sujeitos e coletividades voltadas para a realização de seus interesses individuais e coletivos e de objetivos comunitários; e que, na medida em que se identificam como cidadãos portadores de direitos, a política torna-se uma forma de mobilização do direito. Pode-se ver que a utilidade analítica de uma expressão que pode ter tantos sentidos é, no mínimo, discutível, ou, em outros termos, ela é inútil e enviesada.

Contudo, é preciso analisar duas questões – ligadas, porém diferentes – postas por esses trabalhos. Uma é a dos efeitos das decisões judiciais sobre políticas públicas que, nessa perspectiva, seria crescente em todo o mundo, pelo menos nas democracias. A outra é o ativismo, no sentido de que os juízes deixariam de aplicar a lei, passando a promover suas concepções de políticas.

Os capítulos iniciais do livro de Tate e Vallinder sobre a judicialização remetem a uma coletânea de Donald Jackson e C. Neal Tate, oriunda de outro seminário de 1989, na qual a questão central é o impacto do *judicial review* sobre as políticas públicas. Essa questão pressupõe delimitar as áreas adequadas ao *judicial review* e aquelas próprias às políticas públicas. Na definição de *judicial review*, Tate adota, por exemplo, um conceito de *indirect review* para os casos em que uma corte, embora sem declarar a inaplicabilidade de uma lei (*statute*), adota uma interpretação limitativa da lei por considerar que os sentidos excluídos seriam incompatíveis com os poderes do legislativo.[13] Sobre o ativismo, afirma a sua ambivalência política, e o caráter engajado das posições tomadas, remetendo ao «rigoroso exercício lógico» de Donald Jackson que definiu os limites das posições normativas adotadas pelos críticos do ativismo. No capítulo final,[14] este autor debate as concepções dos neoconservadores, discutindo concepções de William Rehnquist (nomeado *Chief Justice* por Reagan) e Edwin Meese (*Attorney General* do governo Reagan) para concluir sobre suas dificuldades em estabelecer uma definição rigorosa sobre o que devem fazer os juízes e os representantes eleitos. No entanto, formula seu *framework for comparative analysis* a partir do quadro institucional norte-americano, no qual ele supõe, inicialmente, uma clara divisão entre os campos das políticas públicas, próprios à decisão majoritária,

[13] TATE, C. N. Comparative judicial review and public policy: concepts and overview. In: D. T. JACKSON, C. Neal (Ed.). *Comparative judicial review and public policy*. Westport: Greenwood Press, 1992: 3-15. Ver também HOLLAND, K. (1991). *Judicial Activism in Comparative Perspective*. New York: St Martin Press, 1992.

[14] JACKSON, D. Original intent, strict construction and judicial review: a framework for comparative analysis. In: D. T. JACKSON, C. Neal (Ed.). *Comparative Judicial Review and Public Policy*. Westport: Greenwood Press, 1992: 179-199.

e da decisão judicial, para a proteção de direitos fundamentais. Em seguida, parte da problemática dos neoconservadores – o originalismo e a deferência dos juízes aos legisladores e administradores, termos que são tomados como ponto de partida a serem projetados para futuras análises comparadas.

O tema do ativismo também está perpassado por essa contraposição entre os campos da decisão judicial e da decisão majoritária. O ativismo é, aliás, outro conceito vago, pois pode ser caracterizado a partir de uma divisão pré-estabelecida de campos (o juiz substitui os representantes eleitos), da intenção do juiz (o juiz deixa de aplicar a lei para promover as suas preferências de políticas); e pelos efeitos (a decisão judicial tem impactos sobre as políticas públicas). Outros elementos podem entrar no conceito de ativismo, como a instabilidade da jurisprudência, a tendência do juiz ativista de reverter uma orientação predominante, ou uma intenção política de ampliar os poderes das Cortes.[15]

Essas observações são importantes em três pontos: inicialmente, indicam que esses trabalhos têm como pressuposto uma certa estrutura institucional e tradição política e jurídica, a do constitucionalismo norte-americano; em seguida, há a vinculação entre o debate político, no caso o posto pelo neoconservadorismo norte-americano, e a problemática acadêmica sobre o Judiciário; e, enfim, o entrelaçamento entre os conceitos normativos de direito constitucional e os conceitos analítico-descritivos de ciência política.

Em geral, essas teorias têm em comum uma visão instrumentalista do direito, fundada no modelo do indivíduo como um calculador econômico. O direito é instrumento para um fim, o fim é definido pelo sujeito em função de um cálculo de custos e benefícios. O juiz deve considerar os cálculos do ponto de vista individual (teoria da escolha racional, cálculo estratégico) ou em função de benefícios coletivos, como na teoria econômica do direito (Posner). Para o realismo (Holmes), o juiz considera os benefícios coletivos tal como postos pela visão dominante da comunidade, vencedora num processo de conflito entre grupos sociais. Para o originalismo, o juiz, por motivos de legitimidade democrática, deve deferência à vontade do legislador, aplicando as leis no seu sentido aparente e apreciando a sua compatibilidade com a Constituição, tal como foi concebida pela vontade manifesta pelos 'pais fundadores'. Se não houver decisão do legislador, se esta não for clara, ou se o sentido da norma de referência dado pelos pais fundadores não for claro, o juiz deve se omitir.

Uma questão mais geral é a contraposição entre políticas públicas e decisão judicial. É uma posição do problema que isola os momentos da

---

[15] Para uma apresentação do tema, com um objetivo quantitativo, Lindquist, S. e Cross, F. *Measuring Judicial Activism.* Oxford: Oxford U.P., 2009. Para uma crítica dessa problemática, ver Roosevelt III, K. *The myth of judicial activism – Making sense of Supreme Court decisions.* Yale: Yale UP, 2006

produção normativa estatal, considerando que a decisão judicial não produz, ou que idealmente não deveria produzir novos sentidos para as normas (aliás, nem determinar o seu sentido) e, por outro lado, que as políticas públicas são produzidas como puras decisões, que não têm como pressuposto o ordenamento jurídico do Estado, tal como são interpretadas pelos mais diversos agentes, do Estado ou não, dentre os quais os juízes.

No entanto, para que os temas postos nas teses sobre a judicialização tenham sentido para nós, eles deveriam ser reelaborados levando em consideração uma série de fatores, como a ordem normativa posta pela Constituição, as instituições judiciais, a «cultura» ou tradição jurídica, a história política, as identidades dos agentes e, em particular, as dos próprios juízes. Para dar um exemplo, qual o sentido do originalismo para nós? Seria buscar o sentido visado pelos pais fundadores da comunidade política (*polity*) chamada Brasil, ou seja, os pais da independência? Seria a intenção dos fundadores da comunidade política *republicana e federalista*, ruptura fundamental na nossa história política? Ou seja, Campos Salles, Rui Barbosa, Rodrigues Alves, mas também Benjamin Constant, Quintino Bocaiúva, Silva Jardim. Seriam os de outra ruptura revolucionária no campo político, a de trinta? Seria a dos fundadores da nova República, dos Constituintes de 1988 ou dos «reconstituintes» de 1990 a 1995?

Outro ponto a considerar é como se pratica entre nós a interpretação histórica, propugnada pelos *originalistas*. Seria de se indagar as razões dessa diferença, e quanto isso é relevante para refletir sobre nossa tradição jurídica. De todo modo, a interpretação histórica – o sentido visado pelos legisladores concretos durante o processo Constituinte – é um argumento usado apenas excepcionalmente na prática judicial. Poder-se-ia trazer vários exemplos da jurisprudência do STF pós-1988 que foi contrária à vontade do legislador constituinte, razoavelmente interpretada.[16]

Contudo, em uma abordagem originalista da Constituição de 1988, seriam quem os pais fundadores: Ulysses Guimarães, José Sarney, Bernardo Cabral, Nelson Jobim? José Sarney seria um pai fundador, já que exerceu, juntamente com os militares, uma grande pressão sobre a Constituinte em alguns pontos fundamentais como sistema de governo, o mandato do presidente e o do papel dos militares na nossa comunidade política?

É importante indicar que o próprio STF teve papel de «pai fundador» sobre a Constituição de 1988 Não apenas na «campanha» dos seus ministros

[16] Ver, por exemplo, as discussões dos ministros do STF nas ADIns sobre a promoção para o Tribunal de Justiça dos juízes nomeados pelo «quinto» constitucional para o Tribunal de Alçada (ADIns 27 e 29, seguidas pelas de ns. 654 e 587)

para evitar a criação de um Tribunal Constitucional,[17] mas também por meio da ameaça de as decisões da Constituinte serem contestadas pelo Presidente da República no Supremo.[18] Eram comuns declarações do Presidente Sarney e dos ministros militares em que afirmavam, apoiados por juristas conservadores, que a Constituinte não era originária, mas derivada, porque não houve ruptura revolucionária e a Constituinte havia sido convocada por uma emenda constitucional.[19]

Então, a advertência era de que a Constituinte não poderia tudo, não poderia mudar os elementos fundamentais de nossa organização política: sistema de governo, federalismo, república e, por consequência, a duração do mandato do presidente e o papel das forças armadas. Quando determinado tema fundamental era colocado em discussão, particularmente o sistema de governo, a imprensa divulgava a afirmação de Saulo Ramos (Consultor-geral da República), algum jurista ou um ministro do STF afirmando que, se o Presidente Sarney entrasse com uma ação de inconstitucionalidade no Supremo, este declararia inválida a decisão constituinte. O fundamento seria que os constituintes teriam excedido os poderes concedidos pela emenda convocatória da Constituinte. Em seguida, um ministro militar declarava as Forças Armadas estavam prontas para desempenhar o seu papel, de garantir a ordem constitucional existente (e seria contra aquela em construção pela Constituinte). E assim os atores do processo constituinte, que participaram da nova Constituição, não estavam apenas no Congresso, mas perpassavam os outros poderes do Estado, inclusive o Supremo Tribunal Federal e, numa outra dimensão, também as forças mobilizadas da sociedade.

Outro ponto a indagar é se os nomes *Juiz, Poder Judiciário, Supremo Tribunal*, não se referem a «coisas» diferentes nos EUA, no Brasil e noutros países. As diferenças são imensas, desde o acesso ao julgamento de primeira instância, à maneira pela qual o Judiciário é organizado o julgamento de primeira instância, a seleção dos juízes, a organização das carreiras, as decisões estratégicas no plano organizacional e a elaboração e execução do orçamento.

O Brasil tem uma característica muito peculiar: o insulamento institucional do Poder Judiciário. Deve-se partir desse dado e não de uma idealização

---

[17] CORREA, O. D. *O Supremo Tribunal Federal, Corte Constitucional do Brasil*. Rio de Janeiro: Forense, 1987; MARTINEZ-LARA, J. *Building Democracy in Brazil: The Politics of Constitutional Change* 1985-1995. New York: St. Martin's Press, 1996.

[18] KOERNER, A. «O Supremo Tribunal Federal na Constituinte e a Constituinte no Supremo». Seminário *Em busca do processo Constituinte*. Antonio Sérgio Carvalho Rocha e E. G. Noronha. Universidade Federal de São Carlos, 2009. O banco de dados chama-se «Poli», disponível no CIS – Consórcio de Informações Sociais (www.cis.org.br), coordenado pelo Prof. Brasílio Sallum Júnior, do Departamento de Sociologia da USP.

[19] RAMOS, S. *Assembleia Constituinte – O que pode; O que não pode – Natureza, extensão e limitação de seus poderes*. Rio de Janeiro: Alhambra, 1987; FERREIRA FILHO, M. G., 1934. *Ideias para a nova constituição brasileira*: São Paulo: Saraiva, 1987.

sobre o que deveria ser o juiz numa ordem jurídica liberal. O que o juiz faz, o que ele deve fazer, o que ele pode ou não pode fazer é um dado organizacional e histórico do Brasil. O Judiciário atual é autônomo, forte institucionalmente, insulado e sem controle externo sobre suas decisões ou sobre a estratégia organizacional e a responsabilidade dos juízes.[20] O Judiciário norte-americano é completamente diferente, pois o juiz é considerado como um representante político e, pelo sistema do *common law*, ele é produtor de direito. Daí a questão da extensão dos poderes e a legitimidade desse agente. A divisão entre o que é do domínio do direito e o que é do domínio das políticas públicas é muito estrita, mesmo porque nos Estados Unidos adota-se uma concepção muito limitada do que sejam os direitos fundamentais.

Nos EUA parte-se do princípio republicano de que todo representante político deve ser eleito, exceto na medida em que a exceção for extremamente necessária. Em geral, juízes são eleitos ou nomeados pelas Assembleias Legislativas (existente em alguns estados). O juiz federal é uma exceção, porque ele é nomeado vitaliciamente, com indicação do presidente e aprovação do Senado. Por que esse representante não eleito pode tomar decisões que não são tomadas pelos representantes eleitos? A nossa tradição política, nossa organização institucional, neste ponto, está muito mais próxima da europeia desde o século XIX. No Brasil há uma tradição de pensar o Judiciário como uma instituição, um ente coletivo, e menos o juiz individual. O problema da legitimidade é da instituição, não do juiz. Então, quando usamos as mesmas palavras, formuladas por uma discussão acadêmica como essa da judicialização, que tem como referência as instituições de outro país, é preciso tomar cuidado e reelaborar a discussão levando em conta as diferenças. Por isso, o conhecimento das características de nossas instituições judiciais, a sua história, a formação da tradição, é passo essencial para a análise política de sua atuação na atualidade.

Ainda sobre o ativismo, um dos pontos da definição seria o fato de o juiz não seguir os precedentes, preferindo adotar interpretações inovadoras. Importa ressaltar, contudo, que esse ponto tem como referência a continuidade constitucional característica dos Estados Unidos. Num contexto de mudança constitucional, seria de se indagar se, ao adotar uma linha de continuidade com os precedentes, os tribunais não estariam contrariando a «vontade» do constituinte. Esse é um dos aspectos do debate sobre a atuação do STF pós 1988, onde se afirma que o STF foi omisso na efetivação da nova Constituição, mas foi ativista ou serviu de refúgio para interesses corporativos, especialmente

---

20 A criação do CNJ modificou parcialmente a situação, mas o controle é realizado fundamentalmente por juízes, dada a limitada presença de conselheiros externos à magistratura e às profissões jurídicas, dos quais apenas dois são indicados pelo Congresso e não há o Executivo.

os dos juristas.[21] Uma análise das decisões de ADIns no período de 1988 a 1999 sugere que se adote conclusões mais ponderadas.[22] Se considerarmos o impacto orçamentário do dispositivo contestado, os resultados mostram que, se a norma contestada tem efeitos orçamentários deficitários (estaduais, na maioria), o STF tende a declarar a sua invalidade. Se, pelo contrário, a norma for superavitária (federais, na maioria, em políticas de estabilização monetária e reforma do Estado), é declarada válida, ou a ação não chega a ser julgada no mérito. Outra variável é a dos beneficiários. Se a norma beneficia grupos sociais específicos ou grupos de indivíduos, a decisão tende a ser mais pela invalidade, contudo se a norma não tem beneficiários definidos, a decisão é pela validade. Assim, o STF teve uma atuação muito ativa no sentido de declarar inconstitucionais as normas impugnadas no caso de dispositivos estaduais nos campos de direito administrativo, tributário, constitucional e que causavam déficit orçamentário. O exemplo típico são as leis estaduais que concediam reajustes e benefícios para funcionários públicos e isenções fiscais.

Outro exemplo é a posição extremamente rigorosa adotada pelo STF em relação aos limites do constituinte estadual. O STF tem entendido que as constituições estaduais deveriam reproduzir as normas da Constituição Federal, e não poderiam exceder os seus dispositivos Ele vem declarando, então, a inconstitucionalidade de normas de constituições estaduais que divergiam do modelo federal, ainda que o seu conteúdo não fosse explicitamente contraditório com os dispositivos da Constituição federal. Dessa forma, o constituinte estadual ficou extremamente circunscrito pela interpretação dada às regras da Constituição de 1988 pelo STF, segundo o princípio da simetria, ainda que, salvo engano, não haja nenhuma norma da Constituição de 1988 que autorize esta concepção estrita adotada pelo STF. Esse ponto é interessante, pois o STF deu continuidade à orientação jurisprudencial adotada durante o regime militar, mas adotou uma inflexão (foi relativamente ativista pelo critério da inovação). Ao adotar uma certa concepção do princípio da simetria entre o modelo federal e os estaduais que não estava escrita na Constituição federal (e, então, foi ativista pelo critério de ampliar a interpretação).

As decisões do STF tiveram consequências importantíssimas para a política dos estados (ativismo), mas, de um modo geral, elas favoreciam a

---

21 Para uma crítica constitucionalista, ver Bonavides, P. *Do país constitucional ao país neocolonial (A derrubada da Constituição e a recolonização pelo golpe de Estado institucional).* São Paulo: Malheiros, 1999. Para uma revisão dos trabalhos de ciência política, Koerner, A. Direito e modernização periférica – Por uma análise sócio-política do pensamento jurídico constitucional brasileiro pós-1988. In: Cicero Araujo e J. Amadeo (Ed.). *Teoria política latino-americana.* Caxambu (MG): Hucitec e Fapesp, 2005: 337-362.

22 Para uma apresentação da pesquisa, Koerner, A., M. Baratto *et alii.* Pensamento jurídico e decisão judicial: o processo de controle concentrado em decisões do Supremo Tribunal Federal pós-1988. *31.º Encontro Anual da ANPOCS, – Associação Nacional de Pós-Graduação e Pesquisa em Ciências Sociais.* Caxambu (MG), 2007.

orientação da coalizão política dominante no plano federal, que promoveu a centralização política para realizar o programa de reformas do Estado, limitando os poderes de decisão no plano estadual e municipal, especialmente no que se refere aos gastos públicos.

Essa orientação indica que a maioria dos ministros do STF apoiou a nova coalizão federal e atuou no enquadramento das forças políticas divergentes que ainda eram relevantes no plano dos estados. Cumpre ressaltar a atuação importante do Procurador-Geral que acionou o STF contra leis estaduais, de forma que há um pico no número de medidas cautelares em ações contra leis estaduais em 1995, seis anos depois da promulgação das constituições estaduais. Nos anos seguintes, as ações contra leis estaduais se expandem para outros campos do direito. Os governadores dos estados que assumiram em 1995, ao invés de negociarem com suas Assembleias Legislativas para modificarem as constituições ou leis estaduais, entraram com ações no STF.

Então, poder-se-ia dizer, para apontar os contrassensos a que nos levariam os termos criticados até agora, que o STF foi ativista em relação a normas estaduais e favoreceu a judicialização da política estadual, enquanto apoiava a coalizão dominante no plano federal cuja orientação era no sentido de modificar ou, ao menos, limitar o alcance das normas da Constituição federal. Veja-se que «judicialização» e «ativismo» aparecem em relações entre entes governamentais, o que é uma das características do controle concentrado da constitucionalidade das leis, que não existe nos EUA.

No entanto, este é apenas um aspecto da análise, pois, no caso de normas federais, a atuação do STF é bastante diferente. Por exemplo, a conhecida e criticada orientação do STF em ADIns contra normas de planos de estabilização econômica e as privatizações. Ações promovidas por partidos políticos e entidades de classe e associações sindicais tiveram um estímulo de fracasso: muitas não eram conhecidas, e se conhecidas, não julgadas e, se julgadas, improcedentes. As decisões do STF, portanto, foram de sustentação das políticas do governo federal não só ao julgar as ações improcedentes, mas também simplesmente ao não julgar ou sequer conhecê-las.

Coloca-se, então, a questão: quando um tribunal julga uma ação improcedente, ele pode ser considerado ativista ou sempre é não-ativista?

A resposta de grande parte da literatura é que a decisao contra a norma seria um indício de ativismo, pois o tribunal julga a ação procedente e declara a norma inválida face à Constituição, decidindo de forma contrária à vontade manifestada pelo legislador. Com isso, o pesquisador acredita ter sido capaz de verificar um evento em que houve a contrariedade entre o tribunal e o legislativo.

Mas aqui se coloca uma ressalva que resulta das características da nossa organização constitucional: há outros entes constitucionais, além do

Congresso, com capacidade normativa para editar normas primárias – o chefe do Poder Executivo, por meio de medidas provisórias, e os Tribunais. Se o STF está frente a uma medida provisória, qual sentido atribuir à decisão que declara a sua validade ou não? O STF está diante de um representante eleito (o Presidente) e é provocado para proteger os poderes de outro poder com representantes eleitos (o Congresso).

Outro ponto interessante é que uma vez fundada de uma nova ordem constitucional, como a da nova Constituição de 1988, o Tribunal é chamado a declarar a invalidade de uma lei do Congresso anterior à vigência da nova Constituição. Se o Tribunal afirma seus poderes de exame das leis anteriores, a fim de buscar a maior efetividade da nova ordem constitucional, essa declaração da inconstitucionalidade pode ser qualificada como ativismo? O Tribunal declararia a invalidade de leis do Congresso anteriores à nova Constituição, mas atua para efetivar a «vontade» do novo legislador constituinte. No caso da decisão da ADIn 2, o STF decidiu o inverso, o que resultou em um grande número de ações arquivadas, porque elas impugnavam leis anteriores à Constituição.

O STF deixou de tornar efetiva a «vontade do legislador constituinte» e, então, poder-se-ia considerar que a não-decisão do Tribunal em questões desse tipo poderia representar uma evidência de ativismo. Contudo, o Tribunal não contrariou a «vontade do constituinte», mas deixou em suspenso a efetivação da Constituição naquilo que diz respeito às normas anteriores a ela. Ele deixou de fazer valer a vontade do constituinte e, com isso, não foi deferente às decisões dos representantes eleitos. Então, o tribunal não fez valer a vontade de tornar efetiva a Constituição, ao não permitir que houvesse a oportunidade de se examinar se aquela questão era válida ou não, se ela se conformava ou não à vontade do constituinte. Se insistirmos em usar os termos criticados, teríamos o contrassenso de que, com esse tipo de decisão, o STF teria patrocinado a judicialização e o ativismo dos juízes de instâncias inferiores, aos quais foi transferida a tarefa de examinar, caso a caso, se as leis anteriores eram ou não compatíveis com a nova Constituição.

Uma situação semelhante ocorreu no caso das ADIns contra o Plano Collor, quando o tribunal não declarou as medidas inconstitucionais em ação direta, mas deixou em aberto a possibilidade de que os juízes o fizessem em ações comuns. O resultado foi que o STF transformou uma ação em milhares de ações. Então, ter-se-ia uma espécie de judicialização e de ativismo promovida pela própria cúpula do Poder Judiciário.

A questão fica mais complexa se se considera uma mutação constitucional, como a que ocorreu no Brasil depois da promulgação da Constituição, com a emergência de uma nova coalizão majoritária, legitimada pelas eleições de 1994. Pode-se colocar a hipótese de que a maioria do Tribunal tenha adotado uma nova interpretação da Constituição, adequada à orientação política da nova coalizão, e invalide leis promulgadas sob a Constituição de 1988 antes da emergência dessa nova coalizão e que, portanto, continham concepções derrotadas por ela. Trata-se de ativismo? Sim, se for adotado o critério da instabilidade jurisprudencial, mas não se for adotado o da conformação do Tribunal com a coalizão majoritária.

Em todos esses exemplos, a qualificação de «ativismo» ou não depende de algo mais do que contar o número de decisões de ADIns sobre normas ou leis federais que o STF julgou procedentes. A análise das situações permitiria decidir sobre o sentido político às decisões do Tribunal, mas a conclusão não seria a escolha simples entre duas alternativas polares.

O segundo ponto referido acima é o de que as pesquisas de ciência política brasileira «importaram» de forma acrítica as teorias e conceitos elaborados pelos juristas brasileiros. Ora, se a política se manifesta no direito sob a forma de tomadas de posição em questões de técnica jurídica, os cientistas políticos brasileiros têm incorporado, de forma implícita e acrítica, doutrinas elaboradas por juristas. Essas doutrinas representam, elas mesmas, tomadas de posição política sobre os problemas do seu tempo. Para ilustrar o ponto, basta notar que os trabalhos de Rui Barbosa não representam o «retrato» da prática jurídica do seu tempo, pelo contrário, são acerbas críticas a eles. Igualmente, não se podem tomar as posições de um texto do Min. Moreira Alves sobre a evolução do controle de constitucionalidade no Brasil como uma elaboração «puramente» doutrinária.[23]

Um exemplo de equívocos que podem ocorrer disso é que os cientistas políticos brasileiros simplesmente adotaram a tese de que o sistema brasileiro de controle partiu do controle exclusivamente difuso e gradualmente se centralizou, tornando-se um sistema concentrado. Aponta-se a Emenda Constitucional n. 16, de outubro de 1965, como o momento da criação do controle concentrado, mas não se analisa o significado disso no contexto das alterações centralizadoras e autoritárias da ordem política brasileira pós-1964, em particular o contexto específico da edição do Ato Institucional n. 2.

Porém, como foi afirmado na primeira seção, não se trata de desqualificar os trabalhos de doutrina jurídica por serem enviesados politicamente. O interesse da doutrina jurídica, sua perspectiva de análise, materiais e objetivos são diferentes dos de cientistas políticos. O doutrinador procura elaborar uma interpretação sistemática da legislação e de outros materiais jurídicos, elaborando teorias e conceitos cujo objetivo é produzir efeitos práticos. Os dados históricos, como o processo político e as condições sociais mais amplas do país, são tomados de forma estilizada, modelada e que tem caráter funcional para a construção sistemática dos materiais jurídicos. Talvez se possa dizer que

---

[23] Alves, J. C. M., A evolução do controle da constitucionalidade no Brasil. In: S. D. F. Teixeira (Ed.). *As garantias do cidadão na Justiça*. São Paulo: Saraiva, 1993: 1-14.

o ideal do trabalho do jurista é ser menos «realista» – no sentido de descritivo da realidade – e mais sistemático, estilizado. Aliás, vê-se às vezes que doutrinadores jurídicos tomam explicações de teorias macrossociológicas, baseadas em modelos, como proposições descritivas, e as adotam como premissas para suas construções normativas.

Esse trabalho do doutrinador, seus pressupostos e consequências é que devem ser tomados criticamente pelo cientista político, pois esse toma os materiais jurídicos e os combina a outros fatores para formular uma explicação de uma sociedade, processo ou instituição. O objetivo, ao menos para as pesquisas acadêmicas, não é o de produzir efeitos diretos, imediatos sobre os sujeitos e instituições que analisam. Aqui vai uma importante distinção entre a pesquisa acadêmica, de caráter crítico e, por isso, com certo distanciamento do processo imediato e outros tipos de pesquisas que se colocam no marco das políticas públicas que fazem muitas vezes em cooperação entre os pesquisadores da Universidade e os das próprias instituições destinatárias da pesquisa (ou de fomento, como, por exemplo, o próprio Poder Judiciário e o Banco Mundial). Há, ainda, as pesquisas de autores politicamente engajados e que assumem, muitas vezes, caráter nitidamente doutrinário, dado que eles se colocam como «intelectuais orgânicos» de partidos ou grupos políticos.

Então, tem-se uma questão geral: como pensar o controle da constitucionalidade no Brasil, como pensar Direito e Judiciário no Brasil? É necessário retrabalhar criticamente tomando como ponto de partida dados em relação à dinâmica política e a construção da sociedade brasileira e trabalhar criticamente os materiais jurídicos. Deve-se ir, portanto, mais além de importar modelos que tiveram como referência outras situações históricas ou que foram elaborados pelos juristas.

3. UMA ILUSTRAÇÃO: A EVOLUÇÃO DO CONTROLE DA CONSTITUCIONALIDADE NO BRASIL

O tema da «evolução» do controle da constitucionalidade no Brasil é uma ilustração interessante da crítica feita à pesquisa acadêmica. As concepções da doutrina jurídica sobre esse tema têm sido adotadas pelos cientistas políticos brasileiros, o que trouxe para a análise teorias e doutrinas conservadoras, mas sem sequer levantar muitas questões relevantes para compreender os limites e o sentido da prática do controle da constitucionalidade no Brasil.[24]

---

[24] Outro tema a ser objeto de análise crítica é o do «sistema misto». KOERNER, Andrei. «Sobre o Controle da Constitucionalidade no Brasil pós-1988 – o "modelo misto" em questão». Comunicação no *34.º Encontro da ANPOCS – Associação Nacional de Pós-Graduação em Ciências Sociais* ST, 17 – Judiciário Ativismo e Política, coordenado por Fabiano Engelmann e Giselle Citadino, Caxambu-MG, outubro de 2010.

Embora a «evolução do controle da constitucionalidade» no Brasil seja um tema comum em trabalhos de doutrinadores de direito constitucional (gerais ou dedicados especificamente à jurisdição constitucional),[25] ela não foi até o momento objeto de análise sistemática.[26] Esta bibliografia geralmente evidencia a criação e fortalecimento dos poderes de controle concentrado da constitucionalidade do STF após 1964 e faz referências ao regime militar, a atos de exceção, bem como a decisões do STF que os reconheceram. Contudo, os temas são tratados de forma separada, como se houvesse exterioridade entre as dimensões política, institucional e processual do controle da constitucionalidade.

Assim, como um padrão, os textos de direito constitucional tratam o golpe de 1964 e o autoritarismo em capítulo sobre a história constitucional do Brasil, fazem referência aos atos institucionais e à sucessão de emendas constitucionais, às cassações, à suspensão de direitos políticos e das garantias constitucionais, à censura, à extinção dos partidos políticos e, por vezes, à repressão, à tortura, morte e desaparecimentos forçados de opositores. Por outro lado, as mudanças na estrutura do Estado, nas relações entre os poderes, a redefinição do processo legislativo e da federação, e do Judiciário são tratados em outra parte. Por vezes, a evolução ou o modelo de controle da constitucionalidade das leis no Brasil é tratado em capítulo à parte, dada sua relevância para a Constituição como um todo.[27] Todos os autores trabalham

---

25 Agra, W. D. M. *A reconstrução da legitimidade do Supremo Tribunal Federal – Densificação da jurisdição constitucional.* São Paulo: Forense, 2004; Barroso, L. R. O Direito Constitucional e a Efetividade de suas Normas: limites e possibilidades da Constituição brasileira. São Paulo: Renovar, 2002 a; Bernardes, J. T. *Controle Abstrato de Constitucionalidade – Elementos materiais e princípios processuais.* São Paulo: Saraiva, 2004; Binenbojm, B. *A nova jurisdição constitucional brasileira – Legitimidade democrática e instrumentos de realização.* Rio de Janeiro: Renovar, 2004; Bonavides, P. *Curso de direito constitucional.* São Paulo: Malheiros, 2005; Cruz, Á. R. D. S. *Jurisdição constitucional democrática.* Belo Horizonte: Del Rey, 2004; Mendes, G. F. *Jurisdição constitucional: o controle abstrato de normas no Brasil e na Alemanha.* São Paulo: Saraiva, 2005; Poletti, R. *Controle da constitucionalidade das leis.* Rio de Janeiro: Forense, 1985; Silva, J. A. D. *Curso de direito constitucional positivo.* São Paulo: Malheiros, 2005; Siqueira Jr., P. H. *Direito processual constitucional – de acordo com a Reforma do Judiciário.* São Paulo: Saraiva, 2006; Slaibi Filho, N. *Breve história do controle de constitucionalidade.* Academia Brasileira de Direito Processual Civil, www.abdpc.org.br, p. 26; Stamato, B. *Jurisdição constitucional.* Rio de Janeiro: Lumen Juris. 2005; Teixeira Filho, M. A. *O controle jurisdicional da constitucionalidade das leis e dos atos normativos do Poder Público.* São Paulo: LTr. 1985.

26 Para a análise que segue, foram consultados Moreira Alves, *A evolução...*, cit., Silva, J. A. D. *Curso de direito constitucional positivo.* São Paulo: Malheiros, 2005; Palu, O. L. *Controle de constitucionalidade: conceitos, sistemas e efeitos.* 2. ed. rev., ampl. e atual. de acordo com as Leis 9.868 e 9.882/1999. São Paulo: Ed. RT, 2001; e Mendes, G. F. *Jurisdição constitucional: o controle abstrato de normas no Brasil e na Alemanha.* São Paulo: Saraiva, 2005.

27 Silva, *Curso...*, cit., p. 51 ss.; 87 ss.; Mendes, *Jurisdição*, p. 39; 68; Palu, 1999: 120; 125).

como se houvesse exterioridade entre as mudanças do controle da constitucionalidade no Brasil e a política.[28]

Na parte sobre o controle da constitucionalidade aparece um esquema continuísta das Constituições republicanas. Começa com o controle exclusivamente difuso da Constituição de 1891; as restrições da Emenda Constitucional de 1926, que limitou o controle de constitucionalidade em alguns aspectos, proibindo o Supremo de julgar questões exclusivamente políticas. Passa pela Constituição de 1934, que criou duas inovações mais importantes: a primeira foi a representação interventiva e a outra foi a suspensão, pelo Senado, da execução das leis declaradas inconstitucionais pelo STF, onde o Senado tinha a condição de órgão de coordenação entre os poderes. Em seguida, o interregno de 1937 e a Constituição de 46, que consolidou a representação interventiva (agora diretamente provocada pelo Procurador-Geral) e o controle difuso, mantendo os poderes do Senado, embora na prática da Constituição a representação passou a ser usada para atos normativos estaduais contra os quais não cabia, em princípio, a demanda de intervenção. Posteriormente, o momento da efetiva criação do controle abstrato de constitucionalidade no Brasil das leis estaduais e federais é a Emenda Constitucional 16/1965, isto é, no momento de plena instalação do regime militar. Em seguida, as mudanças constitucionais importantes na Emenda Constitucional 7, de 1977. Por fim, surge a grande realização com a Constituição de 1988, na qual foi criada a Adin por omissão, mandado de injunção, entre outros instrumentos.

Apresenta-se, então, uma história linear e gradual, na qual os diversos momentos são postos como passos de uma «evolução». Aqui se delineia um esquema, como formula Moreira Alves,[29] em que, por um lado, está o controle concreto em suas modalidades de controle difuso sobre quaisquer atos normativos e o controle centralizado sobre atos normativos estaduais que dão origem à representação interventiva. Nesse processo indica-se que havia uma prática crescente do controle abstrato sobre atos normativos estaduais (e minimizado, aliás, por Moreira Alves). Por outro lado, o controle abstrato de atos normativos estaduais, instituído pela EC 16/1965, viria «dar plenitude» ao controle da constitucionalidade no Brasil na medida em que teria completado as lacunas que existiam no sistema anterior. Essa realização se daria

---

[28] Note-se de passagem, que autores estrangeiros trabalham o controle da constitucionalidade não só do ponto de vista processual, mas também estrutural, das relações entre os poderes, e das relações do controle da constitucionalidade com outros institutos, tanto de direito processual quanto outros processos que ocorrem no sistema político. Ver, por exemplo, CAPPELLETTI, M. *La Giurisdizione Costituzionale delle Libertà. Primo studio sul ricorso costituzionale (con particolare riguardo agli ordinamenti tedesco, svizzero e austriaco).* Milão: Giuffrè, 1955; CAPPELLETTI, M. *O controle judicial de constitucionalidade das leis no direito comparado.* Porto Alegre: Fabris, 1992; KELSEN, H. *Jurisdição constitucional.* São Paulo: Martins Fontes, 2003.

[29] ALVES, *A evolução...*, cit.

em diversos aspectos da Emenda que, ao prever explicitamente o controle abstrato de atos normativos primários, abrange os atos normativos tanto estaduais quanto federais, estendendo o domínio do controle. A representação de inconstitucionalidade, por sua vez, teria alcance mais amplo, dado o seu objetivo de preservar a ordem jurídica. Ela alcançaria normas que não seriam atacáveis pelos outros tipos de controle por via prejudicial, os quais, por serem concretos, visavam satisfazer direitos subjetivos de indivíduos ou interesses de autoridades públicas Ademais, a representação de inconstitucionalidade para leis federais teria sido criada para resolver a «crise do STF» causada pelo número excessivo de processos, segundo a Exposição de motivos do anteprojeto de que resultou a Emenda Constitucional 16 de 1965.

Gilmar Mendes discute com algum detalhe a «natureza» da representação de inconstitucionalidade, considerando que os juristas nos anos sessenta e setenta não tinham clareza sobre a distinção entre a representação interventiva e a representação para o controle abstrato de normas. As controvérsias sobre a extensão dos poderes do Procurador-Geral, titular exclusivo da legitimidade ativa para provocar o controle abstrato, aparecem para ele como uma «balbúrdia». Ele toma ao pé da letra a exposição de motivos do ministério da Justiça para a EC n. 16, que afirmava que o objetivo da inovação era «alcançar maior economia processual mediante decisão direta do STF, reduzindo a sobrecarga de trabalho dos tribunais inferiores». Gilmar Mendes considera que a competência exclusiva do Procurador-Geral seria a de uma espécie de «defensor da Constituição», tal como era imaginado por Kelsen, embora com limites, dado o «império de um regime de exceção».[30]

Os trabalhos de doutrina trazem alguns pontos importantes, como os debates sobre a discricionariedade do Procurador-Geral da República ao decidir sobre o ingresso de representação de inconstitucionalidade das solicitações recebidas e os efeitos da declaração de inconstitucionalidade.[31] A questão colocada era se o Procurador tinha ou não o poder discricionário de decidir sobre o ingresso da Representação de Inconstitucionalidade, uma vez que era o único legitimado ativo para fazê-lo. Se o seu poder fosse discricionário, ele é que seria o juiz da inconstitucionalidade por decidir sobre as questões que seriam submetidas ao tribunal. Sobre os efeitos da declaração de inconstitucionalidade, após 1965 levantou-se a questão sobre se a declaração em representação tinha efeitos *erga omnes* imediatos, ou se esse efeito dependeria de resolução do Senado, como ocorria até então para as representações interventivas e as decisões em controle difuso.[32] Sobre esse ponto

---

30 MENDES, *Jurisdição*, cit., p. 68 e 79.

31 CLÈVE, *A fiscalização abstrata*..., cit.; POLETTI, *Controle*..., cit.

32 Nota-se uma clara polarização a respeito dessas questões entre juristas favoráveis ou contrários ao regime, com algumas exceções. KOENER, A. Uma Análise Política do Processo de Representação de Inconstitucionalidade pós-1964. Seminário Nacional sobre Justiça Consti-

é importante ressaltar que o STF recebeu pela Emenda Constitucional n. 1, de 1969 a atribuição de editar as normas dos processos de sua competência originária. A Emenda Constitucional 7/1977 ampliou essa atribuição e criou a avocatória. Em 18 de abril de 1977, logo após o fechamento do Congresso, o Presidente do STF dispensou a comunicação ao Senado das decisões do STF de inconstitucionalidade de lei ou decreto, tomadas em Representações, pois, pela própria «natureza» do controle concentrado, as decisões tinham efeitos *erga omnes* automaticamente. Um ato do Presidente do STF, e sobre um ponto que o Congresso havia explicitamente rejeitado na votação da Emenda Constitucional 16/1965, eliminou uma competência privativa do Senado, de cuja decisão dependia o efeito geral da declaração de inconstitucionalidade, mesmo em representação.[33]

Qual era o significado político do debate após 1965 sobre a extensão dos poderes do Procurador-Geral da República e os efeitos da declaração de inconstitucionalidade pelo STF?

As pesquisas em ciência política[34] que têm trabalhado sobre o STF pós 1988 não analisaram até o momento o tema da expansão desta forma de controle durante o regime militar. Não será apresentada uma análise sobre o assunto, valendo observar apenas a sua relevância: ele envolve examinar a dualidade constitucional do regime, considerar os projetos dos militares de institucionalizarem o regime por meio de limitações externas ao Congresso e às liberdades públicas e também determinar o significado político das, por vezes, ásperas relações entre os militares, os políticos civis e o Supremo Tribunal Federal. Além disso, tampouco se indagou – com exceção dos próprios atores envolvidos – sobre o caráter do controle judicial da constitucionalidade das leis exercido numa situação de intervenção militar direta no processo político.

A discussão a seguir apenas procura evidenciar a descontinuidade nos planos da ordem constitucional (a dualidade institucional) com o golpe e a

---

tucional. Centro Cultural da Justiça Federal: *Revista EMARF, Cadernos Temáticos*, 2010: 299-328.

33 Silva, P. N. N. *O controle da constitucionalidade e o Senado*. 2. ed. Rio de Janeiro: Forense, 2000. No início da década de setenta, a comunicação ao Senado da decisão de inconstitucionalidade em representação não era problematizada. Ver, por exemplo, Rosas, R. *Processos da competência do STF*. Ed. RT, 1971: 19.

34 Arantes, R. B. *Judiciário e política no Brasil*. São Paulo: Idesp, Sumaré: Fapesp, Educ. 1997; Faro de Castro, M. «O Supremo Tribunal Federal e a judicialização da política». *Revista Brasileira de Ciências Sociais*. 12 1997; Pacheco, C. C. *O Supremo Tribunal Federal e a reforma do Estado: uma análise das ações diretas de inconstitucionalidade julgadas no primeiro mandato de Fernando Henrique Cardoso (1995-1998)*. Depto. de Ciência Política, Universidade Estadual de Campinas, 2006; Vianna, L. W. E. A. *A judicialização da política e das relações sociais no Brasil*. Rio de Janeiro: Revan, 1999; Vieira, O. V. *Supremo Tribunal Federal: jurisprudência política*. São Paulo: Ed. RT. 1994.

instalação do regime autoritário, e de como a mudança redefiniu os poderes e o papel do STF.

No plano da ordem constitucional, a situação brasileira pós-1964 caracteriza-se pela dualidade: por um lado, o poder constitucional expresso nas Constituições de 1946 de 1967 com suas emendas e, por outro lado, o poder «revolucionário» que se afirmava como uma capacidade ultraconstitucional de ordenamento, que era utilizada pelo governo para enfrentar situações críticas, afastar resistências, punir oposicionistas, imprimir direção a atos governamentais e criar as formas organizacionais dos poderes da República. Nas relações entre os poderes legislativo e executivo federal foram profundas as mudanças na Constituição positiva (além dos poderes de exceção): a iniciativa do Presidente da República de propor emendas à Constituição, a previsão das leis complementares para matérias «orgânicas», o poder de editar decretos-lei e o decurso de prazo.

Essa dualidade era afirmada por críticos, defensores e analistas do regime.[35] No campo judiciário os poderes excepcionais foram usados para modificar a composição do STF (AI-2 e AI-6), para atribuir à justiça militar a competência para julgamento dos processos de acusados de crimes políticos e para excluir da apreciação pelo Judiciário os atos praticados com fundamento nos atos institucionais e poderes «revolucionários» (AI-2, AI-3, art. 6.º). Também foi deslocada da justiça federal para a justiça militar a competência para o julgamento de crimes contra a segurança nacional (art. 122, § 1.º, da Constituição de 1967 e art. 129, § 1.º, da EC n. 1, de 1969).

Este foi também o caso da própria utilização do AI-5 para fechar o Congresso em abril de 1977, a fim de impor as reformas do Judiciário – rejeitada pelo Congresso (EC 7/1977) – e política (EC 8/1977). Neste sentido, os próprios dispositivos que reforçavam as atribuições do STF em controle concentrado de constitucionalidade tinham seu fundamento no poder «revolucionário» dos governos militares pós-1964, que conferiam poderes excepcionais ao Presidente da República.[36] O STF reconhecia e tornava efetiva a medida que utilizava esses poderes e não contestava os limites da ordem constitucional. Assim, o STF tornava-se um tribunal judiciário, e o objeto

---

35 Barros, A. D. *Março, Geisel e a revolução brasileira*. Rio de Janeiro: Artenova. 1976; Brossard, P. *É Hora de Mudar*. Porto Alegre: LPM. 1977; Góes, W. D. *O Brasil do General Geisel*. Rio de Janeiro. 1978

36 As Emendas foram consideradas ilegítimas por autores que argumentavam que os poderes excepcionais do Presidente durante o fechamento do Congresso, conferidos pelo AI-5, não compreendiam o poder de emenda constitucional e só o de legislação ordinária. Ver Ataliba, G. Rigidez constitucional e reforma do Judiciário. *Revista da Procuradoria Geral do Estado de São Paulo*, vol. 9, dez. 1976: 45-50; Bonfim, B. C. *A reforma do Judiciário*. Rio de Janeiro: Edições Trabalhistas, 1977: 98. Contra essa opinião, baseando-se na teoria da autolegitimação das revoluções, Jacques, P. *As emendas constitucionais ns. 7, 8 e 9 explicadas: com os respectivos textos, na íntegra e índice temático*. Rio de Janeiro: Forense. 1977: 104.

de seu controle era a compatibilidade das leis e outros dispositivos com o texto constitucional positivo, o qual era limitado, por um lado, pelos poderes «revolucionários» do Presidente da República, e, por outro, pelas restrições à sua competência para o conhecimento dos atos baseados naqueles poderes (art. 181 da EC n. 1, de 1969, e arts. 2.º e 3.º da EC 11, de 1978).

Então, o regime autoritário implicou a supressão dos direitos e liberdades políticas e civis, concomitante à reconfiguração das relações entre poder constitucional extraordinário e a Constituição positiva, e das relações entre Executivo e Legislativo, além de mudanças importantes nas relações federativas e a intervenção do Estado nas relações sociais. Nesse conjunto de mudanças ocorre outra inovação no sistema político brasileiro: a criação da representação do controle de constitucionalidade em controle abstrato das leis federais e estaduais pelo Supremo Tribunal Federal.

Quanto aos poderes do STF, a Emenda Constitucional 16/1965 foi produzida na mesma conjuntura em que foi editado o Ato Institucional n. 2, o qual, nos aspectos que têm relevância direta para questão da centralização do controle pode-se destacar o aumento de 11 para 16 do número de ministros do STF e as exigências menos rigorosas para a emenda à Constituição propostas pelo Presidente da República. Entretanto, apesar da conjuntura, o projeto de Emenda Constitucional preparado pela Presidência da República recebeu duas alterações importantes no Congresso. Foi excluída a avocatória – a atribuição de o Procurador poder deslocar o julgamento de qualquer ação em qualquer juiz que ela esteja para ser julgada diretamente no Supremo; e a norma que estabelecia o efeito *erga omnes* das decisões do Supremo em representação de inconstitucionalidade sem apreciação do Senado.

A centralização do controle da constitucionalidade no Brasil, portanto, não é gradual, e o aspecto mais relevante de sua criação não é sua relação com o controle difuso, mas as transformações na ordem política e as relações entre os poderes do Estado no pós-1964. Mais especificamente, o STF foi investido, junto com o Presidente da República, no papel de instância conformadora dos poderes do Congresso e dos estados, embora, ao mesmo tempo, o próprio STF, e o Judiciário como um todo, tivessem seus poderes restringidos sob outros aspectos (por exemplo, o AI-2 estendeu a suspensão de direitos políticos, excluiu de apreciação judicial os atos praticados em nome da «revolução», transferiu para a justiça militar a competência para os crimes contra a segurança nacional ou instituições militares).

Posteriormente, outras alterações fortaleceram os poderes do STF de controle concentrado e de coordenação sobre os juízes. A EC 7/1977 dá continuidade às mudanças iniciadas com a EC 16/1965, ao criar a chamada «avocatória» e conferir ao STF poderes de legislar sobre os processos de sua competência originária, recursal e da relevância da questão federal. A criação de um Conselho Nacional da Magistratura – composto por sete ministros do STF – e de uma Lei Orgânica da Magistratura Nacional ampliavam seus poderes disciplinares sobre os juízes inferiores. A EC 8/1977 completava essa concentração ao criar restrições à propositura de proposta de emenda constitucional pelos membros do Congresso e ampliar os poderes do Tribunal Superior Eleitoral. Essa modificação das relações entre o Tribunal e o Congresso ocorre num momento em que a Presidência da República projeta uma política de distensão, e oferece algumas garantias à oposição política em vista de um processo de normalização institucional, ou «democracia com salvaguardas».

É nesse momento em que são definidas pela jurisprudência do STF e por meio do regimento interno do tribunal as características da ação de controle concentrado. Há um formalismo das decisões do STF no pós-1964 no exercício da jurisdição constitucional, no sentido de que se usam categorias do direito administrativo em que se contrapõem a apreciação judicial (legalidade) e política (mérito). O Supremo Tribunal Federal, no exercício da jurisdição constitucional abstrata, julga a constitucionalidade apenas do ponto de vista jurídico e não aprecia a conveniência e oportunidade do ato normativo contestado.[37]

As regras regimentais ou jurisprudenciais serão relevantes após 1988, pois serão utilizadas para limitar o alcance e o sentido da ação direta de inconstitucionalidade. Importa lembrar que alguns ministros do STF partiram do pressuposto da continuidade entre o regime militar e a nova República, como se a Constituição de 1988 não fosse mais que uma nova emenda, a de n. 29, à Constituição de 1967. Essas limitações se veem, por exemplo, na tese da inadmissibilidade da inconstitucionalidade superveniente; na inadmissibilidade do controle de decretos do Poder Executivo que tenham ultrapassado seus poderes constitucionais (*ultra-legem*), por considerar que se trata de uma questão de ilegalidade e não de constitucionalidade, como seria se fosse o exercício desses poderes fosse considerado do ponto de vista da distribuição constitucional de competências; e nas restrições à legitimidade ativa dos chamados legitimados especiais.

Vemos, então, que a política, nas específicas condições postas pelo regime autoritário, está no cerne da instituição do poder de controle concentrado da constitucionalidade no Supremo Tribunal Federal. Ela aparece no momento e condições de sua criação, nas características dos procedimentos de controle, na jurisprudência e nas regras regimentais elaborados pelo Tribunal.

---

[37] Esse ponto mereceria melhor formulação. Esse formalismo não é característico de Corte Constitucional porque a Corte Constitucional, justamente, está, como legislador negativo, como uma espécie da contraparte do Parlamento. Em Kelsen, as dimensões da forma e do conteúdo acabam por se confundir, na medida em que o exame do conteúdo de uma norma pode ser equiparado à verificação de sua conformidade às regras superiores que investiram a autoridade que criou a norma em exame.

Os aspectos jurídico e político só podem ser entendidos se forem considerados de forma conjunta.

A perspectiva adotada neste capítulo, que aborda de forma combinada os temas tratados separadamente pelas abordagens jurídica e política, fornece elementos adicionais para entender os diferentes aspectos da jurisprudência do STF após 1988. Foi sugerida uma explicação estratégica para o padrão de decisões do STF a partir de 1993/4: seria o apoio à coalizão dominante que se formou neste período. Mas a constatação da continuidade da jurisprudência sobre as regras da ação de controle concentrado da constitucionalidade permite propor uma hipótese explicativa que combina as dimensões estratégica e jurídica

Por um lado, a adoção, pela maioria dos ministros do STF dos conceitos limitadores do alcance do controle da constitucionalidade elaborados durante o regime anterior. Eles expressam, do ponto de vista jurídico, uma estratégia conservadora de dirigir os rumos do processo de transição democrática. Nas decisões do STF em controle da constitucionalidade, essa estratégia se deu por um padrão de atuação que pôs em suspenso a efetivação de parte relevante dos dispositivos da Constituição. Esse padrão de atuação permaneceu ao longo do tempo, em que a maioria dos ministros do STF se associou a diversas constelações de forças políticas, ou coalizões majoritárias. Fez parte da coalizão que sustentava o presidente Sarney, que buscava limitar o alcance da transição democrática, sustentando iniciativas que visavam limitar os poderes da Assembleia Constituinte. Na época da promulgação da Constituição apoiou a nova constelação de forças políticas, que já se vislumbrava desde a organização do «Centrão», contrária ao sentido das mudanças constitucionais. Essas forças apostaram na revisão da Constituição, procurando, para isso, deixar sua efetivação em suspenso, durante a Constituinte. Essa coalizão apoiou a eleição de Collor, a aliança entre o PSDB e PFL em 1993 e a vitória de Fernando Henrique Cardoso nas eleições de 1994. Assim, uma mesma orientação jurisprudencial manteve-se com a redefinição das alianças e a formação de um projeto político para a nova coalizão dirigente. Foi a partir de 1996-97, quando o governo Fernando Henrique iniciou reformas administrativas e previdenciárias que modificavam profundamente a organização do Estado brasileiro, que a maioria dos ministros do Supremo apresentou as primeiras fissuras importantes, chegando a formar-se nova maioria que modificou, em alguns pontos, as regras da ação de controle concentrado de constitucionalidade fixados pela jurisprudência.

Por outro lado, essa política restritiva do controle da constitucionalidade que se estendeu do regime autoritário para a nova ordem constitucional sedimentou um conjunto de regras e conceitos sobre o processo do controle da constitucionalidade. Ela configurou importantes obstáculos para os grupos sociais que se mobilizaram para promoverem seus direitos reconhecidos pela nova Constituição e para defenderem esses mesmos direitos de políticas. Adicionalmente, cabe salientar que as regras sedimentadas conformaram teorias e ideais normativos de juristas brasileiros (e, por extensão, dos cientistas políticos). Elas representam importante obstáculo para a adequada problematização teórica sobre a jurisdição constitucional no Brasil.

CONCLUSÃO

Este capítulo partiu da ênfase sobre a variedade das relações entre direito e política, das suas relações com a estrutura social, e de como a análise da reflexão jurídica é incontornável para compreendê-las. Se as diferenças entre pesquisa em direito e ciência política são de perspectiva, é necessário que a complexidade das relações entre direito e política seja reconhecida por esses campos de pesquisa. Então, a divisão do trabalho entre pesquisadores não deve ser delimitada por uma definição meramente instrumental dos seus objetos ou das relações entre eles.

A pesquisa em ciência política sobre o direito, a política e o Judiciário deve enfocar de forma sistemática as suas relações de constituição mútua. Não se deve adotar acriticamente teorias formuladas em outros contextos e debates, nem as teses da doutrina jurídica. As teorias sobre a judicialização e o ativismo partem de concepções específicas e limitativas do Poder Judiciário, que são insuficientes para considerar o papel do direito, dos direitos de cidadania e do Judiciário na construção da democracia na sociedade brasileira.

O controle da constitucionalidade no Brasil pós-1988 deve ser pesquisado a partir de uma perspectiva ao mesmo tempo histórica, política e jurídica, pois a trajetória da instituição no regime anterior se projeta sobre sua prática jurídica e, consequentemente, para o seu papel político pós-1988. A pesquisa sobre o sentido político da criação do controle abstrato de leis federais sob o regime militar é fundamental para analisar as regras elaboradas pela jurisprudência do STF naquele período, as quais, por sua vez, foram «incorporadas» pelos ministros do STF e aplicadas à ordem constitucional pós-1988.

Para finalizar, indicam-se temas para pesquisa em que a variedade da atuação do STF em diversos domínios, considerada até 2004, aparece de forma simplificada e com afirmações contrapostas.

A atuação do tribunal parece ser mais efetiva no plano da organização, coordenação e controle do processo eleitoral do que no da justiça política, incluída a responsabilidade dos representantes políticos e outros dirigentes do estado. Atua como organizador do processo democrático de seleção dos dirigentes políticos, mas não como garantidor do exercício responsável desses poderes.

Parece ser mais efetiva no controle da constitucionalidade de leis e atos normativos estaduais do que dos federais. Sua atuação é maior como tribunal para a supremacia do direito federal e para a arbitragem dos conflitos internos aos entes federativos, dando às soluções orientações conformes à coalizão política majoritária no plano federal.

Parece ser mais efetiva no controle da validade de atos normativos inferiores do Executivo federal do que dos seus atos normativos primários. Seu papel é de superior tribunal administrativo, mais do que de freio às tentativas presidenciais de exercício «imperial» de seus poderes.

No campo dos atos normativos federais, tanto do Congresso quanto do Presidente da República, o STF controla-os mais do ponto de vista das formas e procedimentos do que de sua compatibilidade material com a Constituição. Atua como regulador das relações entre os poderes do Estado do que preservador dos compromissos ou programas substantivos presentes na Constituição

Na área dos direitos, sua atuação parece ser mais efetiva para a proteção de direitos civis, os da chamada «primeira geração», em particular os de caráter patrimonial, do que os direitos de participação política, os sociais, coletivos e comunitários, como os direitos à diferença e à auto-organização social.

Essas tendências, apresentadas de forma telegráfica, são sugestões de temas para analisar os padrões de atuação do STF e de suas relações com os demais poderes, a federação e a cidadania. Considera-se que a forma mais promissora para entender esses temas é a sugerida ao longo do texto: o de uma análise política que se volte à reconstrução histórica daqueles padrões, tomando como ponto de partida os determinantes sociais mais gerais, considerando o processo político e de construção institucional do Judiciário, e do STF em particular. O objetivo específico seria analisar a formação e a mudança das teorias e conceitos jurídicos nos processos decisórios. Os comportamentos estratégicos dos juízes se dão em contextos institucionais situados, nos quais conceitos e teorias jurídicas aparentemente «dados» pela tradição são construídos historicamente em suas próprias práticas decisórias.

2

CONTROLE DE CONSTITUCIONALIDADE E ATIVISMO JUDICIAL

Marcos Paulo Veríssimo

Este capítulo tem por objetivo examinar, conjuntamente, dois temas que se interseccionam: o do «controle de constitucionalidade» e o do «ativismo» judicial. São temas amplos e largamente inter-relacionados, inclusive historicamente, apesar de muitos pensarem que o ativismo seja, na verdade, um fenômeno recente.

Para abordar esses temas, este capítulo será dividido em quatro grandes tópicos, todos proximamente inter-relacionados. Numa primeira etapa, serão abordadas as possíveis acepções da expressão ativismo judicial, investigando seu significado e tentando desenhar um primeiro esboço desse conceito. Numa segunda etapa, serão abordados dois conceitos bastante relacionados ao de ativismo judicial, que são os conceitos de *judicialização da política* e *politização do judiciário*. Nessas duas primeiras etapas será discutido como tais ideias se desenvolvem ao longo do tempo e a que elas estão relacionadas exatamente. Em um terceiro momento, será trabalhado especificamente o tema do controle judicial de constitucionalidade das leis, especialmente a partir da sua criação após a independência dos Estados Unidos, olhando também para sua prática na experiência americana nos primeiros 100 ou 150 anos de seu exercício. Nesse ponto, será visto como as questões relacionadas ao ativismo, à judicialização e à politização da Justiça estiveram, sempre, intimamente relacionadas à própria noção de controle judicial de constitucionalidade. Finalmente, serão examinados, a partir de todo o conjunto de informações tratado nos tópicos anteriores, os problemas da legitimidade das cortes de justiça para exercer o controle de constitucionalidade e de sua capacidade instrumental para intervir em políticas públicas.

I

O que significa, no contexto deste capítulo, a ideia de «ativismo judicial»? O que é um juiz ativista? Ser ativista é um desvio ou é da natureza do ofício de um magistrado?

A própria expressão «ativismo judicial» parece trazer consigo algo de paradoxal, algo que refere a um certo estado desarranjado de coisas, especialmente se pensarmos na ideia de «ação», contida nessa locução, como relacionada às ideias correlatas de *iniciativa* (a jurisdição, diz-se, não pode mover-se por si própria), *vontade* (o judiciário, segundo o Federalista n. 78,[1] não tem nunca a força nem a vontade, apenas o julgamento) ou de *ação política*, no sentido de veiculação de uma agenda política (como quando se diz, por exemplo, que alguém é um *ativista* político anarquista, comunista, conservador, feminista, algo que, claramente, não parece ser compatível com um órgão que se pretenda *neutro* politicamente).

Nesses vários sentidos, a ideia de «ação» parece ser incompatível com o espaço judicial. Dadas essas possíveis acepções do termo ativismo, não seria difícil advogar que o espaço judicial não deveria ser um espaço de ativismo, ou pelo menos que o ativismo não seria algo *natural* ao espaço judicial.

Ativo é o contrário de *passivo*. Portanto, o juiz que não é ativista é um juiz passivo, inerte. Em geral, essas são qualidades ruins, defeitos que ninguém deseja que lhe sejam imputados. Um professor de direito constitucional não gostaria de ser tachado de passivo e um político, um deputado ou um governador, certamente não gostariam de ser chamados de inertes por um jornal.

Curiosamente, no entanto, a inércia seria, ao menos em tese, uma qualidade *positiva* da Justiça. Seria, inclusive, uma de suas *principais qualidades*, relacionada ao modo especial segundo o qual o Judiciário decide as questões (muitas vezes politicamente tormentosas) que lhe são remetidas, e o que distingue essencialmente as soluções adotadas nessa esfera daquelas adotadas em outros âmbitos do governo, como no Executivo e no Legislativo, por exemplo.

Nesses termos, a inércia está relacionada não só àquilo que põe o órgão judicial em marcha, mas também aos quadrantes dentro dos quais o órgão judicial atua. A inércia não se traduz apenas no princípio que exige provocação, como regra, para que o órgão judicial possa dar determinada resposta,

---

[1] James Madison, Alexander Hamilton, John Jay. *The Federalist Papers*. New York: Palgrave Macmillan, 2010.

mas também no princípio da adstrição ao pedido e às razões que levam ao pedido.

O juiz, segundo a acepção tradicional de sua inércia, é alguém que se limita a responder ao que lhe foi perguntado. Além disso, ao fazê-lo, ele teria um limite adicional, estando adstrito à possibilidade de dizer «sim», «não», ou qualquer coisa *linearmente intermediária* entre esses dois extremos (sim em parte, não em parte), ao examinar um determinado pedido. Não lhe seria autorizado fazer nada *além* ou *diferente* disso, em virtude de limitações que não estão dadas pelo Direito Constitucional e que sequer são estudadas pela teoria política. Essas limitações são relacionadas às próprias regras do Processo Civil, que exigem iniciativa das partes e vedam julgamentos *ultra* ou *extra petita*.

Neste modelo tradicional, a tarefa do juiz *inerte e passivo* seria a de procurar uma norma no ordenamento jurídico que preveja de forma geral e abstrata uma solução apta a resolver os problemas que lhe são trazidos pela situação de fato que lhe é posta a julgar (daí ter ele o *julgamento,* como dizem os Artigos Federalistas[2]). Mas não é o juiz quem *escolhe* analisar essa e não outra situação, nem é ele quem determina quais são os fatos que melhor traduzem o problema a ser julgado. Tampouco é o juiz quem formula, idealmente, a solução que seria adequada, em tese, ao tal problema. Por todas essas razões é que, apesar de ter o *julgamento,* ele não tem a *vontade.* Ao julgar um caso, o juiz analisa *aquela situação de fato* que lhe é descrita pela vontade indicativa das partes (vontade essa que lhe é alheia), não podendo conhecer de quaisquer outros elementos. Após isso, o juiz verifica se a tal fato é anexada pelo ordenamento uma consequência jurídica compatível com o pedido que foi feito (sobre cuja formulação o juiz também não tem, em princípio, controle). E, assim, chega a uma decisão de acolhimento ou rejeição do pedido, simplesmente. O trabalho que o juiz faz, nessa chave de leitura, é uma operação lógica, de subsunção daquela situação concreta a uma determinada norma abstrata. Tem a premissa maior, que é a norma abstrata, uma premissa menor, que é a situação concreta, e o trabalho de subsunção que apresenta a norma concreta. Tudo isso em um esquema basicamente *passivo.*

Alguma coisa o ativismo desarranjará desse esquema, como será visto adiante.

Para entender isso, no entanto, é preciso avançar um pouco mais na compreensão dos sentidos em que a expressão «ativismo judicial» é utilizada.

Sobre esse ponto vale a pena a referência a um artigo interessante escrito há alguns anos por um jovem advogado americano, Keenan Kmiec, que foi assistente de Samuel Alito e também de John Roberts, ambos juízes

---

2 James MADISON, Alexander HAMILTON, John JAY. *The Federalist Papers.*

da Suprema Corte Americana. O texto se chama «A origem e os sentidos correntes do ativismo judicial».[3] Nesse artigo Kmiec afirma que a palavra «ativismo» aparece pela primeira vez na imprensa americana, vinculada à ação da Suprema Corte, em janeiro de 1947, em um artigo da revista *Fortune*. A revista estaria fazendo um perfil da Suprema Corte dos Estados Unidos e teria identificado basicamente dois perfis de juízes: os «ativistas» e os «campeões do *self-restraint*», que é normalmente a expressão que os americanos usam em oposição à ideia de ativismo judicial.

Interessante notar que não é propriamente a *inércia*, mas sim a «*auto-contenção*» que caracteriza essa expressão. Assim, a ideia de «*self-restraint*» passa a impressão de que alguém não é aprisionado por nada, mas se autoaprisiona. Traz a ideia de que, em tese, esse alguém tenha poder para fazer coisas diferentes e criativas, mas prefere não o fazer.

Quem são os «juízes ativistas», segundo a *Fortune*? Formam um determinado grupo, principalmente vindos da Faculdade de Direito da Universidade de Yale, que é, por sinal, o berço do realismo jurídico nos EUA na virada do séc. XIX para o séc. XX. O realismo é um movimento que provoca impactos muito sérios na teoria do direito americano até hoje, e procura olhar o fenômeno da aplicação do direito, não como ele deve ser ou poderia ser no mundo ideal, mas como ele é na realidade. São juízes, sobretudo, que começam perceber que teorias sobre precedentes e o *common law* aprendidas na Faculdade de Direito não explicam o seu trabalho de julgar. O ato de julgar é guiado por outros fatores como, por exemplo, fatores psicológicos, preconceito ou predisposição a decidir em um ou outro sentido. A decisão, para esses juízes, parece ser anterior à sua justificação, ao menos se considerado o processo mental que organiza cada um desses momentos. Portanto, para entender as razões que levam um juiz a decidir de um ou outro modo, deve-se investigar outros elementos, mas não, necessária ou ao menos exclusivamente, as justificativas legais e formais. Há nesse sentido um descompasso entre a realidade vivida e a ensinada, pois nesta última se parte da norma e para chegar ao resultado, ao passo em que na vida do foro muitas vezes parte-se do resultado para, a partir dele, chegar-se à norma. A norma é desenhada de tal sorte a encaixar-se no resultado que parece mais adequado e mais justo, e não o inverso.[4]

Os juízes ativistas, que não acreditam muito nos textos, acham que o Direito fornece uma moldura dentro da qual muitos resultados diferentes são possíveis, e que há escolha entre vários resultados possíveis, ou, no mínimo,

---

3 Keenan D. Kmiec, «The Origin and Current Meanings of "Judicial Activism",» 92 *Cal. L. Rev.* 1441, 1447, 2004.

4 Para quem se interessar, um dos livros fundadores do Realismo Americano, escrito por Jerome Frank, chama-se *Law and the Modern Mind*, Peter Smith Pub Inc., 1985.

compatíveis com a moldura do Direito. Isso não é muito diferente, por exemplo, do que Hans Kelsen escreveu na *Teoria pura do direito*.[5]

Essa escolha entre resultados possíveis (justificáveis, em tese, diante do direito posto), não se daria, ademais, de modo exclusivamente interno ao próprio direito, ou exclusivamente com base em técnicas de interpretação. Ela seria, em larga medida, uma escolha política e teria que ser orientada também por critérios políticos e de resultado. Esses critérios não são externos ou estranhos à aplicação do direito: eles são inerentes à própria aplicação do direito.

Em outras palavras, a aplicação do direito não se resumiria a um processo puramente lógico. Ela envolveria escolhas políticas, ou seja, entre resultados mais desejáveis e resultados menos desejáveis socialmente. Portanto, incluiria uma coisa com a qual até hoje os juristas não sabem lidar bem, que é o raciocínio consequencialista.

Contudo, a estrutura do processo judicial e da subsunção não é montada para pensar em consequências. Ela está voltada para decidir sobre o que aconteceu e não sobre o que vai acontecer. Ela está montada para julgar se alguém matou, roubou, celebrou um contrato e o descumpriu, comprou e não pagou o preço. Olha-se para o passado. A prova é a prova do fato que ocorreu, não é o palpite quanto ao fato que poderá vir a ocorrer.

Quando o juiz introduz no seu esquema de decisão um elemento consequencialista, ele subverte isso. Quando ele pensa qual desses dois resultados é melhor, em termos do que ele vai produzir para o futuro, ele está novamente subvertendo aquele esquema da subsunção.

E quais são os juízes «não ativistas» ou os tais «campeões do *self-restrain*»? São aqueles que veem perigo no fato de o juiz, ao aplicar o direito, incluir preocupações de política pública e indagações quanto a resultados. Nada disso, de acordo com eles, é próprio a um juiz e tudo isso pode desvirtuar significativamente as virtudes que o juiz tem, e que o político não tem.

E qual seria a primeira delas? A que vem da própria inércia. Há razões bastante substanciais para que o juiz seja inerte, para que ele não se preocupe com resultados, para que ele deixe a escolha de políticas e resultados para o legislador. O ideal, segundo essa outra chave de interpretação, seria manter o juiz como um fiel cumpridor da lei, na maior medida possível. Essa é a dicotomia que foi construída pela revista *Fortune*, segundo relata Kmiec.

No mesmo texto, Kmiec afirma haver pelo menos cinco sentidos normalmente atribuídos à ideia de ativismo.

No primeiro desses sentidos, um juiz ativista é aquele que invalida decisões tomadas por outros poderes, aparentemente dentro dos parâmetros cons-

---

5 Hans KELSEN. *Teoria pura do direito*. São Paulo: WMF-Martins Fontes, 2006.

titucionais de competência. Um juiz ativista, nesse sentido, não se conteria diante de uma decisão tomada por outro poder constituído analisando apenas as competências que a Constituição deu a este. O juiz ativista procuraria examinar a *qualidade* dessa decisão, segundo critérios que podem ser mais ou menos objetivos, mais ou menos impregnados de cunho moral, ou mais ou menos ligados à ideia de «justiça substantiva».

E aqui já se percebe um primeiro problema. A ideia de Constitucionalismo nasce ligada à proteção de direitos humanos e à construção de uma teoria da legitimação do poder que funda as razões para a obediência no *mandato*. A fundação do Constitucionalismo Moderno, idealizada pelos ingleses no séc. XVII, é uma tentativa de justificar o poder *a partir do povo*, a partir de seu *consentimento*. O poder só é legítimo se for exercido por mandato popular. O detentor da soberania é o povo, e esse mandato é constituído para o Estado, para que proteja direitos fundamentais, sobretudo a propriedade sobre os bens e sobre si mesmo (como em John Locke, por exemplo).

Percebam que aí reside a gênese de uma equação muitas vezes difícil de se resolver. Se o poder, para legitimar-se, deve ao mesmo tempo decorrer do povo e ser exercido de sorte a proteger direitos fundamentais, misturam-se nesses critérios de legitimação dois elementos: um formal e outro material. O formal, naturalmente, é objetivo, e coincide com o mandato. Todavia, o critério material é subjetivo e corresponde a um critério substancial de justiça, que pode chegar a limitar o exercício do poder formalmente constituído.

A dificuldade reside em como saber, com base nesses critérios materiais, se o poder constituído abusa ou não da competência que lhe foi conferida. Nesse primeiro sentido de ativismo, temos um embate quanto à forma de lidar com essas ideias. De um lado, juízes ativistas achariam que seu papel é o de avaliar com elevado grau de rigor a compatibilidade das decisões tomadas pelos demais poderes com os critérios substanciais de justiça que podem ser extraídos da Constituição. De outro lado, juízes «não ativistas» achariam extremamente problemático esse escrutínio rigoroso, pois ele poderia significar em muitos casos a simples substituição de uma dada concepção de justiça, adotada pelos órgãos dotados de mandato, por outra, adotada pelo Judiciário, que não goza do mesmo mandato.

O segundo sentido de ativismo indicado por Kmiec diria respeito a *juízes que não aderem a precedentes ou a padrões de julgamento aplicados anteriormente*. São juízes que se distanciam de uma certa história interpretativa e chegam a resultados que não seriam os resultados que normalmente se esperariam para aquele caso concreto. Juízes, portanto, que criam uma nova jurisprudência, de sorte a aplicar os critérios de justiça que consideram mais adequados a uma dada situação que lhes é posta.

Semelhante a essa abordagem é aquela que seria adotada na terceira acepção de ativismo proposta por Kmiec, que se refere a juízes que *criam direitos* que parecem não estar explicitamente contidos, de antemão, no ordenamento jurídico, em oposição a juízes não ativistas que considerariam ser seu papel apenas o de *implementar* direitos que já estejam, claramente, previstos no ordenamento jurídico. Essa acepção refere-se à ideia de «legislação judicial» (*judicial legislation*) e relaciona-se ao difícil problema da separação das esferas da criação e da aplicação do direito. Em tese, a criação do direito deveria ser uma tarefa exclusivamente do legislador (aquele dotado de *vontade*, para usar mais uma vez a expressão do Federalista n. 78[6]), mas mesmo um positivista como Kelsen entenderia essa tarefa criativa como bastante natural, dentro de certos limites.[7]

Um quarto sentido proposto por Kmiec para a expressão «ativismo judicial»: juízes que *interpretam criativamente* as normas existentes. Preferem interpretações diferentes daquelas mais tradicionalmente aceitas, sobretudo as interpretações literais. Isso aqui, eventualmente, está relacionado no debate americano a casos como *Roe vs. Wade*, entre outros que serão tratados mais adiante.

E, por último, o quinto sentido de ativismo: julgamentos *orientados para um resultado*, que têm claramente um ponto de chegada. O ponto de chegada não é uma conclusão natural do percurso, da colheita de provas, da interpretação, mas é algo que parece ser desejado e, eventualmente, tem a finalidade de *transformar a realidade*, transformar uma situação indesejada.

A partir da ideia de ativismo pode-se pensar o problema correlato da «judicialização da política», um tema contemporâneo da teoria política e da ciência política. Esse termo, tal como empregado atualmente, ganhou uso corrente há quinze anos aproximadamente, embora, como vimos, o termo «ativismo» seja mais antigo e a própria expressão *judicialization* já seja usada na teoria constitucional, esparsamente, há muito mais tempo.

Na verdade, a expressão judicialização da política (*judicialization of politics*) ganha corpo na ciência política a partir de um seminário que resultou em um livro chamado «The Global Expansion of Judicial Power»,[8] e é no sentido empregado nesse livro que essa palavra é hoje correntemente usada.

No Brasil esse é um problema que vai aparecer, de fato, de 1988 em diante. Isso porque a *judicialização* e a *expansão efetiva do controle de constitucionalidade* são faces de uma mesma moeda. Tal expansão, correlata à

---

6 James Madison, Alexander Hamilton, John Jay. *The Federalist Papers*.

7 Uma boa abordagem de direito comparado desse mesmo problema pode ser encontrada em Mauro Cappelletti, «Juízes Legisladores?». Porto Alegre: Fabris, 1993.

8 Torbjön Vallinder e C. Neal Tate. *The Global Expansion of Judicial Power*: The Judicialization of Politics. New York: New York University, 1995.

ideia de judicialização, é o que marca a experiência constitucional brasileira posterior à promulgação da atual Constituição Federal.

Mas em que medida o controle de constitucionalidade praticado no Brasil desde 1988 diferencia-se da experiência anterior? Como o controle de constitucionalidade relaciona-se com o tema da judicialização da política e do ativismo e potencializa a atuação do «juiz ativista»? E como ativismo lida com o problema da legitimação da ação judicial, isto é, com as razões que nos levam a aceitar uma decisão judicial como bem tomada?

Há determinadas razões formais para tal aceitação e que se ligam a um determinado *modo de ser* da Justiça, que faz com que decisões judiciais sejam aceitas e cumpridas em virtude da forma e do processo que organiza sua tomada e que, a partir desses elementos, diferencia a legitimidade própria à jurisdição daquela que se apresenta em relação às decisões do Executivo ou do Parlamento.

Portanto, quando se mistura a competência material do Parlamento, do Executivo e da Justiça, as razões que levam à legitimação das decisões produzidas em cada uma dessas esferas também se misturam.

Além da legitimidade, existe um problema ligado à capacidade das Cortes de Justiça de lidarem com coisas novas, com aquilo que elas lidam quando são ativistas, por exemplo, com temas políticos e com políticas públicas. Há uma crítica importante, em parte de juristas, em parte de cientistas políticos, ligada a esse tema da capacidade do Judiciário de lidar com temas políticos.

Uma constatação geral que ocorre no plano da análise política do Direito é que o séc. XX foi de muitas transformações. A mais importante, do ponto de vista político, foi o nazismo, que representou um ponto importante de inflexão na relação entre Direito e Política. Foi uma experiência muito intensa, e sem precedentes, de violação de direitos humanos que dizimou seis milhões de judeus e outros vários milhões de russos, poloneses, etc. Foi também uma experiência que se desenvolveu em grande medida dentro do próprio Estado de Direito, tomada a acepção formal dessa ideia como submissão igualmente formal do governo ao direito posto. Não houve propriamente uma ruptura. O nazismo surge, consolida-se e se desenvolve, formalmente, dentro do Estado de Direito.

O balanço do pós-Guerra é, portanto, um certo mal-estar com a noção formal de Direito, que está na base da ideia de Estado de Direito no sentido de governo das leis, e não dos homens. Do ponto de vista formal, a *lei* é qualquer decisão produzida adequadamente segundo o modo convencionado de produção legislativa (que, *de preferência*, deve ser democrático, mas que não *precisa necessariamente o ser* para que, do ponto de vista de seu conteúdo formal essencial, a ideia de Estado de Direito seja preservada).

A própria democracia, no seu âmago, é simplesmente um *procedimento* de tomada de decisão, intimamente relacionado à regra da maioria, mas que pouco diz acerca das decisões que resultarão desse procedimento do ponto de vista de sua feição material. Portanto, a lei que vale no Estado de Direito é aquela produzida segundo o procedimento convencionado de produção das leis, e que precisa ter alguma relação com a regra da maioria para poder ser considerado, também, democrático.

Em conclusão, tem-se um Parlamento, que representa a maioria e passa leis que se estruturam em um determinado grau de hierarquia. Se há uma Constituição – a norma escrita formal de hierarquia maior que dita como as demais são produzidas – as leis que forem produzidas de acordo com ela deverão ser seguidas. E seguir estritamente essas leis nos dá uma vantagem adicional, que é a capacidade de prevermos o futuro. Viver é uma empreitada incerta e arriscada, e o Direito e o Estado, de alguma maneira, nos ajudam a tornar essa empresa menos arriscada e imprevisível por meio das leis.

Essa é a noção formal de Direito e a noção formal de Estado de Direito, que, porém, entra em descrédito a partir da segunda metade do século passado.

Após o fenômeno do nazismo, a noção formal de legalidade parece ser insuficiente. Se um direito objetivo formalmente estruturado como tal permite o Nazismo, então é preciso acrescentar alguma outra coisa a ele. Essa coisa não pode ser outra senão uma noção substantiva de Justiça, traduzida na ideia de direitos humanos. Essa noção substantiva de justiça, em alguma medida, desformaliza o Direito. O Direito deixa de ter um elemento exclusivamente formal para carregar inerente e necessariamente consigo um elemento substantivo.

A teoria do Direito de Kelsen, típica do mundo pré-II Guerra Mundial, é uma teoria puramente formal, que olha para a *estrutura* do direito objetivo com a finalidade de *conhecer e descrever* essa *estrutura*. Para ela, a capacidade de conhecer o Direito se esgota em suas formas e jamais se investiga a sua função. Portanto, é possível conhecer adequada e cientificamente o Direito a partir de suas formas, da relação de estrutura e validade entre as normas. Porém, não da perspectiva substantiva.

Essa separação clara entre a esfera da moral e a do Direito perde relevância após a II Guerra Mundial. É preciso construir uma teoria substantiva do Direito que não pare onde parou a teoria de Kelsen, que afirma no último capítulo da Teoria Pura do Direito não ter nada a dizer acerca da interpretação. As normas fornecem certa moldura dentro da qual muitos resultados são possíveis. Escolher uma das várias hipóteses que cabem dentro dessa moldura não é um problema propriamente jurídico, pois é um ato de vontade e poder.

Foi preciso avançar para uma teoria capaz de incorporar o elemento substantivo e moral na decisão. Então, não por acaso, o mundo que os estudantes de Direito encontram hoje é substancialmente outro. As preocupações de Ronald Dworkin, por exemplo, são completamente diferentes. Ele desenvolve uma teoria da interpretação, da aplicação de um direito que é substantivo, que é capaz de ir ao âmago da sociedade e, de lá, extrair os «valores substanciais» de uma dada comunidade. Este é um Direito muito valorativo e o aplicador do Direito é aquele que consegue ir ao âmago da sociedade e extrair os seus valores fundamentais.

Isso vai aparecer diferentemente em muitos outros autores. Há quem fale que esse momento pós II Guerra Mundial é um renascimento das teorias do direito natural. Esse é o ambiente filosófico em que os juristas passam a trabalhar.

Além disso, há outros fatores que concorrem para que o Direito mude suas características. O Estado Social traz consigo maior centralismo com enorme predomínio do Executivo. Se o Parlamento era, em algum momento, a fonte de norma jurídica e o lugar para onde todas as atenções estavam voltadas, o Estado Social muda isso. O Executivo passa a ser a principal fonte de normas que efetivamente incidem na vida das pessoas.

A legislação do Estado Social, sobretudo aquela que se volta a problemas como o da regulação do meio ambiente e da economia nos seus mais diversos setores, da tutela do consumidor e de outros temas correlatos, é marcada de maneira geral por marcos legislativos abertos, que estabelecem *standards* e *guidelines* de observância obrigatória em um dado ambiente, mas que são concretizados pela ação do Executivo por meio das suas várias agências.

Por exemplo, no âmbito da proteção ao consumidor há grandes *guidelines*, que são os pontos de chegada obrigatória, como a não abusividade. Porém, como saber exatamente como identificar a incidência do princípio de não abusividade em uma situação concreta? O marco legal genérico não é capaz dizer isso. Haverá de ser um órgão administrativo, como o Procon ou o Departamento de Proteção e Defesa do Consumidor, ou mesmo um órgão judiciário, a instância de especificação daquela legislação genérica.

Isso gera diversos problemas para a concepção tradicional do Direito. Por um lado, o Executivo está legislando, e é preciso saber como controlar a compatibilidade daquilo que o Executivo está fazendo em relação àquele marco geral aberto que aparenta autorizá-lo a tal atividade legislativa complementar. Contudo, para que se possa empreender um controle desse tipo, é preciso saber o que quer dizer aquele marco geral aberto. E isso é ainda mais complicado.

A legislação do Estado Social ganha em generalidade, faz uso de «conceitos jurídicos indeterminados», dos quais, vale dizer, a Constituição está cheia, e a aplicação judicial desses conceitos coloca problemas novos, tipicamente relacionados ao *ativismo* e à *judicialização*. Portanto, o controle do Executivo no Estado Social produz certa confusão entre papéis, aparentemente apoderando o órgão judiciário de maneira importante.

Em síntese, um conjunto de novos elementos começa a aparecer na segunda metade do século passado, entre eles, a incorporação de elementos substantivos no Direito e o advento do Estado Social com sua legislação cada vez mais aberta e cheia de «claros» a ser preenchida pelo Executivo. Isso coloca, então, a questão do controle que vem, em larga medida, do Judiciário, que passa a partilhar a tarefa de preencher aqueles «claros» legislativos.

O controle de constitucionalidade, especificamente, começa a se espalhar na Europa apenas após a II Guerra Mundial. Surge da necessidade de estabelecer um mecanismo de controle do Parlamento externo a ele e ao próprio Executivo. A Alemanha, reconstruída também nas suas instituições pelos Aliados, ganha um controle de constitucionalidade que fica tão forte que hoje é um dos mais estudados. O Tribunal Constitucional alemão é um dos mais ativos na implementação de direitos humanos e esta é uma ação que tem início após o final da II Guerra Mundial.

Em síntese, tem-se no mundo uma conjunção de fatores que vai, aos poucos, mudando o papel do Judiciário e que passa a obrigar o juiz a investir em temas mais carregados politicamente. E esse processo acaba provocando um fenômeno curioso, que é uma certa exportação de competências materiais do Executivo e do Parlamento para o Judiciário. O Judiciário passa a tomar decisões que, num esquema mais tradicional, pareceriam decisões próprias ao Executivo e ao Legislativo, como decisões de implementação de política pública e de distribuição de recursos escassos.

Quando o juiz faz o papel de «criador do Direito», ele está distribuindo de maneira original vantagens pela sociedade. E ele faz isso não só porque tem uma má compreensão do seu papel. Uma Constituição como a brasileira, como muitas das Constituições do Estado Social, parece convidar o aplicador a distribuir. Ela diz que o mundo deve ser mudado e o Direito deve servir para fazer essa transformação. Parece, portanto, convidar o aplicador a produzir decisões que tenham elementos distributivos.

Então, temos o que alguns cientistas políticos chamam de judicialização da política, como um elemento característico, sobretudo, da vida política das nações ocidentais a partir da segunda metade do séc. XX.

Que consequências isso tem sobre o modo de ser tradicional das instituições e do Direito?

Primeiro, uma crescente interferência judicial no Executivo. No Brasil, por exemplo, no começo dos governos Fernando Henrique Cardoso e Lula, ambos tiveram uma coisa em comum: substantivo embate entre Executivo e Judiciário. No caso do governo Fernando Henrique, para implementação da privatização. Cada nova privatização do governo iniciava uma batalha judicial que durava meses. No caso do governo Lula, inicialmente em virtude da Reforma da Previdência.

Segundo, a crescente disseminação do controle de constitucionalidade das leis. O controle de constitucionalidade, que era um experimento americano, basicamente, passa a ser um experimento utilizado em larga escala no mundo inteiro.

Terceiro, o Judiciário passa a ser usado como espaço de demanda política. Grupos de pressão, que em outros contextos levariam suas demandas ao Executivo, ou iriam acampar na frente do Parlamento ou fazer greves e protestos para veicular seus interesses, ganham mais um canal para apresentar suas demandas: a ação perante o Judiciário.

O resultado disso tudo é que uma certa racionalidade político-ideológica se infiltra de uma maneira recorrente e definitiva na aplicação do direito.

II

É nos Estados Unidos que nasce a ideia de Constituição escrita que existe até hoje. Aquele momento que se seguiu à independência americana foi um momento muito fértil de inovações institucionais: criou-se o federalismo, o presidencialismo e o controle judicial de constitucionalidade das leis, tal como essas instituições são entendidas atualmente. Os «pais fundadores» americanos criaram tudo isso com um propósito muito claro, que foi o de estabelecer um mecanismo sofisticado de «freios e contrapesos» capaz de impedir no arranjo político resultante que qualquer dos poderes instituídos pudesse, sozinho, empreender mudanças substanciais no *status quo* existente.

O Presidente da República, para nomear um juiz do Supremo Tribunal Federal, depende da aceitação do Senado. O Congresso, para passar uma lei, depende da aceitação do Presidente, que, se não quiser aprová-la, pode vetá-la. O Senado (que representa equitativamente os Estados) é uma espécie de instância de veto capaz de impedir mudanças desejadas pela Câmara (que, por sua vez, representa proporcionalmente o próprio povo). E assim por diante. Para que uma dada mudança aconteça é preciso angariar o consenso da maioria do povo, da maioria dos Estados federados, do Presidente da República e do Judiciário.

O arranjo institucional criado pelos americanos através de sua Constituição escrita espalhou, para usar uma expressão comum na ciência política, «poderes de veto» pelas várias instâncias do governo. E organizações marcadas por várias instâncias de veto tendem mais à inércia que à mobilidade. Tendem, em regra, à manutenção do *status quo*, pois normalmente será mais fácil (isto é, dependerá de menor mobilização de recursos) manter o *status quo* que mudá-lo. O *status quo* será mudado apenas e tão somente se for possível vencer aqueles vários pontos de veto. Se o *status quo* for preferível à mudança para pelo menos um dos poderes investidos do veto, tudo se manterá.

Segundo Madison, essa tendência à conservação por meio da necessidade de amplos consensos seria essencialmente adequada porque a tirania, que é aquilo que nós devemos evitar com os arranjos institucionais, pode se manifestar não só nas decisões de um dado grupo isolado e radical (a «facção», no dizer dos Federalistas), mas também por meio da ação majoritária. Para que a maioria não tiranize a minoria, é preciso criar esses múltiplos pontos de veto.

O que é «tiranizar»? Quem diz que uma dada decisão majoritária é tirânica ou não? Toda decisão majoritária contraria a minoria. Quando é, então, que essa contrariedade deve ser considerada legítima e quando é que ela começa se tornar tirânica? Apesar da evidente dificuldade em responder essas perguntas, a democracia «madisoniana» é essa que tem medo da maioria e que quer criar mecanismos de freio à sua vontade soberana.

Quando a Constituição Americana estava sendo gestada, um dos pontos debatidos foi esse: deve-se ou não atribuir ao Judiciário poder de aplicar a Constituição, e eventualmente, ao fazê-lo, deixar de aplicar uma lei *tirânica*, ou seja, inconstitucional? O Judiciário deve ser mais um desses pontos de veto dotado de poderes *contra-majoritários*?

Esse é um tema que não encontrava consenso. Havia fortíssimas resistências a ponto de na Constituição americana o controle de constitucionalidade não ser explícito. Por que permitir que um grupo de aristocratas versados em direito (os juízes) sobreponha as suas decisões às decisões do Parlamento, que é popular e democrático? Por que um sujeito educado, que estudou as «letras jurídicas», tem mais capacidade de compreender a noção de tirania que o «povo ele mesmo», para usar uma expressão de Jefferson? Estudar o Direito dá a alguém melhores condições para compreender e praticar a liberdade? O estudo dota alguém, por si só, de melhor caráter, fazendo-o menos propenso a abusar de seu poder? Quem controlaria os abusos de poder dessa classe «estudada», caso ela viesse a cometê-los, considerando que os juízes, ao contrário dos membros do Executivo e do Parlamento, não respondem ao povo pelo voto e têm garantias de vitaliciedade e inamovibilidade que são, por definição, incompatíveis com qualquer responsabilização do tipo mandante-mandatário? Essas questões, durante toda a gênese da Constituição americana e durante as décadas seguintes à sua ratificação pelos Estados, permaneceram na ordem do dia.

O controle de constitucionalidade apenas se sedimentará de maneira definitiva e final no sistema político americano com uma decisão da Suprema Corte de 1803, dada no caso *Marbury v. Madison*. O mesmo Madison da democracia madisoniana aparece agora na condição de Secretário de Estado de Jefferson como a autoridade acusada de «tiranizar» e violar direitos de

William Marbury, nomeado juiz federal no apagar das luzes do governo de John Adams, mas cuja posse era negada, sem qualquer justificação formal, por Madison. Adams havia nomeado, na verdade, inúmeros outros juízes nos últimos instantes de seu mandato, podendo ser lido esse ato como uma tentativa de manter os ideais de seu partido na arena política após sua derrota para Jefferson, já que esses juízes eram dotados de poderes importantes de ação política e, uma vez empossados, adquiririam garantias de vitaliciedade, podendo atuar inclusive durante o mandato dos rivais de Adams.

O relator do caso foi o Presidente da Suprema Corte Americana, John Marshall, que tinha sido também nomeado para esse tribunal por Adams já no final de seu mandato, e tinha sido, também, Secretário de Estado desse presidente, chegando inclusive a acumular, por curto período, esses dois cargos. Marshall, ao desenvolver seu voto, argumenta que a competência originária da Suprema Corte para conhecer do caso teria sido disciplinada em lei de forma incompatível com a Constituição. Este documento, segundo sua leitura, traria um rol taxativo de competências originárias para o tribunal que não poderia, portanto, ser ampliado por dispositivo infraconstitucional. Com base nisso, Marshall se recusa a conhecer o caso, apesar de dizer claramente em seu voto que Marbury teria integral razão quanto ao mérito de seu pleito.

Ao assim decidir uma questão meramente processual, Marshall sacramenta o princípio jurídico que dá ao Judiciário a competência para deixar de aplicar uma lei que entenda inconstitucional. Resolve, dessa forma, numa única decisão judicial, uma questão que era controversa no âmbito político, acerca da qual as facções divergiam e que por isso não encontrou consenso no plano representativo. Na verdade, o grupo político do qual Adams, derrotado, era representante, e no qual Marshall havia militado e com o qual Madison havia rompido para unir-se a Jefferson, desejava justamente o controle judicial de constitucionalidade. Mas o grupo de Jefferson, agora vitorioso, não.[9]

O controle de constitucionalidade começa, portanto, já embebido em política. Na decisão que o consagra o próprio Judiciário se outorga uma competência que os constituintes não conseguiram decidir se os juízes deveriam ou não ter. E a justificativa para fazê-lo é perfeitamente conforme a qualquer teoria tradicional do Direito e faz com que o controle de constitucionalidade pareça ser a mais trivial das tarefas de que um juiz pode ser investido.

---

[9] Em uma carta a Willam Charles Jarvis datada de 1820 Jefferson diz que considerar os juízes como os árbitros últimos de todas as questões constitucionais seria uma «doutrina muito perigosa» e que a Constituição não teria designado para essa tarefa nenhum tribunal específico, sabendo que, em quaisquer mãos que ela fosse confiada, com as corrupções inerentes ao tempo e ao partidarismo, seus membros acabariam tornando-se déspotas. Disse ainda que quando os funcionários do executivo e do legislativo agem inconstitucionalmente, eles respondem ao povo no momento das eleições, o que não ocorreria com os juízes, em um arranjo bastante perigoso.

O controle de constitucionalidade começa tumultuado e segue assim por um bom tempo. A Suprema Corte tem um período ativista inicial que pode ser exemplificado pelo caso *Dred Scott*, de 1857, em que ela considera inconstitucional o acordo do Missouri que havia sido um passo legislativo importante em direção à abolição da escravidão nos Estados Unidos. Segundo essa decisão «ativista», a primeira em que a Suprema Corte invalida uma lei *federal* após o caso *Marbury v. Madison*, um Estado poderia interferir em maior ou menor grau na propriedade daqueles que estão em seu território, mas não poderia, por suas leis, fazer de alguém um cidadão dos Estados Unidos da América «em seu território», nem torná-lo detentor de direitos oriundos dessa condição «em seu território». A declaração de independência seria, ademais, clara no sentido de não atribuir aos negros nenhum direito que fosse oponível aos homens brancos. Quanto ao acordo do Missouri, ele seria inconstitucional porque a Constituição seria clara ao condicionar ao devido processo legal qualquer ato capaz de privar uma pessoa de sua propriedade, o que teria sido violado, na hipótese, pelo Congresso.

Há algum direito fundamental que possa proteger a escravidão? Segundo a Suprema Corte, esse direito consistiria na propriedade e nas garantias a ela relacionadas, como a do devido processo legal. O acordo do Missouri, nesse sentido, seria um exemplo de ação majoritária «tirânica» por meio da qual uma «minoria» (os proprietários de escravos) estaria sendo indevidamente privada de um direito seu (a propriedade) pela maioria do Congresso.

Esse é um grande exemplo usado contra o ativismo americano e a 14ª Emenda à Constituição dos EUA não é outra coisa senão uma reação direta a essa decisão, visando estabelecer o princípio contrário àquele definido nela: «todo aquele nascido ou naturalizado nos Estados Unidos, e submetido a sua jurisdição [independentemente, portanto, de ser branco ou negro, de ter ou não sido escravo nos passado], é cidadão dos Estados Unidos e do Estado em que residir».

Seguem-se ao caso Dred Scott vários outros casos envolvendo direitos civis e atos do congresso proibindo a discriminação de negros em hotéis, teatros, trens etc. A Suprema Corte decide reiteradamente que a 14ª emenda não obriga os cidadãos a absterem-se de discriminar. A emenda aplica-se apenas à ação dos Estados, mas não a dois indivíduos entre si.

Em 1896 a Suprema Corte decide, no caso *Plessy vs. Ferguson*, que uma lei da Louisiana exigindo a alocação de negros em vagões especiais de trens seria constitucional por garantir igualdade política, não se exigindo igualdade social (*separate but equal doctrine*). Essa doutrina dura até 1954.

Outro caso que é também frequentemente citado para exemplificar a ação «ativista» da Suprema Corte é o caso *Lochner*, de 1905. Trata-se da reação da Suprema Corte contra a regulação das condições de emprego logo no início da implantação do *Welfare State* nos EUA. Nesse caso discutia-se a constitucionalidade de uma lei do Estado de Nova Iorque que regulamentava a jornada de trabalho para padeiros. E esta regulação foi considerada inconstitucional por afrontar o princípio do *devido processo legal substantivo*. Essa dimensão substantiva exigiria racionalidade e razoabilidade das leis. E, para a Suprema Corte, tal razoabilidade não estaria presente na regulação do Estado de Nova Iorque, que representaria uma «interferência arbitrária, desnecessária e desarrazoada no direito e na liberdade dos indivíduos de contratar».

No período compreendido até 1930 várias leis que regulamentavam relações de trabalho foram invalidadas pela Suprema Corte Americana com base no princípio do devido processo legal *substantivo*, que sequer existe na Constituição escrita. Ele é uma interpretação a partir do princípio do devido processo legal *processual*, que abre margem a uma ação extremamente subjetiva dos tribunais, visto que a avaliação daquilo que representa ou não uma ação estatal ou legislativa *razoável* pode ganhar contornos muito pessoais e políticos.

Essa interpretação só acaba quando Roosevelt assume a presidência dos Estados Unidos, depois do *crack* da Bolsa em 1929, e tenta implementar uma regulação ainda mais estrita. A posição da Suprema Corte muda apenas quando Roosevelt ameaça mudar o número de juízes da Suprema Corte, aumentando-o para 15, em uma proposta conhecida como *court-packing plan*. Ou a Corte mudava seu posicionamento ou Roosevelt nomearia para a Corte diversos juízes alinhados com seu posicionamento ideológico. Essa mudança é conhecida como «*the switch in time that saved nine*», sendo o «*nine*» uma referência aos nove juízes da Corte que tiveram seu poder mantido com a rejeição do plano de Roosevelt, viabilizada pela mudança em sua própria jurisprudência.

Após esta fase, a Suprema Corte passa a um período de *self-restraint*, até mais ou menos a década de 50.

Nesta fase é muito famoso o caso *Brown vs. Board of Education of Topeka*, um caso que questiona leis segregacionistas que existiam nos Estados do sul e que estabeleciam escolas para brancos e escolas para negros. A doutrina tradicional da Suprema Corte Americana, como já mencionado, entendia isso como possível debaixo da teoria *separate but equal*. De acordo com esse princípio, a Constituição americana, ao garantir «igual proteção» a todos, estabeleceria a necessidade de fornecimento de benefícios semelhantes pelo Estado a todos, incluindo tanto brancos quanto negros, mas não exigiria que tais benefícios fossem fruídos por uns e outros no mesmo espaço ou instituição. Então, se houver uma escola para negros, exatamente tão boa quanto uma escola segregada para brancos, nenhuma inconstitucionalidade estaria presente. É esse princípio que a Suprema Corte vem reverter no caso Brown, decidindo que no campo da educação a segregação é inerentemente inconstitucional, pois provoca condições inerentemente desiguais de acesso aos benefícios distribuídos pelo Estado.

Este caso inaugura o período de ativismo em defesa dos direitos civis, que é de maneira geral avaliado positivamente, em virtude de seu *resultado* (maior igualdade). Contudo, se considerarmos que a legitimação do Judiciário, como visto anteriormente, se dá principalmente na dimensão *formal*, e não na substancial, podemos perceber que um ativismo *libertário* pode ser, em tese, exatamente não problemático quanto um ativismo *conservador*.

O caso Brown inaugura simbolicamente um novo tipo de ativismo, relacionado à interferência do Judiciário no campo das políticas públicas do Executivo. Isso ocorre em função do «remédio» que a Suprema Corte resolve empregar para acabar com a segregação nas escolas, remédio esse que não se resume, simplesmente, na declaração inconstitucionalidade das leis estaduais segregacionistas.

Segundo a Corte, se há um imperativo constitucional de igualdade na educação e se há uma tradição arraigada de segregação em certos Estados, a mera declaração de inconstitucionalidade não seria capaz de implementar aquele imperativo. Se a Corte se limitasse a isso, talvez nada mudasse na prática. A simples declaração de inconstitucionalidade não pareceu ser um remédio adequado a curar o mal de inconstitucionalidade que existia nesses Estados. A Corte, então, pediu às partes sugestões de remédios alternativos.

Após tais sugestões, a Suprema Corte retoma o julgamento do caso em uma decisão conhecida como *Brown 2*, e decide que deve haver medidas positivas de interferência nas estruturas educacionais dos Estados para que implementem a igualdade. Isso será feito pelas próprias autoridades encarregadas do ensino de cada lugar, mas elas o farão sob próxima supervisão dos juízes de primeira instância. Ademais, os juízes de primeira instância recebem competência para invalidar quaisquer das decisoes das autoridades locais que eles julguem incompatíveis com a decisão da Suprema Corte, e também para tomar quaisquer providências positivas que entendessem necessárias para implementá-la, como, por exemplo, regular as linhas de ônibus escolar, mudar o currículo das escolas, tomar outras providências administrativas, nomear e despedir professores, transferir alunos de uma escola para outra e assim por diante.

Por que a Suprema Corte abriu-se para sugestões? De alguma maneira, a própria Suprema Corte percebeu que estava «inventando» alguma coisa nova. Ela precisava responder a um problema de legitimidade, mas também de falta de informação.

III

Todos esses casos são exemplares da discussão que é objeto deste capítulo, mas o caso Brown nos ajuda particularmente a entender a questão do ativismo e da politização *hoje*. De toda forma, o fato é que as acusações de ativismo e politização acompanham a experiência de controle judicial de constitucionalidade das leis desde o primeiro momento, especialmente no que se refere à interferência com a ação legislativa. O dado recente, que não muda substancialmente, mas qualifica e dá novos contornos ao debate, é a interferência em políticas públicas, que se intensifica no contexto do Estado Social e do Estado Regulador.

A história de politização da jurisdição constitucional é uma história que tem mais de 200 anos. O primeiro grande problema ligado a isso é o problema de legitimidade. O que a Corte não tem e o Congresso tem? Representação política. Em questões complicadas, para as quais não se tem uma resposta, ou que ainda não foram decididas, quem deveria decidir pela comunidade política?

A regra majoritária tem um apelo do ponto de vista de legitimidade. Se não se sabe exatamente o que quer dizer o direito à vida na Constituição – e essa questão envolve juízos morais polêmicos e complicados, além de avaliações consequencialistas de política social – a quem se deveria atribuir a palavra final em circunstâncias normais de democracia? Aos ministros do STF ou ao Congresso? Essa é a pergunta.

Como dito, há um apelo na decisão parlamentar que a decisão judicial não tem. Esse apelo diz respeito à representação e à responsabilização eleitoral que recai sobre os agentes públicos que participam do parlamento. Tais princípios são justamente opostos aos que organizam o Judiciário, que deve, para que se garanta sua independência, ser «irresponsável» na perspectiva do «agente-principal».

Os recentes casos importantes levados ao STF traduzem isso bastante bem. Não haveria, por exemplo, um certo mal-estar no fato de a maioria do Congresso aprovar uma lei como a de Biossegurança e vir um juiz a dizer, subsequentemente, que essa opção majoritária não seria boa, em vista de sua particular compreensão do sentido da vida tal como definido na Constituição de 1988?

Se é polêmico definir o que é a vida, quando ela começa, e que grau de proteção jurídica deve ser dado a um embrião, por que a visão de um juiz sobre essas questões seria melhor ou deveria prevalecer sobre a da maioria? Porque os juízes são versados em direito, são professores e especialistas? Ou porque estão infensos às paixões?

Esse é exatamente o mesmo debate dos Artigos Federalistas. É um debate que parte de um princípio importante, que é a nossa capacidade de discordar de boa-fé. Se pessoas bem intencionadas, comprometidas com os direitos humanos em uma democracia que funciona bem, discordam, então qual é o critério adequado para resolver essas questões? Esse é o problema, originário, da legitimidade do controle judicial de constitucionalidade, que resulta tanto agravado quanto maior for a distância argumentativa percorrida pela decisão entre o *texto* constitucional e a *norma* que dele é derivada. Isso equivale a dizer que o problema é tão mais grave quanto mais «ativista» for a decisão, se usarmos essa expressão em conformidade com o segundo e o quarto sentidos apresentados no início do presente capítulo, que falam exatamente da distância que pode haver entre o texto literal dos materiais dotados de autoridade e a decisão que é tomada com base neles.

Agora, a segunda questão que envolve o ativismo, que é mais recente e que diz respeito à interferência em políticas públicas, relaciona-se à «capacidade institucional» do judiciário para intervir nessas políticas e redesenhá-las. Será que o órgão judiciário tem capacidade de lidar com questões prospectivas de natureza política, técnica e econômica?

Lon Fuller, em um famoso artigo chamado «*The Forms and Limits of Adjudication*»[10] («As Formas e Limites da Adjudicação»), afirma que há um modo de ser que é próprio à aplicação do Direito por um juiz e que limita importantemente aquilo que um juiz consegue ou não fazer com os instrumentos que lhe são disponibilizados.

Esse modo de ser é próprio à adjudicação não porque seja a única maneira ideal de aplicar o Direito, mas porque é a única maneira de resolver adequadamente o tipo específico de conflito que aparece diante do juiz. A adjudicação, para Fuller, é um modo de organização social que resolve problemas com base em regras preexistentes, e que, sobretudo, lida bem com conflitos bilaterais. Contudo, diz Fuller, o que a política pública e o Legislativo fazem é exatamente o oposto disso. As decisões que se precisa tomar nestes âmbitos são decisões que em geral não se submetem a uma regra pré-estabelecida que seja preexistente à solução do caso (ou seja, são decisões *programantes* e não *programadas*). São, ao contrário da decisão judicial, decisões baseadas não na investigação de alguma coisa que aconteceu no passado (o fato sobre o qual o direito deve incidir), mas sim na construção de uma especulação sobre o que vai acontecer no futuro, caso uma regra tal ou qual seja criada. As decisões de política pública são, por isso, prospectivas e «policêntricas», ao passo que a decisão judicial é, por definição, dada entre duas partes e voltada para o passado.

Fuller afirma que o Judiciário simplesmente não tem mecanismo, estrutura e capacidade de lidar com conflitos prospectivos e policêntricos, um argumento que é retomado por inúmeros outros estudiosos no campo do direito e da política nos últimos 50 anos.

---

10 Lon FULLER. «The Forms and Limits of Adjudication». *Harvard Law Review*, vol. 92, 1979: 353-409.

Voltando para o tema do princípio da inércia, que ocupou o início deste capítulo, ele significa que no processo judicial as únicas opções (por força de regras processuais que assim o exigem) são dizer «sim» ou «não» para um dado pedido «P» que foi apresentado, ao passo que os conflitos «policêntricos» exigem, para sua resolução, o exato oposto disso. É preciso, no caso destes, haver um mecanismo de decisão que permita até mesmo ignorar o pedido «P», caso a instância decisória chegue à conclusão que a solução de política para o problema em questão não deve ser «P» nem «Não-P», mas sim «J», «D» ou «F», ou uma combinação dessas três. O mecanismo da política pública deve permitir, inclusive, experimentar livremente com essas opções e trocar uma por outra caso a prática demonstre a insuficiência ou inadequação de qualquer delas, pois tais circunstâncias são muito difíceis de se prever de antemão. Tudo isso é impossível no processo judicial em virtude dos mesmos princípios discutidos no início do capítulo, como a adstrição do pedido à demanda, a coisa julgada e a inércia, que resumem o caráter *passivo,* do ponto de vista técnico, que marca a Jurisdição.

O problema da capacidade institucional também está, portanto, no coração do debate sobre o ativismo, e mostra bem, sob uma outra perspectiva, a dificuldade de ultrapassar-se a natureza estruturalmente *passiva* do processo judicial.

IV

Decidir com base em textos dotados de autoridade é, e será sempre, escolher entre as várias opções que a interpretação desses textos viabiliza. Quanto mais aberto for o texto, maior provavelmente será o leque de opções que poderão, em tese, ser encaixadas dentro dele. E os textos constitucionais têm duas características muito importantes nesse sentido: em primeiro lugar, eles são muito abertos, permitindo, via de regra, encaixar as respostas em uma moldura razoavelmente ampla; em segundo lugar, sua interpretação permite que um juiz, em nosso sistema legal, deixe de aplicar leis passadas pelo Parlamento.

O debate em torno do ativismo parece mostrar, nesse contexto, a necessidade de uma certa cautela no uso desse instrumento tão amplo, pois a atividade de interpretação da Constituição, na chave proposta acima, não é «mera aplicação do direito», como fez inteligente mas mentirosamente sugerir Marshall. Ela tem muito de político, e flerta, o tempo inteiro, com o problema da legitimidade democrática.

Mas isso é só uma parte do problema. O ativismo envolve, como visto, a definição ou redefinição de políticas públicas pelo Judiciário. Quando isso acontece, um outro rol de questões aparece, que é aquele ligado à capacidade do judiciário para agir nesse campo, com os específicos instrumentos processuais que ele tem. E sobre essas questões ainda há muito pouca literatura no Brasil. Será que as regras processuais permitem que os juízes sejam formuladores de política pública? Ou será que isso vai ser sempre desastroso? Será possível mudar essas regras para ajustá-las à «nova» necessidade de atuação dos juízes? Enfim, essa segunda avenida, a da capacidade institucional do judiciário para intervir em políticas públicas, é uma via que ainda está por explorar.

O que é certo, todavia, é que essas duas questões estarão sempre inerentemente ligadas ao controle de constitucionalidade. A legitimidade dessa tarefa será sempre questionada, e o respeito que vier a ser demonstrado, ou não, pelo Judiciário ao Legislador servirá sempre para avaliar o trabalho dos juízes quando estes declaram a inconstitucionalidade de leis passadas pelo parlamento.

Na mesma medida, a capacidade de produzir resultados que façam sentido e que possam ser adequadamente implementados será, também, termômetro e medida de julgamento dessa forma particular de organização da vida política que é o controle judicial de constitucionalidade das leis. Se esses são problemas postos especificamente pelo ativismo, será preciso concluir, então, que o flerte com o ativismo é algo inerentemente ligado ao controle judicial de constitucionalidade, desde seu nascimento até hoje. É uma variável com a qual a jurisdição constitucional estará, para sempre, fadada a lidar.

3

O PODER JUDICIÁRIO E SEU PROTAGONISMO NAS DECISÕES POLÍTICAS BRASILEIRAS

LUÍS GUSTAVO BAMBINI

INTRODUÇÃO

A maior participação do Judiciário brasileiro na formulação das importantes decisões nacionais é patente. Para tanto, basta lembrar que, só nos últimos três anos, o Judiciário decidiu questões polêmicas e longe de consensos na sociedade brasileira, dentre as quais podem ser destacadas a questão do aborto, a pesquisa em células tronco, união homoafetiva, entre outros relevantes assuntos.

O estudo do protagonismo judiciário, por ser apaixonante e de inúmeras consequências para a teoria da separação dos poderes, envolve tanto o meio acadêmico como a prática política. Afinal de contas, nos últimos anos há um grande debate sobre o papel do Judiciário na condução das políticas nacionais, entendidas aqui como políticas públicas.

Durante o período em que passei no Supremo Tribunal Federal, como assessor de Ministro, e, posteriormente, no Tribunal Superior Eleitoral, como chefe de gabinete, tive o privilégio de conhecer a estrutura e o funcionamento da cúpula do Poder judiciário, bem como participar do processo decisório dos temas de interesse nacional.

E foi uma experiência muito interessante, pois nessa época o Judiciário começou a julgar questões mais polêmicas e que atraiam a atenção da opinião pública. Pude participar, por exemplo, da elaboração dos votos do processo da fidelidade partidária.[1]

Em seguida, sobreveio o julgamento do mandado de Injunção que regulamentou o direito de greve no serviço público usando por analogia a legislação que existe para o direito privado.[2]

Essa decisão praticamente rompeu uma tendência que prevalecia há mais de 30 anos na jurisprudência do STF de que o mandado de injunção não tinha aplicabilidade porque não era regulamentado por lei. No entanto, o STF acabou mudando isso utilizando, com o intuito de regulamentar o direito de greve no serviço público, a lei que regulamenta essa atividade no serviço privado. Foi uma mudança de entendimento com relação ao Mandado de Injunção e ao papel do STF no que se refere à extensão dos efeitos das suas decisões.

Posteriormente, o Supremo também decidiu o caso Raposa Serra do Sol[3] e a pesquisa com células-tronco.[4] Tudo isso chamou a questão da opinião pública e da imprensa, antes muito mais voltadas às ações do Executivo e do Legislativo, mas que começaram a acompanhar também o andamento do Judiciário.

Exemplos disso eram as faixas contestatórias, estendidas em frente ao prédio principal da suprema Corte em dias de votações de temas polêmicos e importantes. Isso sempre pode ser observado em relação ao Congresso, mas agora também se torna uma prática junto ao STF.

Assim, começa um processo de acompanhamento semanal das decisões do STF. Consequentemente, os ministros começaram a dar entrevistas e a ser conhecidos pela população. E isso não é por acaso, pois demonstra o protagonismo que o Judiciário exerceu em inúmeros momentos e em diferenciadas questões.

---

1 Em sessão de 4 de outubro de 2007, o Plenário do Supremo Tribunal Federal (STF), ao analisar os Mandados de Segurança (MS) que tratam da fidelidade partidária – MS 26.602, 26.603 e 26.604 – impetrados, respectivamente, pelo Partido Popular Socialista (PPS), Partido da Social Democracia Brasileira (PSDB) e Democratas (DEM), decidiu que a titularidade do mandato pertence ao partido político, e não ao eleito. Essa decisão ratificou o entendimento do Tribunal Superior Eleitoral que, após consulta formulada pelos Democratas (DEM), decidiu por meio de resolução nesse sentido. Os partidos pediram que o STF determine ao presidente da Câmara dos Deputados que declare a vacância dos mandatos de 23 deputados federais que deixaram essas legendas para ingressar em outros partidos, empossando os suplentes.

2 MI 712-PA, rel. Min. Eros Grau.

3 Pet 3.388-RR, rel. Min. Carlos Ayres Britto.

4 ADIn 3.510-DF, rel. Min. Carlos Ayres Britto.

O REDESENHO INSTITUCIONAL BRASILEIRO: NOVAS FUNÇÕES E ATRIBUIÇÕES DOS PODERES

Pode-se afirmar que esse protagonismo torna-se ainda mais significativo em virtude da aquiescência do Legislativo ao decidir não formular uma política pública, tendo em vista os dividendos ou prejuízos eleitorais que isso poderia graças à complexidade dos temas em voga.

Parece que o Congresso Nacional tem entendido ser mais conveniente deixar a tomada de determinadas decisões para o Judiciário, uma vez que elas podem ser polêmicas e gerar externalidades nem sempre proveitosas politicamente. Ou seja, preferem não deliberar e permitir que a decisão seja tomada pelos Ministros do STF, que podem decidir de uma maneira mais ponderada e técnica, menos suscetíveis, portanto, ao calor da opinião pública.

De fato, o Congresso Nacional é movido de uma forma bastante significativa pela opinião pública. E em virtude disso, tem dado respostas imediatas a diversas questões. Por exemplo, o caso do massacre na escola do Rio de Janeiro acendeu uma discussão sobre o referendo do comércio de armas. O presidente do Senado Federal resolveu, então, discutir a questão do porte e do comércio de armas, e ignorou a questão do *bullying* nas escolas, pois o mais «eficiente» no que concerne a uma resposta imediatista à sociedade é discutir o referendo sobre a comercialização de armas no Brasil.

Contudo, essa suscetibilidade do Legislativo aos valores da opinião pública parece que tem afetado também o Poder Judiciário, ainda que de forma tímida e embrionária.

A fim de se constatar o que foi afirmado, tome-se como exemplo a importância que os membros da suprema Corte deram à questão da legitimidade que levou à formulação da lei da ficha limpa, nascida do clamor e de projeto popular, recentemente julgada pelo Plenário.

Se a lei tem um lastro democrático ou não, salvo melhor juízo, isso não deve ser levado em consideração pelos Ministros do STF ao analisarem a sua constitucionalidade. Não interfere na constitucionalidade de uma lei o fato de ela ter ou não nascido da assinatura popular. Todavia, esse processo mostra um pouco o que é o STF hoje.

Mas essa parece ser a característica do Poder Judiciário moderno. Use-se como exemplo o voto do Min. Gilmar Mendes na lei de biossegurança (ADIn 3.510-DF). Nele, o Magistrado diz que o Judiciário já não é mais aquela casa apática e completamente desarticulada da discussão dos poderes da República. Na sua visão, o STF é uma casa democrática.

Há que se analisar essa afirmação com ressalvas. O Judiciário é ainda o poder menos suscetível às questões que a sociedade coloca, pois o Presidente da República e os parlamentares são eleitos por um processo democrático, ao contrario do procedimento de escolha dos juízes, selecionados por meio de concurso público.

Não que a questão democrática não deva ser a tônica e a preocupação no estado de direito. Mas quando o Judiciário se coloca como uma casa democrática, isso gera, no mínimo, uma certa confusão de conceitos, valores e atribuições no desenho institucional brasileiro.

A mudança comportamental da Corte já não é de hoje. A postura dos Ministros começa a se diferenciar de forma significativa quando foi criada a TV Justiça.[5]

É evidente que a criação desse meio de comunicação alterou a relação dos Magistrados com o público, pois hoje as sessões são transmitidas ao vivo. Então, isso muda seus comportamentos ao proferirem os seus votos, pois eles querem fazer debates mais longos, e melhor elaborados. Atualmente, os Tribunais de Justiça também querem ter sua TV Justiça e isso, inclusive, é uma discussão séria nos tribunais.

Dessa forma, o interesse da opinião pública e da imprensa sobre os Ministros alteraram o papel do STF. E isso não deve necessariamente ser visto como algo negativo, pois é uma forma de controle social sobre um Poder quase que sem qualquer controle institucional.

Quem controla a ação de um Ministro do STF com relação às decisões sobre políticas públicas? O Ministro não tem um chefe. O Presidente da República ainda é escrutinado, os Deputados e Senadores também, mas e o Ministro do STF que pode ficar até os 70 anos na função? Nesse sentido, a imprensa e a opinião pública acabam tendo um papel fundamental, pois exercem uma forma de controle sobre as decisões dos Ministros do STF.

A força da mídia e da opinião pública sobre os poderes não é pequena. Por exemplo, no caso da «ficha limpa», muitos ficaram impressionados com o papel que a imprensa teve. O Projeto de Lei da Ficha Limpa foi votado em menos de 15 dias nas duas Casas e encaminhado para a apreciação do Executivo. E o Presidente, então, sancionou a lei complementar. Foi uma votação muito rápida.

É possível afirmar que muitos parlamentares, se pudessem, engavetariam esse projeto. Há um estudo dizendo que grande parte deles está envolvida em algum tipo de contencioso no Supremo.[6] Diante disso, é possível pensar que se os parlamentares pudessem, não teriam votado o Projeto da Ficha Limpa.

---

5 Criada pela Lei 10.461/2002.

6 Referência à reportagem do periódico *Congresso em foco*: *Congresso tem 60 parlamentares réus no STF*. A reportagem pode ser obtida pelo link http://congressoemfoco.uol.com.br/noticia.asp?cod_canal=21ecod_publicacao=37011.

Mas eles optaram pela votação, pois a imprensa já tinha colocado esse projeto como uma grande política pública nacional.

E isso faz parte da nossa democracia, pois na medida em que nós atuamos de uma forma mais incisiva no controle do poder político, nós, sociedade civil, nos tornamos corresponsáveis pelas decisões políticas. E isso tem reflexo não só no Legislativo, mas também no Judiciário e no Executivo.

Toda essa forma de aprimoramento da democracia acarreta, em contrapartida, uma politização das decisões jurídicas. E isso é inevitável porque a política é também o resultado da vontade social. E se o povo e a sociedade civil se manifestam sobre determinada política, é evidente que isso vai ser levado em consideração por aqueles que fazem as políticas públicas.

Assim, na medida em que o Judiciário agora também elabora políticas públicas, os Ministros do STF também se tornam suscetíveis à opinião pública. Nesse ponto, é que surge a dúvida a respeito de quanto isso pode, ou não, interferir numa decisão judicial.

Voltando ao caso da *Ficha Limpa*, trata-se de uma atribuição do STF discussão acerca de algum possível vício formal no processo legislativo, ou a discussão acerca do cumprimento do requisito previsto no art. 63, § 2.º, da CF, aos projetos de lei de iniciativa popular, relativo à necessidade de subscrição do projeto por pelo 1% de todo eleitorado nacional, em ao menos 5 estados da federação. No entanto, uma vez presentes esses requisitos, não parece viável que a análise acerca do lastro democrático da lei deva ser feita no âmbito do controle de constitucionalidade.

Isso, no entanto, é natural e reflexo do crescimento da influência da opinião pública sobre as decisões políticas, que também recai sobre o Judiciário. E quando isso acontece, o Poder Judiciário acaba assumindo essa posição de protagonista, junto com os demais poderes, na construção das políticas públicas.

O fato descrito muda um pouco o cenário de freios e contrapesos da separação de poderes. E não se fala isso em relação ao Executivo e ao Legislativo. Aprende-se na Faculdade que a função do Legislativo é fazer leis, mas ninguém se lembra que o Legislativo antes de ser uma Casa de elaborar leis, nasceu com o atributo de controlar as ações das monarquias absolutistas no século XIV e XV. É assim que surge o Legislativo: um espaço de deliberação da burguesia para o controle dos gastos da Monarquia.

Mas, considerando que o Legislativo é o espaço mais democrático para fazer as leis, como elas são feitas hoje? Para se ter uma ideia, faz-se referência a um dado fornecido pela Secretaria de Relações Institucionais da Presidência da República, comparando o primeiro ano do governo Luis Inácio Lula da

Silva com o primeiro ano do governo Fernando Henrique Cardoso, em relação a todas as leis que foram aprovadas.

Em 1995, primeiro ano do governo Fernando Henrique Cardoso, 283 leis foram sancionadas, entre ordinárias e complementares. Desse total, apenas 60 eram de iniciativa do Legislativo, 10 de iniciativa do Judiciário, 44 Medidas Provisórias, 130 Projetos de Lei do Executivo, 39 Projetos de Abertura de Crédito Extraordinário e 39 projetos normais. Então percebam que das 283 leis sancionadas, apenas 60 eram de iniciativa do Legislativo. Isso é bastante sintomático.

Esse quadro não se altera com relação ao primeiro ano do governo Lula, em 2002, ainda que em 2001 tenha havido uma Emenda Constitucional que mudou a tramitação das Medidas Provisórias.

Então, no primeiro ano do governo, das 239 leis, apenas 50 eram de iniciativa do Legislativo, 7 de iniciativa do judiciário, 55 Medidas Provisórias, 90 Projetos de Lei do Executivo de abertura de crédito adicional, 37 Projetos de Lei sobre diversos assuntos. Então, das 239 leis, apenas 50 foram de iniciativa do poder Legislativo.[7]

Como falar de separação de poderes da maneira como se aprende na faculdade, no sentido de que o Executivo executa, o Legislativo legisla e o Judiciário julga? Isso não funciona mais, pois os poderes estão se redesenhando institucionalmente. E isso faz parte de uma sociedade mais complexa e de um modelo de presidencialismo de coalizão em que o legislativo tem uma agenda própria, é verdade, mas mesmo com uma agenda própria, mas atrelada à agenda e interesses do Executivo.[8]

Logo, a decisão política pode até ser tomada no Parlamento, mas a construção das políticas públicas vem mais do Executivo do que do Legislativo.

Por exemplo, Constituição Federal existem muitas normas de eficácia limitada, ou seja, normas que preveem a existência de uma lei para regulamentar determinado direito ou garantia, para que, de fato, esse direito possa ser efetivamente exercido e reivindicado na sociedade e não seja apenas uma norma programática. E quando se fala nos termos da lei, evidentemente que se pressupõe a participação do Legislativo na construção dessa lei que será também uma política.

Um exemplo é o direito de greve, previsto no § 1.º do art. 9.º da Constituição Federal:

---

7 Dados fornecidos pela Subchefia para Assuntos Parlamentares da Secretaria de Relações Institucionais da Presidência da República.

8 Sobre a ideia de presidencialismo de coalizão, ver capítulo de Argelina Figueiredo, neste volume.

> «Art. 9.º É assegurado o direito de greve, competindo aos trabalhadores decidir sobre a oportunidade de exercê-lo e sobre os interesses que devam por meio dele defender.
>
> § 1.º A lei definirá os serviços ou atividades essenciais e disporá sobre o atendimento das necessidades inadiáveis da comunidade.»

Essa é a lei de greve no serviço público. O direito de greve é um direito fundamental, mas o direito de continuidade do serviço público também o é. Assim, é necessário que exista uma regulamentação que disponha acerca do percentual de trabalhadores que precisarão continuar trabalhando em caso de greve. Isso é algo que cabe ao legislativo regulamentar. Embora isso esteja há mais de vinte anos na Constituição Federal, foi necessário que o STF decidisse sobre essa questão por meio de Mandado de Injunção.

Outro exemplo é o § 4.º do art. 40 da CF, que prevê aposentadoria especial aos servidores públicos, que exerçam atividade de risco, ou, sejam portadores de deficiência:

> «Art. 40. Aos servidores titulares de cargos efetivos da União, dos Estados, do Distrito Federal e dos Municípios, incluídas suas autarquias e fundações, é assegurado regime de previdência de caráter contributivo e solidário, mediante contribuição do respectivo ente público, dos servidores ativos e inativos e dos pensionistas, observados critérios que preservem o equilíbrio financeiro e atuarial e o disposto neste artigo.
>
> (...)
>
> § 4.º É vedada a adoção de requisitos e critérios diferenciados para a concessão de aposentadoria aos abrangidos pelo regime de que trata este artigo, ressalvados, nos termos definidos em leis complementares, os casos de servidores:
>
> I – portadores de deficiência;
>
> II – que exerçam atividades de risco;
>
> III – cujas atividades sejam exercidas sob condições especiais que prejudiquem a saúde ou a integridade física.»

É necessária uma lei complementar que regulamente a possibilidade de aposentadoria especial nesses casos. Incontáveis são os mandados de Injunção que tramitam na Suprema Corte por conta da omissão do Congresso Nacional em elaborar esse diploma normativo. Tendo em vista que essa Lei só traria dividendos para a sociedade, apenas se pode concluir que falta vontade política do Legislativo para elaborá-la.

Outra lei que demonstra essa inação do Legislativo é a elaboração do orçamento. O orçamento é a melhor peça de política pública, pois é o momento em que os recursos são destinados para uma ou outra ação. Porém, o Parlamento passa ao largo desse processo de decisão do que é o orçamento público.

Por que enquanto a peça orçamentária está sendo discutida, o Parlamento não participa do processo de formulação chamando a sociedade civil, fazendo audiências públicas para discutir como deverão ser alocados os recursos públicos? Uma das justificativas que o Legislativo dá nesse caso é de que o prazo de tramitação do orçamento, que compreende o PPA (Projeto Plurianual), a Lei Orçamentária e a LDO (Lei de Diretrizes Orçamentárias) é muito exíguo, e esse argumento, inclusive, consta em um dos relatórios da Comissão Mista de Orçamento.

Isso porque, o Parlamento se esquece de levar em consideração o art. 165, § 9.º, I, da CF, que dispõe:

> «Art. 165. Leis de iniciativa do Poder Executivo estabelecerão:
>
> (...)
>
> § 9.º Cabe à lei complementar:
>
> I – dispor sobre o exercício financeiro, a vigência, os prazos, a elaboração e a organização do plano plurianual, da lei de diretrizes orçamentárias e da lei orçamentária anual;
>
> (...).»

E a CF ainda vai além, no art. 35, § 2º, da ADCT:

> «Art. 35. O disposto no art. 165, § 7.º, será cumprido de forma progressiva, no prazo de até dez anos, distribuindo-se os recursos entre as regiões macroeconômicas em razão proporcional à população, a partir da situação verificada no biênio 1986-87.
>
> (...)
>
> § 2.º Até a entrada em vigor da lei complementar a que se refere o art. 165, § 9.º, I e II, serão obedecidas as seguintes normas:
>
> I – o projeto do plano plurianual, para vigência até o final do primeiro exercício financeiro do mandato presidencial subsequente, será encaminhado até quatro meses antes do encerramento do primeiro exercício financeiro e devolvido para sanção até o encerramento da sessão legislativa;
>
> II – o projeto de lei de diretrizes orçamentárias será encaminhado até oito meses e meio antes do encerramento do exercício financeiro e devolvido para sanção até o encerramento do primeiro período da sessão legislativa;
>
> III – o projeto de lei orçamentária da União será encaminhado até quatro meses antes do encerramento do exercício financeiro e devolvido para sanção até o encerramento da sessão legislativa.»

Os Senadores e Deputados reclamam do prazo de quatro meses previsto no art. 35 do ADCT, mas a Constituição Federal, no art. 165, § 9.º, determina que o Legislativo, por meio de Lei Complementar, poderá regulamentar o prazo de tramitação das leis orçamentárias. Então, cabe a pergunta: por que essa lei não foi elaborada até hoje? Assim, ou o Legislativo sofre de esquizofrenia, ou falta vontade política dos parlamentares para que aquele Poder tome para si as suas funções essenciais.

A EXISTÊNCIA DE UM JUDICIÁRIO MAIS ATUANTE

No momento em que o Legislativo não assume funções essenciais, caberá ao Judiciário e ao Executivo exercê-las, porque a demanda da sociedade sobre essas questões sempre irá existir. Então, talvez por isso é que se possa falar da judicialização do processo político.

O Min. Gilmar Mendes, no caso da Lei de Biossegurança, afirma: «nós somos chamados a ocupar um espaço que não é nosso, mas como essa Casa é democrática, nós temos que fazê-lo».

Não existe vácuo na política. Os espaços vazios são sempre tomados por alguém, inclusive pelas próprias instituições. Por isso, é obvio que essa inação do Parlamento justifica os votos dos Ministros, pois a sociedade precisa de uma resposta para as suas demandas.

O Supremo Tribunal Federal, por sua vez, utiliza-se de subterfúgios para chegar a algumas decisões. Um deles é a modulação dos efeitos das suas decisões. Isso permitiu ao Supremo, por meio da interpretação constitucional, dar uma extensão prática da sua decisão judicial que nem a lei consegue fazer, qual seja, modular os efeitos da decisão para o caso concreto.

Outra questão em que o STF acabou tomando grandes decisões políticas foi na questão da fidelidade partidária. Cabe notar que isso aconteceu por meio de Mandados de Segurança e não por meio de Ações Diretas de Inconstitucionalidade.

Atualmente, na Comissão de Reforma Política no Congresso Nacional, os próprios parlamentares afirmam que não vão tratar desse assunto porque o STF já se pronunciou.

Curioso analisar como o Congresso trata de alguns pontos de acordo com a conveniência. E os Parlamentares sabem que podem se pronunciar, basta fazer uma Emenda Constitucional.

Analise-se a questão sobre a perspectiva de um outro assunto candente, que é a união estável entre pessoas do mesmo sexo. Ao mesmo tempo em que o STF discutiu a ADIn 4.277-DF, cujo relator foi o Min. Carlos Ayres Britto, o Congresso também tem os seus projetos de lei sobre o assunto. Assim, observem que as agendas são paralelas, elas não migram de um poder para o outro. Mas como esse tema é muito polêmico, e no Judiciário não existem as bancadas partidárias e, além disso, os Ministros não irão concorrer às eleições, será muito mais fácil para o STF decidir sobre o assunto do que para o Legislativo.

Ainda sobre o tema do controle sobre as ações do Judiciário, vale a pena tratar da questão da vista processual. O prazo previsto no Regimento Interno do STF é de 30[9] dias, mas os Ministros, às vezes, pedem vista por mais tempo. Em tese, isso é antirregimental, mas é estratégico. É uma forma de tirar um assunto polêmico da pauta. E essa é uma questão interessante, pois ninguém contesta. Não existe controle sobre o pedido de vista pelos Ministros do STF.

No caso da votação das células-tronco aconteceu algo muito interessante. Os assessores de ministros receberam cerca de 600 *e-mails* da população, pessoas contra e a favor das pesquisas em células-tronco. Vejam o que chega às mãos do STF. E o Supremo precisa decidir sem o calor das vicissitudes morais e religiosas, ou, pelo menos, menos suscetível aos valores que esse tema envolve.

E esse tema e postura também deve se dar no processo de formação das políticas públicas pelo Judiciário quando o Parlamento abre um espaço para que o Judiciário aja e cumpra esse papel.

Use-se como exemplo o tema do aborto. Há muitos projetos de lei tramitando no Congresso Nacional. No entanto, eles nunca prosperaram. Ao final, quem decidiu sobre o assunto foi o STF, em sede de controle de constitucionalidade. Se for feita uma pesquisa no site da Câmara, ou do Senado, serão encontrados diversos projetos de lei sobre o aborto. No entanto, esses projetos não têm seguimento.

O Congresso Nacional funciona de forma dialética, no sentido hegeliano da palavra. Para toda tese que surge, há uma antítese. Eventualmente, elas se chocam e o resultado desse conflito é a síntese, que pode ser boa ou não. Mas muitas vezes, esse choque é tão forte, e envolve questões tão profundas, que ele não permite que essa síntese nasça. Então, com relação ao aborto, com um Parlamento cada vez mais plural, com representantes de todos os grupos sociais, fica muito difícil chegar a um consenso nesse tema.

E, muitas vezes, como o partido político ainda é uma instituição bastante fraca, as orientações partidárias não são levadas em consideração pelos parlamentares. Na votação da Reforma da Previdência, em que o governo era o patrocinador, houve casos de parlamentares do Partido dos Trabalhadores que não votaram com o governo.

Se fosse hoje, com a fidelidade partidária sendo cláusula de expulsão, eles não poderiam agir dessa forma, apesar de existirem as exceções, como a mudança de ideologia partidária e a perseguição política.

O congresso plural pressupõe essa dificuldade de chegar ao consenso e isso torna o Legislativo um poder mais letárgico do que os outros.

---

[9] Resolução 29/2004 do Supremo Tribunal Federal.

A consequência disso é o fato de que cada vez mais o Legislativo deixará de ser o espaço de formulação de políticas públicas. Cada vez mais ocorrerá a judicialização da política e o Executivo tomará decisões por meio de Medidas Provisórias.

Esse último encaminha uma Medida Provisória por semana praticamente. Então, a pauta está sempre sobrestada. Isso impede que o Parlamento avance em uma agenda legislativa própria. E o Parlamento não participa da formulação das Medidas Provisórias que, muitas vezes, são feitas do dia para a noite.

Dentro do Legislativo e do Executivo falta tempo para amadurecerem algumas ideias. Tome-se como exemplo o Projeto de Lei da Ficha Limpa, que foi votado em 15 dias pelas duas Casas do Congresso Nacional.

Outro projeto interessante é a votação da Emenda Constitucional 45/2004, conhecida como Reforma do Judiciário. Primeiramente, em 1992, o projeto era do Deputado Hélio Bicudo. Toda Emenda Constitucional tem um rito de votação especial. Elas precisam ser votadas na Comissão de Constituição e Justiça, com um quórum de 3/5, ou seja, maioria qualificada, por votação nominal.

Após a aprovação pelos 3/5, a proposta segue para votação em Plenário. Lá, por sua vez, deve haver cinco sessões de discussão, com votação em primeiro turno. Em seguida, mais cinco sessões de discussão e votação em segundo turno para que, então, o projeto vá para a outra Casa Legislativa e passe por todo esse rito formal novamente.

Em 2004, o presidente do Senado era o Senador José Sarney e ele fez um acordo com os líderes para que a Reforma do Judiciário fosse votada rapidamente. Então, eles fizeram a votação em primeiro turno e, depois disso, o Senador José Sarney convocou a segunda sessão em cinco minutos, encerrando as sessões em menos de uma hora e meia, pois não haveria quem quisesse discutir a questão naquele momento.

Muitos desembargadores que estavam assistindo a votação da Proposta de Emenda Constitucional ficaram inconformados e disseram que entrariam com Ação Direta de Inconstitucionalidade no STF, questionando o processo de votação da Proposta de Emenda Constitucional.

No entanto, o STF tem várias decisões no sentido de que questões *interna corporis* do Legislativo não podem ser revistas pelo Judiciário, como aconteceu no caso.

O que o Presidente do Senado fez não era antirregimental, pois o regimento dispõe que as cinco sessões de votação precisam ocorrer. Agora, se elas serão ordinárias, ou extraordinárias, o Regimento Interno não trata. Mas é evidente que não é esse o espírito daquela norma, pois o ideal é que a

Constituição não seja emendada. No entanto, quando assim o for, deverá sê-lo dentro de um processo de consolidação da necessidade de mudança.

Da forma como ocorreu, tratou-se de uma afronta ao ideal do Constituinte Originário, que era justamente criar um consenso com relação ao que deve ser o processo de alteração da Constituição Federal. E o STF não quis se manifestar sobre essa questão, uma vez que o Regimento Interno do Senado foi respeitado.

É importante atentar para o fato que o Legislativo muitas vezes recorre ao Judiciário como uma forma de buscar socorro. Por exemplo, o STF está discutindo, em sede de Ação Direta de Inconstitucionalidade, a urgência e relevância de Medidas Provisórias, algo que deveria ser discutido no Congresso Nacional.

Ora, o Senado Federal e a Câmara dos Deputados criam uma Comissão Mista para analisar a Medida Provisória, mas praticamente não analisam, só apresentam emendas e, quando eles vão analisá-la, esta já está no prazo final de sua validade, considerando que a MP vale por 60 dias, prorrogáveis por mais 60 dias, e não há tempo hábil para que seja feita uma análise adequada da Medida Provisória.

Nesse momento, a análise da relevância e urgência acaba ficando prejudicada porque, muitas vezes, a Medida Provisória já foi implementada, como é o caso de transferência de recursos para os hospitais. Depois que o dinheiro foi transferido e gasto, não há mais o que ser feito. Portanto, o Parlamento, por demorar tanto tempo para votar a Medida Provisória, só vai analisar a urgência e relevância no derradeiro prazo, quando também irá analisar o mérito.

Diante disso, os partidos de oposição acabam entrando com ações de controle concentrado no STF, questionando a relevância e urgência da medida provisória. Trata-se de uma questão política, pois a análise sobre urgência e relevância não cabe ao Judiciário. E, ainda assim, o STF já se manifestou em algumas decisões sobre a urgência e relevância de Medidas Provisórias.[10]

Ressalte-se, pois, a letargia do Parlamento sobre uma questão que é muito importante para eles, pois as medidas provisórias trancam a pauta. Diante disso, percebe-se que o Legislativo demora muito para decidir sobre questões importantes para a sociedade. Então, quem acaba tomando mais decisões sobre políticas públicas é o Executivo que executa o orçamento, ou o Judiciário, que acaba sendo mais rápido do que o Legislativo.

Não se trata apenas de uma questão de articulação de poderes, mas é um processo inerente à democracia. E isso tem que ser, de alguma forma,

---

[10] Cite-se como exemplo a decisão proferida em sede da ADIn 4.049-DF, rel. Min. Carlos Britto.

absorvido pelo Legislativo. Talvez a função preponderante daquele Poder não seja mais fazer leis, mas o de controlar as políticas públicas.

Diante de um Congresso Nacional mais plural e democrático, fica mais difícil a tomada de decisões. Então, algumas pessoas dizem que o Parlamento talvez exerça com mais importância o papel de controle, como era em 1215, quando o João Sem Terra submeteu-se à Magna Carta e ao Conselho de Nobres, assim como os gastos da Coroa. Atualmente, a função de controle do Parlamento pode ser mais importante do que a de formular as políticas públicas.

Entretanto, quando se fala em controle, se pensa em CPI, mas elas seriam apenas uma forma de controle repressivo, um pouco desastrosa, pois é feita por pessoas que não dominam o processo penal.

Mas existe também o controle preventivo, como aquele que pode ser feito sobre (i) os gastos públicos, (ii) a boa formulação do orçamento, (iii) a elaboração conjunta do orçamento do Executivo, ou seja, enquanto o Executivo está elaborando o orçamento, o Congresso deveria fazer audiências públicas sobre essa questão para que o próprio Parlamento seja corresponsável pela elaboração do orçamento como uma política pública; e (iv) as ações do Judiciário, por exemplo, por meio de convites aos Ministros do STF para falar em audiências públicas sobre algumas decisões polêmicas ou, até mesmo, para falar sobre a constitucionalidade de um projeto de lei que estivesse em discussão no Congresso.

Ou seja, o Parlamento poderia ser uma Casa de chamamento dos demais poderes da República, mostrando que ele está vigilante acerca da formulação de políticas públicas. Nesse sentido, ele poderia ser uma casa de controle de políticas públicas.

A JUDICIALIZAÇÃO DO PROCESSO ELEITORAL

Hoje é possível que o STF tenha receio do controle do Legislativo sobre seus atos. No caso das coligações partidárias, por exemplo, teve uma resposta do próprio Legislativo, que foi a Emenda Constitucional 52/2006, que modificou o entendimento da Corte sobre aquele assunto.

A Lei da Ficha Limpa, por exemplo, é propedêutica, mas também evidencia um avanço da Suprema Corte na constituição das políticas públicas nacionais. Trata-se de uma política adequada à vontade da sociedade de que se tenha uma lei que disponha que o sujeito, uma vez condenado em duas instâncias colegiadas, não possa mais ser candidato É uma homenagem ao princípio do *in dúbio pro societate*.

Com relação à fidelidade partidária, evidente tratar-se de uma importante decisão. Não existe presidencialismo, no mundo, em que não se tenha apenas dois, ou três, partidos fortes. Na Inglaterra há a Direita, a Esquerda e os *labors* (Terceira Via); nos EUA, os Democratas e os Republicanos; na Espanha, os socialistas de Zapatero e o partido conservador. E no Brasil, nós temos o pluripartidarismo, mas que não tem colaborado para o assentamento da democracia.

Diante disso, a decisão é fundamental. Ocorre que é sintomático que uma decisão política dessa natureza não tenha vindo do próprio Congresso, mas do STF. Mas isso tudo faz parte do aprimoramento da democracia e tem que existir decisões como essa, para que a população continue a acreditar que a democracia é possível.

E uma questão que se coloca nesse assunto é: até que ponto isso não fere a soberania popular? E aí é que vem a questão do que é um controle constitucional e o que é um controle político do STF.

O controle de constitucionalidade, evidentemente, tem que acontecer. O STF deve dizer o Direito, ou seja, tem que dizer o que é a Constituição, já bastante mutante. O Direito muda na medida em que os fatos sociais mudam. E o dizer o Direito dentro do processo interpretativo é função do Supremo. Mas isso é interpretação e constitucionalização do Direito. O que é realmente a função do Supremo.

Os tribunais dizem o direito frequentemente e o fazem não apenas no que concerne ao controle de constitucionalidade. Tomemos como exemplo as consultas do Tribunal Superior Eleitoral (TSE).

Anteriormente, quem respondia às consultas formuladas ao TSE era uma equipe técnica, a Assessoria Técnica Eleitoral. Depois, houve o caso da fidelidade partidária e em seguida o da cláusula de barreira, e por fim o da «Ficha Limpa». Os holofotes da imprensa, nestes casos, estavam sobre o TSE.

A decisão do TSE, em sede de consulta, cria o direito e, além disso, já vinculam três ministros do STF, membros da corte eleitoral, que não conseguirão votar de maneira diferente no STF. E as consultas, hoje, viraram a grande preocupação. Então, quem as responde agora são os próprios assessores dos Ministros. Não são mais os técnicos, pois via consulta do TSE, o Supremo praticamente ratifica uma decisão.

Outro exemplo é a questão do número de vereadores. A Constituição Federal previa um número mínimo e um número máximo de vereadores por habitante nos municípios e obviamente as Câmaras preenchiam sempre o número máximo de parlamentares. Então, o TSE, após uma decisão do STF no caso do Município de Mira Estrela, criou as faixas classificatórias por meio de Resolução. Em seguida, o Supremo ratificou essa proporção em decisões subsequentes. Por último, o Senado votou a Emenda Constitucional 58/2009, mudando a regra que o STF tinha decidido. Então, quando o Parlamento quer, ele dá uma resposta. E ele é soberano porque tem poder para mudar a Constituição e, se não ferir cláusula pétrea, não tem como o STF alterar esse quadro.

A cláusula de desempenho dos partidos políticos também deve ser analisada. Não foi votado ainda, mas existe a Proposta de Emenda Constitucional 2/2007, do ex-Senador Marco Maciel, criando a mudança no fundo partidário por conta do desempenho que os partidos políticos tiverem nas eleições. Isso é justamente o que o STF declarou inconstitucional na Lei Orgânica dos Partidos Políticos

Ora, os partidos querem isso. Imagine um partido político grande, eles têm muito interesse que exista cláusula de desempenho porque eles podem excluir os partidos nanicos da divisão dos recursos do fundo partidário, dividindo, então, esses recursos apenas entre os maiores. Ainda mais se aprovarem o financiamento público de campanha.

Na questão da fidelidade, o Legislativo decidiu não dar uma resposta ao STF. O que é interessante nesse caso é que a Constituição de 1967 previa a hipótese de perda de mandato por infidelidade partidária. Então, em 1985, entrou em vigor a Emenda Constitucional n. 25 que retirou a infidelidade partidária do rol das condições de perda do mandato político.

O Constituinte Originário de 1988 ratificou esse entendimento e não reinseriu essa conduta no texto constitucional. É intrigante como o STF, ao interpretar a Constituição Federal, decide que o mandato é do partido político e não do candidato. Porque isso, inclusive, sob uma perspectiva, é contrário à vontade do Constituinte Originário.

Se forem analisadas as decisões do STF é possível constatar que os três Mandados de Segurança foram propostos por partidos de oposição, como o DEM e o PPS, que, no início do governo Lula, perderam alguns de seus membros para os partidos da base do governo. Percebe-se também que, no geral, quem judicializa é a oposição. Ou seja, ao invés de fazerem o embate político no Parlamento, preferem resolver no Judiciário.

Além do mais, o STF estendeu a fidelidade partidária para as eleições majoritárias, por meio da Consulta 1.407 do TSE. O STF, por sua vez, apenas ratificou a decisão.

Embora não seja bom pautar-se em casos concretos para evidenciar algo, quando os casos concretos são reiterados e viram a realidade fática, não há como não serem objetos de estudos. Buscou-se apresentar alguns exemplos, como a Ficha Limpa, a Fidelidade Partidária, a Cláusula de Desempenho, a PEC dos Vereadores e as Coligações Partidárias. Esses casos são de aproximadamente seis anos, e chama atenção quantos casos importantes o STF e o TSE judicializaram somente com relação à questão eleitoral.

Por último, ficam duas perguntas: qual é o papel do parlamento nesse novo desenho institucional e quais os instrumentos para controlarmos um STF tão atuante no que se refere à formulação das políticas públicas. Acho que essas são as duas grandes questões para reflexão.

4

REFORMA POLÍTICA SEM POLÍTICOS: QUANDO DECISÕES DO TSE E DO STF ALTERARAM AS REGRAS ELEITORAIS

VITOR MARCHETTI

INTRODUÇÃO

O crescente protagonismo da Justiça Eleitoral brasileira na consolidação de nosso regime democrático tem chamado a atenção para uma instituição que até então era muito pouco conhecida e debatida.

Para avançar nesse terreno ainda pouco explorado, serão analisadas aqui algumas decisões recentes da cúpula da Justiça Eleitoral, o Tribunal Superior Eleitoral (TSE), e da Corte Constitucional, o Supremo Tribunal Federal (STF), que revelam vontade de fazer lei por meio de interpretações criativas e arrojadas dos textos legais – principalmente da Constituição Federal. As decisões analisadas serão as que estabeleceram a obrigação da verticalização das coligações eleitorais nas eleições de 2002 e 2006, reduziram o número de vereadores para as eleições de 2004 e 2008 e criaram a regra da fidelidade partidária a partir de 2007.

A análise de cada uma dessas decisões será acompanhada do apontamento de alguns problemas que entendemos centrais para esse debate. O primeiro é dialogar com o diagnóstico de que a Justiça Eleitoral avançou de modo mais criativo apenas onde havia uma lacuna deixada pelo Legislativo (SADEK, 1995). A disposição para fazer uma reforma política seria consequência da combinação da inoperância do legislador com os níveis mais elevados de confiança e apoio popular da Justiça Eleitoral *vis-à-vis* às instituições políticas (Fleisher e Barreto, 2009).

Em paralelo, será apresentada uma análise do desenho institucional da governança eleitoral brasileira e suas consequências para a regulação da competição eleitoral (Marchetti, 2008). O ponto central enfrentado aqui será como esse modelo construiu a independência da Justiça Eleitoral face aos interesses político-partidários buscando conferir legitimidade aos resultados e autonomia para agir.

O MODELO DE GOVERNANÇA ELEITORAL BRASILEIRO: O TSE COMO ÓRGÃO DO STF PARA QUESTÕES ELEITORAIS

A justiça eleitoral brasileira é produto da revolução de 1930. E, como tal, sua fundação foi inspirada pelas bandeiras levantadas à época: críticas à oligarquia competitiva, que tinha se instalado ao longo da primeira república, e o evidente descrédito do processo eleitoral, marcado pelo poder dos coronéis e pelo «voto de cabresto».

A combinação desses elementos denunciados pelos revolucionários de 30 atentava contra a legitimidade da competição pelo poder político e a confiabilidade nos resultados das urnas.

> «O movimento de 30 tinha entre suas bandeiras a moralização das eleições, sumarizada no binômio cunhado por Assis Brasil, "representação e justiça". Para isso parecia imprescindível afastar os poderes Executivo e Legislativo da administração e do controle do processo eleitoral, e retirar das Câmaras Legislativas a prerrogativa da verificação dos mandatos. Através dessas práticas a máquina majoritária assegurava sua perpetuação, manipulando todas as etapas do processo eleitoral, e chegando mesmo a decapitar mandatos oposicionistas.» (Sadek, 1995: 30).

A governança eleitoral no Brasil nasceu com a missão de restringir a participação dos interesses políticos na administração e na execução do processo eleitoral. Lehoucq (2002) argumenta que esse modelo de governança ganhou fôlego mundo afora apenas a partir da terceira onda democrática.

Até então, o modelo clássico de governança eleitoral seguia o modelo governamental, vinculando os Organismos Eleitorais (OEs) ao Executivo e permitindo maior participação dos interesses político-partidários na organização do processo eleitoral. No Brasil, esse modelo clássico sequer foi adotado.

O fato de o modelo brasileiro contar há muito com um modelo que exclui os partidos e os interesses políticos da governança eleitoral revela a desconfiança em relação à política.

Muito pouco mudou em relação ao OE brasileiro desde que foi criado em 1932. A Constituição de 1988 definiu em seu art. 118 que os órgãos da Justiça Eleitoral são: 1) Tribunal Superior Eleitoral, 2) Tribunais Regionais Eleitorais, 3) Juízes Eleitorais e 4) Juntas Eleitorais.

O Tribunal Superior Eleitoral (TSE) é o órgão superior para decisões sobre a administração e a execução do processo eleitoral (*rule application*) e é a última instância de recurso do contencioso eleitoral (*rule adjudication*).

O TSE é composto por sete membros: três dentre os ministros do Supremo Tribunal Federal (STF), dois dentre os ministros do Superior Tribunal de Justiça (STJ) e dois dentre cidadãos com notório saber jurídico e idoneidade moral indicados pelo STF e selecionados pelo Presidente da República. Esses membros externos são majoritariamente advogados que militam na área.

Os Tribunais Regionais Eleitorais têm sede na capital de todos os Estados. Além de participar da administração e da execução do processo eleitoral, é a segunda instância para o contencioso eleitoral. Cada TRE é composto por sete membros: dois selecionados dentre os desembargadores do Tribunal de Justiça estadual, dois juízes de direito selecionados pelo Tribunal de Justiça, um entre os juízes do Tribunal Regional Federal e dois cidadãos de notável saber jurídico e idoneidade moral indicados pelo Tribunal de Justiça e selecionados pelo Presidente da República.

O Juiz eleitoral é selecionado pelo TRE dentre os juízes de direito do Estado. A sua jurisdição é a zona eleitoral. Participa também da administração e da execução do processo eleitoral e funciona como primeira instância para o contencioso eleitoral.

As Juntas eleitorais são órgãos temporários e servem apenas para a execução do processo eleitoral. Sessenta dias antes das eleições, o TRE seleciona um juiz de direito e de dois a quatro cidadãos com notório saber jurídico e idoneidade moral. A Junta auxilia, assim, o Juiz eleitoral a executar os procedimentos necessários para o processo eleitoral em determinada zona eleitoral.

Não há no OE brasileiro um órgão com corpo de direção próprio e exclusivo. Apesar do TSE, dos TREs e dos Cartórios Eleitorais, onde atuam os juízes eleitorais, serem permanentes e, portanto, contarem com um corpo funcional próprio e estável, os juízes e ministros que se tornam membros da Justiça Eleitoral não são obrigados a se desligarem das outras atividades que desempenham nos outros ramos da justiça. Nem mesmo os advogados selecionados são obrigados a interromper suas atividades profissionais.[1]

---

1 Essa permissão decorre da decisão do STF na ADIn 1.127/1994, interpretando o estatuto da advocacia e da OAB (Lei 8.906/1994). Nessa lei há o impedimento para o exercício da advocacia a «membros de órgãos do Poder Judiciário, do Ministério Público, dos tribunais e

Tal perfil pode até criar dificuldades para que a Justiça Eleitoral atenda a todas as demandas das atividades que assume por lei. Exemplo disso são as auditorias que o corpo funcional da Justiça Eleitoral deve realizar sobre os gastos de campanha. Uma possível deficiência estrutural que pode comprometer a qualidade do controle (Taylor, 2008).

Vale destacar que todas as instâncias contam com a «regra da interseção» para a composição de seus membros, acompanhando a estrutura do Judiciário. Enquanto os TREs foram concebidos em intersecção com a Justiça Estadual, a instância máxima de nossa governança eleitoral foi concebida em interseção com o Supremo Tribunal Federal.

É possível afirmar que o TSE é um órgão do STF para matérias eleitorais – não de direito, mas de fato (Marchetti, 2008). Como vimos, são sete os membros do TSE. Três deles têm origem no Supremo, outros dois são advogados indicados por ele, produzindo uma forte influência sobre esses membros. No mínimo, podemos dizer que esses advogados serão indicados de acordo com um perfil projetado e esperado pelos ministros da Corte Constitucional. Os dois outros ministros têm origem no STJ. Entretanto, é preciso observar que esses ministros exercem menor influência sobre o perfil do TSE do que os ministros do STF. O que nos leva a essa afirmação? A questão do tempo do mandato.

Todos os membros da Justiça Eleitoral possuem um mandato de dois anos, podendo ser prorrogado por mais dois. Uma regra interna no STJ, porém, eliminou a possibilidade de que seus membros pudessem ocupar o cargo de ministros do TSE por mais de um biênio. Já entre os ministros oriundos do STF e entre os advogados, o mandato de quatro anos transformou-se em prática comum.

A razão para que os ministros do STJ passem menos tempo no TSE decorre da quantidade de ministros que o compõem e pela intenção de que ocorra um rodízio entre eles. O STJ é composto por 33 ministros e, para que todos os ministros tenham a oportunidade de serem membros do TSE, há uma regra informal de que nenhum deles exercerá as funções por um segundo biênio.

Os membros do STF são 11, e não há regra interna que imponha ao ministro a necessidade de se tornar membro do TSE. Os procedimentos de escolha são bastante informais e dependem fundamentalmente da disposição manifesta do ministro para exercer essas funções.

---

conselhos de contas, dos juizados especiais, da justiça de paz, juízes classistas, bem como de todos os que exerçam função de julgamento em órgãos de deliberação coletiva da administração pública direta e indireta». A interpretação do STF abriu uma exceção para o caso da justiça eleitoral.

O gráfico abaixo busca medir a taxa de renovação dos membros do TSE de acordo com o órgão de origem:

Gráfico 1: Taxa de renovação dos quadros do TSE segundo o órgão de origem

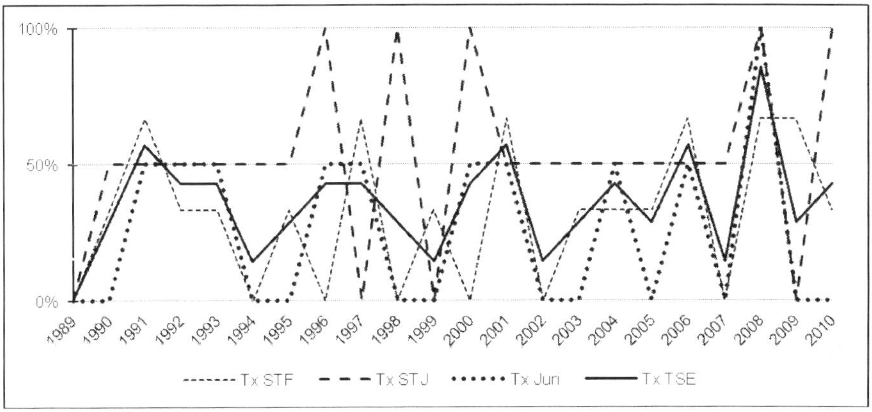

Fonte: elaboração do autor com informações do TSE.

O gráfico revela que as taxas de renovação no TSE dos ministros oriundos do STJ são muito superiores às taxas dos ministros vindos do STF ou dos ministros selecionados dentre os juristas (Juri). O gráfico revela ainda que, além de ser a instituição com o maior número de ministros no TSE, os ministros do STF quase nunca são substituídos em dupla ou em trio, geralmente substitui-se 1/3 dos ministros.

Não há nenhum caso em que todos os ministros do STF foram substituídos de um ano para outro no TSE, fato que se repetiu pelo menos cinco vezes dentre os ministros do STJ entre 1989 e 2010.

Do primeiro semestre de 1989 até o final do segundo semestre de 2010, passaram pelas vagas de membro titular do TSE 27 ministros do STJ, enquanto do STF foram 20 ministros diferentes. Lembrando que são três as vagas para do STF e apenas duas as do STJ.

Outra observação importante é que nenhum ministro do STJ que tenha ocupado a vaga no TSE por um biênio voltou a ocupar essa vaga anos depois. Já dentre os ministros do STF não é incomum que um ministro ocupe uma vaga por dois biênios e retorne alguns anos depois para mais dois biênios. De 1989 ao final de 2010, esses foram os casos dos Ministros Néri da Silveira, Carlos Velloso, Sepúlveda Pertence e Marco Aurélio Mello.

É inegável que o tempo que um ministro passa no TSE lhe garante experiência em relação à matéria, ainda mais quando falamos de um organismo que não possui um corpo exclusivo de ministros. Dessa maneira, podemos dizer que a capacidade de influenciar no perfil a ser adotado pelo TSE nos julgamentos dos litígios e nas decisões administrativas do processo eleitoral é maior dos ministros do STF do que dos ministros do STJ.

Além desse predomínio do STF dentre os membros que compõem o TSE, a presidência e a vice-presidência do organismo são cargos exclusivos dos ministros da Corte Constitucional. Dessa forma, a pauta e a orientação para o funcionamento administrativo do próprio organismo são determinadas pelo perfil do ministro do STF que ocupe o cargo.

Por isso podemos afirmar que o TSE é, na prática, um organismo do STF para matérias eleitorais. Afinal, o poder de influência dos ministros do STF sobre o TSE é inegavelmente superior em relação aos seus outros membros.

Uma das implicações desse perfil é que as regras do jogo competitivo acabam passando pela interpretação de um conjunto mais abrangente de normas, inclusive as normas constitucionais.

Por vezes, interpretando a legislação eleitoral, o TSE decide interpretando o texto constitucional. Por outras vezes, o STF, na interpretação do texto constitucional, decide alterando as regras do jogo eleitoral. E não há qualquer sinal de conflito interpretativo entre essas instituições. Até a recente decisão envolvendo a Lei da Ficha-limpa (RE 633703), não havia um registro sequer de decisão do TSE que tivesse sido reformada pelo STF.[2]

A JUSTIÇA ELEITORAL BRASILEIRA: ENTRE A INTERPRETAÇÃO E A CRIAÇÃO DE LEIS

Em 2002, ano em que ocorreram eleições para presidente da República, governadores, senadores, deputados federais e estaduais, o TSE tomou uma decisão em relação às regras que orientavam as coligações partidárias bastante diferentes das práticas e das interpretações legais anteriores.

Até aquele ano, os partidos políticos poderiam firmar suas alianças para as eleições majoritárias estaduais (governadores) de modo independente das coligações que viessem a formar para a majoritária nacional (presidente). Em outras palavras, não havia qualquer obrigação legal de simetria entre as coligações estaduais e as coligações nacionais. Tanto era assim que se tornou comum que partidos aliados nas eleições para governador fossem adversários nas eleições presidenciais.

No ano anterior às eleições, entretanto, o PDT (Partido Democrático Trabalhista) fez uma consulta ao TSE com a seguinte pergunta: «pode um determinado partido político (partido A) celebrar coligação, para eleição de

---

2 Sobre o tema cf. Marchetti (2011).

Presidente da República, com alguns outros partidos (partidos B, C e D) e, ao mesmo tempo, celebrar coligação com terceiros partidos (E, F e G), que também possuem candidato à Presidência da República) visando à eleição de Governador de Estado da Federação?» Em outros termos, queriam saber se era possível se coligar nos Estados com partidos adversários nas eleições presidenciais.

Na resposta à consulta a última instância do OE decidiu que não, os partidos não poderiam firmar alianças incongruentes. As coligações para as eleições presidenciais deveriam, assim, impor certos limites para as coligações estaduais.

Nas duas eleições anteriores, 1994 e 1998, a prática era comum. A articulação entre os planos estadual e nacional constitui uma das mais importantes peças no tabuleiro das estratégias eleitorais (Braga, 2006; Limongi e Cortez, 2010). Ao decidir sobre a questão, a Justiça Eleitoral impôs um constrangimento inédito e inesperado aos partidos políticos naquele momento, visando reformar o sistema político.

Na justificativa do voto de alguns dos ministros encontramos o argumento de que o padrão de coalizões no Brasil impediria o surgimento de fortes partidos nacionais. Sendo assim, as questões nacionais mais relevantes estariam condicionadas pelos interesses regionais menos abrangentes.

Com o diagnóstico em mãos, os ministros do TSE decidiram impor a regra da verticalização a partir das eleições de 2002 para reformar o sistema político-partidário e contribuir para a consolidação democrática.

A argumentação jurídica que conduziu a decisão sustentou-se em uma interpretação do art. 17 da Constituição Federal que determina que os partidos políticos devem ter «caráter nacional». Como, segundo a interpretação do TSE, ao firmar coligações assimétricas, os partidos estariam submetendo o caráter nacional às particularidades regionais, a prática pôde ser interpretada como inconstitucional.

Em consequência, uma nova norma foi introduzida no quadro normativo brasileiro orientando a formação de coligações partidárias. É importante ressaltar que a nova regra entrou em vigor sem que tivesse passado pelos procedimentos políticos tradicionais. Não foi o resultado de um projeto de lei ou de uma Emenda à Constituição, muito menos foi aprovada pelas maiorias parlamentares. Simplesmente foi o resultado de uma interpretação inovadora da lei.

A reação dos partidos políticos à decisão foi óbvia, e os desdobramentos dessa reação foi uma revelação bastante nítida do *modus operandi* de nossa governança eleitoral.

Alegando que a decisão do TSE feria duplamente o texto constitucional – primeiro por que restringia a autonomia dos partidos e segundo por que estaria alterando as regras eleitorais a menos de um ano da realização das eleições –, diversos partidos provocaram o STF para se desobrigarem a cumprir a determinação. Nenhum destes argumentos, entretanto, encontrou abrigou na Corte Constitucional. A decisão do TSE prevaleceu.

Foram duas as eleições realizadas sob a regra da verticalização, 2002 e 2006, até que o Parlamento superou a regra emendando o texto constitucional para liberar novamente os partidos para a confecção de alianças eleitorais para as eleições de 2010.

No caso da verticalização, portanto, há uma interpretação do texto constitucional desenvolvida pelo TSE que alterou completamente a prática vigente de coligações políticas. Assim, o *status quo* da competição política foi alterado por uma nova regra que não foi debatida, votada ou aprovada pelas instâncias políticas representativas tradicionais.

A decisão sobre o número de vereadores tem um fluxo um pouco distinto do caso anterior, mas também é reveladora dos efeitos que o modelo de governança eleitoral adotado no Brasil pode produzir.

Em 2004, ano de eleições municipais (prefeitos e vereadores), o STF decidiu pela inconstitucionalidade de parte da lei orgânica municipal de um pequeno município no interior do Estado de São Paulo (Mira Estrela) naquilo em que ela definia o número de vereadores daquela cidade.

O que sustentou a decisão foi uma interpretação de uma palavra do texto constitucional. Seguindo o espírito geral da redemocratização, a Constituição garantiu autonomia aos municípios para definir o tamanho de seus legislativos dentro dos limites ali estabelecidos. As leis orgânicas municipais poderiam definir o número de vereadores a partir de três faixas, observando a proporcionalidade da população. Desta maneira, os municípios pequenos, médios e grandes teriam autonomia dentro de certos limites mínimos e máximos.

A argumentação da tese vencedora no STF foi a de que, apesar de ter definido três faixas classificatórias, o texto constitucional fazia referência à necessidade de se respeitar uma proporcionalidade entre o número de vereadores e o tamanho da população. Ainda que o município em questão estivesse dentro dos limites estabelecidos pelo texto constitucional, os ministros do STF entenderam que não respeitava o princípio da proporcionalidade, visto que municípios maiores tinham um número menor de vereadores.

Para sustentar a tese, o relator da decisão definiu critérios para se estabelecer o princípio da proporcionalidade. Este critério acabou criando, em vez das três faixas constitucionais, 36 faixas classificatórias.

Em princípio, essa decisão do STF deveria produz efeitos apenas *inter partes*, ou seja, afetaria apenas o município em questão. Para que a decisão produzisse efeitos para além daquele município, uma outra ação deveria provocar o STF que, na análise do caso concreto, formaria uma nova decisão ou aplicaria a mesma decisão tomada anteriormente .

Os efeitos, porém, foram outros. Logo após o STF decidir pela inconstitucionalidade da lei orgânica municipal, o TSE publicou uma Resolução aplicando o mesmo raciocínio desenvolvido no STF a todos os outros municípios brasileiros. No lugar das três faixas constitucionais, os municípios deveriam se adequar às novas 36 faixas definidas pelos critérios dos ministros do STF.

Esta Resolução do TSE foi ainda mais impactante por que estávamos em ano de eleições municipais. A decisão, portanto, alterou a magnitude das eleições proporcionais de vários municípios.

Apenas para melhor mensurarmos o impacto desta decisão, quando comparamos o número total de vereadores existentes no país em 2000 com o número em disputa nas eleições de 2004, percebemos que a Resolução reduziu em 14% as vagas nos legislativos municipais (8.475 vagas).

A particularidade deste caso em relação ao caso da verticalização é que a regra eleitoral foi alterada pelo TSE após uma decisão do STF. No caso anterior a decisão do TSE encontrou respaldo no STF, nesta a decisão do STF ganhou amplitude no TSE. Ainda que o fluxo não seja exatamente o mesmo, o que vale destacar é a proximidade da última instância do OE com a Corte Constitucional. E é esta proximidade que pode favorecer uma governança eleitoral que avance no *rule making*.

O interessante foi que, tanto no STF como no TSE, predominou um diagnóstico de que a autonomia municipal tinha criado um mecanismo promíscuo e pouco saudável com o uso dos recursos públicos. Segundo esse diagnóstico, ao permitir que os políticos locais decidam autonomamente sobre o tamanho de seus legislativos, o sistema político criou incentivos para que esta prerrogativa se tornasse moeda de troca nas negociações políticas, ou pior, para atender interesses de grupos.

Logo que o TSE publicou a resolução, os partidos políticos reagiram e provocaram o STF com duas Ações Diretas de Inconstitucionalidade. Ambas argumentavam que: 1) a resolução publicada em abril de 2004 feriria o art. 16 da Constituição, que impede a alteração das leis eleitorais a menos de um ano das eleições e 2) feriria também a autonomia municipal, alterando o pacto federativo protegido nas cláusulas pétreas e, além do mais, o TSE teria transgredido o princípio da separação de poderes, legislando no lugar do Legislativo.

Em decisão quase unânime, com o voto vencido apenas do Min. Marco Aurélio, o STF decidiu, basicamente, que a Resolução é fruto de uma interpretação do texto constitucional, sendo assim, não poderia ser considerada uma lei. Essa interpretação descartaria de uma só vez as teses de transgressão da separação de poderes, do princípio da anualidade em matéria eleitoral e da alteração de uma cláusula pétrea da Constituição.

Mais uma vez esteve presente a tese de que resoluções emitidas pelo TSE não podem ser arguidas em sua (in)constitucionalidade por não se caracterizarem como norma. E essa tese manteve-se, tanto no caso da verticalização como no dos vereadores, ainda que as resoluções de ambos os casos trouxessem claramente novas regras para a disputa político-partidária.

Além dessas duas ADIns, vários mandados de segurança chegaram ao STF tentando reverter a determinação judicial. Nenhuma dessas ações obteve sucesso, e o STF confirmou os números de vereadores de todos os municípios estabelecidos pela resolução do TSE, até porque foi formulada com base na decisão do próprio Supremo.

Foram duas as eleições para os legislativos municipais sob os critérios aplicados pelo OE, 2004 e 2008. Para as próximas eleições municipais (2012) o legislador federal reformou o texto constitucional superando a decisão judicial e permitindo o resgate das quase 8 mil vagas suprimidas em 2004.

Em outro caso, na primeira metade de 2007, o TSE, respondendo a uma consulta, decidiu que os mandatos dos parlamentares eleitos em 2006 e que tinham sido recentemente empossados pertenciam aos partidos pelos quais foram eleitos e não aos parlamentares. Como consequência, poderiam perder o mandato caso mudassem de partido no período da Legislatura.

A consulta ao TSE foi proposta pelo DEM (Democratas) nos seguintes termos: «os partidos e coligações têm o direito de preservar a vaga obtida pelo sistema eleitoral proporcional, quando houver pedido de cancelamento de filiação ou de transferência do candidato eleito por um partido para outra legenda?».

Na consulta o partido fazia algumas ponderações que esperava que fossem consideradas pelos ministros do TSE na resposta que profeririam. Essas ponderações pediam que fossem consideradas as seguintes situações: 1) a eleição dos candidatos a cargos proporcionais é resultado do quociente eleitoral apurado entre os diversos partidos e coligações, 2) a filiação partidária é condição constitucional de elegibilidade, o que serve para indicar ao eleitor o vínculo entre o candidato e a ideologia do partido e 3) o cálculo das médias é decorrente do resultado dos votos válidos atribuídos aos partidos e coligações.

O sistema eleitoral brasileiro proporcional de lista aberta é também chamado de sistema de voto personalizado transferível. Ou seja, ao votar em um candidato do partido e/ou coligação o eleitor transfere votos para os demais, que serão beneficiados pela votação total do partido (Nicolau, 2004 e Tavares, 1994).

A consulta era guiada, portanto, pela seguinte lógica: como os eleitos de um partido/coligação se beneficiaram dos votos nominais dados para todos os candidatos da lista e dos votos dados para a legenda, o mandato pertenceria ao partido e não ao candidato. E a resposta do TSE foi nessa direção.

Esse debate é bastante antigo na política brasileira. No parlamento há diversos projetos que tratam do tema e na literatura acadêmica já há estudos bastante robustos sobre o fenômeno (Melo, 2000, 2003 e 2007; Diniz, 2000; Desposato, 2006; Roma, 2007).

Como parte do processo de redemocratização do Brasil, em 1985 o Parlamento aprovou uma Emenda Constitucional (EC 25) que retirou do texto a punição com perda do mandato de parlamentares que mudassem de partido. A partir deste período deu-se início ao que a literatura acabou chamando de primeira fase de migrações partidárias.

Esta fase é caracterizada pela acomodação das agremiações partidárias em consequência da retomada das liberdades políticas. Com isso, novas agremiações puderam ser formadas e um novo ambiente competitivo se instalou com a progressiva retomada das eleições diretas para todos os níveis da federação.

Já nessa época, o TSE e o STF começam a ser provocados a cancelar o mandato dos migrantes para garantir a vaga obtida pelo partido. Em março de 1989 o TSE recebeu a seguinte consulta: «vereador eleito por uma determinada legenda partidária, ao ingressar em outro partido, conserva íntegro o mandato para o qual foi eleito?»

A resposta do tribunal foi proferida sem o registro de debate em plenário ou qualquer outra manifestação que nos desse o indício de dúvidas sobre a questão: «inexiste no nosso ordenamento jurídico a perda de mandato por infidelidade partidária» (CTA 9.948/1989).

Como a EC 25/1985 havia eliminado do ordenamento jurídico qualquer forma de punição aos migrantes, o TSE entendeu que não haveria condições para que aplicasse qualquer restrição à prática. Várias outras ações deste tipo chegaram à Justiça Eleitoral, mas o entendimento manteve-se o mesmo, consolidando uma jurisprudência.

A segunda fase do padrão migratório iniciou-se logo após esta acomodação inicial. A partir da legislatura que se inicia em 1991 no Congresso Nacional, dá-se início a outro padrão migratório, pois «a movimentação dos deputados passa a refletir uma lógica interna à competição político-eleitoral» (Melo, 2000).

Em outras palavras, o padrão migratório a partir de 1991 reflete o modo como o jogo político-partidário se desenrola no Brasil sob o presidencialismo de coalizão. Movidos pela necessidade de montar suas bases, os partidos de apoio ao Executivo estimulavam a migração e, movimentados por interesses imediatos de suas carreiras, os parlamentares transitam entre as diversas opções partidárias. Assim, a média de deputados migrantes girava em torno de 30% do total de deputados.

Quando, em 2007, o TSE recebe a consulta sobre as migrações partidárias há uma estratégia na argumentação jurídica que se mostrará decisiva para a decisão que tomará. Note-se que nos termos em que a pergunta foi formulada pelo DEM não há expressamente a intenção de cassar um mandato parlamentar, mas apenas a intenção de definir a titularidade do mandato parlamentar: do eleito ou do partido.

Como a Constituição é bastante precisa em seu art. 55 quanto ao rol de fatores que podem gerar a perda do mandato parlamentar, e a mudança de partido político não consta nessa lista, a decisão acabou não passando por essa norma. A decisão acabou invocando outros dispositivos constitucionais.

Os dispositivos que ganharam centralidade nas discussões foram o art. 14, § 3.º, V, e o art. 45. No primeiro, há a expressa condição de elegibilidade da filiação partidária. Se não é possível no país a existência de candidaturas independentes de partidos, o direito ao mandato conquistado é do partido e não do candidato. A ordem de valores se inverte.

Quanto ao segundo artigo, define que o sistema para as eleições de deputados federais é o proporcional. Em decorrência disso, os votos são distribuídos de acordo com os quocientes partidários, o que cria um vínculo entre o eleito e o partido pelo qual disputou as eleições (Nicolau, 2004).

De qualquer maneira, ainda que a argumentação jurídica tenha passado por questões distintas, ao decidir que a titularidade do mandato é do partido, na prática, o Tribunal reestabeleceu a punição com a perda do mandato para os parlamentares que trocarem de partido ao longo do mandato. Afinal, se o mandato não lhe pertence ao migrar de partido, o representante não pode levá-lo consigo.

Este efeito prático da decisão ficou mais claro após a publicação pelo TSE da Resolução 22.610/2007 estabelecendo os critérios que disciplinariam o direito dos partidos sobre os mandatos obtidos e o julgamento daqueles que deixassem os partidos pelos quais se elegeram. Além disso, em resposta a outra consulta, incluiu os eleitos pelo sistema majoritário na regra, de forma que qualquer político eleito no Brasil após 2007 que migre de partido estará sujeito à perda do mandato.

Houve ainda alguma resistência política para a aplicação da nova regra. Ainda em 2007, os partidos que mais parlamentares tinham perdido requereram à mesa diretora da Câmara dos Deputados o direito de ocuparem as vagas que pertenciam aos deputados que, eleitos pelo partido, deixaram-no em seguida.

A mesa diretora da Câmara indeferiu o requerimento levando os partidos ao STF na busca daquilo que entendiam ser um direito reconhecido pela Justiça Eleitoral. Cada um deles ingressou com um mandado de segurança. Em outubro de 2007, veio a decisão: o STF confirma a tese do TSE de que o mandato pertence aos partidos e não aos candidatos, obrigando então que a mesa diretora acatasse a decisão.

A 53ª legislatura da Câmara dos Deputados teve 28 deputados com seus mandatos questionados no TSE em consequência da migração partidária. Dentre eles dois foram julgados procedentes e outros dez não foram julgados, pois seus mandatos se encerram antes.

Além dos casos em que julga originariamente, o TSE recebeu mais de 2 mil processos em sede de recurso de decisões proferidas pelas instâncias inferiores. Até o final do ano de 2008, por exemplo, cerca de 1.308 vereadores já tinham perdido o mandato nas Câmara Municipais (perto de 2,5% do total de vereadores do país) por causa da migração partidária. Isso em ano de eleições eleitoral para cargos municipais.

Como nos casos que vimos anteriormente, há no Parlamento Propostas de Emenda Constitucional (PECs) com o objetivo de reformar a decisão judicial. Segundo uma das PECs, haverá uma «moratória» de 30 dias antes do término dos registros eleitorais, chamado pela opinião pública de «janela de infidelidade», em que as transferências partidárias poderiam ocorrer sem a aplicação de nenhuma sanção. Até o momento, entretanto, prevalece a Resolução do TSE.

Novamente, tem-se o TSE interpretando o texto constitucional por meio de uma consulta e alterando profundamente a prática vigente no jogo político. Além do mais, mais uma vez houve uma interação cooperativa entre a Corte Constitucional e última instância do Organismo Eleitoral. Quando o STF foi provocado, adotou a mesma interpretação das normas constitucionais desenvolvida pelo TSE.

O que defendemos aqui é que, não fosse o modelo de governança eleitoral adotado pelo país, o OE não avançaria sobre o texto constitucional e a sintonia da interpretação com a Corte Constitucional não estaria tão ajustada.

Esse caso é especialmente emblemático para afirmarmos que o TSE é de fato um organismo do STF em matéria eleitoral. Além de poder avançar sobre o texto constitucional, suas prerrogativas na governança eleitoral lhe permitiram incorporar as interpretações judiciais nas resoluções que edita para regular o jogo político-partidário.

JUSTIÇA ELEITORAL ARROJADA COMO PRODUTO DE UM LEGISLATIVO INOPERANTE?

O padrão de todas essas decisões foi a alteração das regras da competição eleitoral por meio de interpretações criativas do texto constitucional. Elas são o retrato da reforma política sem os políticos. Resta saber se esses avanços se deram como consequência das lacunas e/ou inconsistências deixadas pelo Legislativo, ou se ela se desenvolveu independentemente do movimento do Legislativo. Avançou pelas lacunas ou pavimentou caminho próprio?

Segundo Ferejohn (2002) há duas causas gerais que acabam gerando a judicialização da política: a primeira ele chama de «hipótese da fragmentação», e a segunda, de «hipótese dos direitos». A primeira ele define dessa maneira:

> «(...) é um crescimento da fragmentação do poder das instituições políticas (Executivo e Legislativo), o que limita suas capacidades para legislar, ou para serem o espaço onde a política é efetivamente formulada (...) Quando os poderes políticos não podem agir, a resolução dos conflitos tende a migrar para instituições onde soluções podem ser oferecidas; cortes judiciais podem oferecer um espaço adequado para isso. A hipótese de fragmentação implica que as cortes têm mais liberdade para agir quando os poderes políticos são muito fragmentados para formar e aprovar decisões efetivamente.» (Ferejohn, 2002: 55, tradução livre do autor)

Nessa primeira hipótese, temos que a judicialização seria um efeito de certa ineficácia dos poderes políticos para oferecem soluções a determinados conflitos ou demandas. Por sua fragmentação, algumas soluções políticas seriam ou mais demoradas ou impossíveis de serem tomadas, o que levaria o debate para as instâncias judiciais para que ali encontrassem soluções.

Nessa linha, poderíamos resgatar a hipótese de Sadek (1995), que coloca na instabilidade das leis eleitorais e nas dubiedades deixadas pelo legislador os motivos para um avanço do Judiciário sobre as regras do jogo competitivo.

> «A instabilidade da legislação também tem estimulado a pluralidade de decisões. (...) Mudanças constantes dificultam o desenvolvimento de entendimentos uniformes e a criação de padrões de comportamento. Como, contudo, a legislação é modificada a cada eleição, torna-se difícil a sedimentação de regras seguras sobre as diferentes etapas do processo eleitoral. Assim, durante o processo, quando contestadas, leis podem ser modificadas pelo TSE.» (Sadek, 1995: 63)

Seguindo por essa hipótese, deveríamos concluir que a judicialização da competição política ocorre muito mais pelas deficiências dos atores políticos em solucionar seus problemas do que por uma vontade particular do Judiciário de fazer valer suas preferências.

Não acredito que seja apenas esse o caso. A mudança do comportamento judicial não veio pela mudança da legislação, ou por sua deficiência.

No caso da verticalização das coligações a provocação veio por meio de uma consulta de um partido político – motivado por questões internas –, começou pelo TSE e foi confirmada pelo STF.

Em todos os projetos apresentados no parlamento, o tema não vinha sendo tratado. Não havia sequer um projeto de lei no Congresso Nacional que o colocasse em debate. Sobre as coligações, os projetos de maior fôlego eram os que defendiam a proibição de coligações nas eleições proporcionais. Nada sobre a necessidade de vinculação entre as alianças no plano federativo.

O TSE se manifestou pela provocação de um partido político. Entretanto, não há elementos para afirmarmos que a Justiça Eleitoral se manifestou diante de um tema que o parlamento não tivera condições de colocar em pauta e aprovar. O tema sequer estava em debate.

No caso da definição do número de vereadores, a provocação veio do Ministério Público do Estado de São Paulo, começou no STF e foi amplificada pelo TSE (uma decisão *inter partes* acabou produzindo efeito *erga omnes*).

A Constituição de 1988, seguindo sua orientação liberalizante para o desenho político institucional, facilitou a fundação, fusão ou fragmentação dos municípios. Diante da proliferação de municípios após 1988, veio uma necessidade fiscal para controlar os gastos com municípios claramente incapazes de arcar com suas próprias despesas.

Nessa esteira, veio a questão da definição do número de vereadores. Como a decisão relativa ao tamanho dos Legislativos locais estava ao alcance apenas da autonomia local, surgiram projetos no Legislativo nacional para controlar essa autonomia e restringir o aumento exagerado dos gastos municipais com pessoal.

Vários projetos legislativos foram aprovados nesse sentido; o mais emblemático veio com a Lei de Responsabilidade Fiscal, que estabeleceu tetos para esses gastos e os vinculou às receitas obtidas pela administração pública. Nenhum projeto alterou a Constituição quanto aos limites do número de vereadores das Câmaras municipais. Permaneceram as quatro faixas classificatórias definidas pelo constituinte. Mas, se o objetivo dessas propostas era atacar o problema fiscal, o legislador pode ter sinalizado que os outros projetos aprovados seriam suficientes.

No caso da fidelidade partidária, existe o mesmo padrão da decisão sobre a verticalização. A provocação foi por meio de consulta ao TSE e sua decisão foi confirmada pelo STF.

É verdade que há muito que o Parlamento debate sobre a possibilidade de restringir as mudanças de legendas realizadas pelos parlamentares. O fato de não ter conseguido forjar um acordo, porém, pode ser mais o retrato da controvérsia do tema do que de uma deficiência intrínseca ao Legislativo.[3]

Num primeiro momento, nos anos 80 e início dos 90, a troca de partidos poderia até ser encarada como uma mostra da vitalidade do recém «inaugurado» pluripartidarismo. Como durante o regime militar o sistema político tinha passado por um longo período de limitações às liberdades, o retorno das liberdades políticas e a progressiva retomada da competição eleitoral acabaram produzindo um natural movimento de acomodação. Tanto foi assim que, em 1985, o Parlamento aprovou uma Emenda Constitucional (EC 25) que retirou da Constituição de 1967 a punição com perda do mandato aos parlamentares que mudassem de partido.

A migração partidária, porém, persistiu mesmo após a superação da transição democrática. A permanência deste padrão veio pela chave do presidencialismo de coalizão. Como efeito de uma estratégia do Executivo na formação de sua coalizão de governo, a mudança de partido serviria como recurso para evitar que governos ficassem reféns de um Congresso fragmentado. Os congressistas, por sua vez, movimentados por interesses imediatos de suas carreiras, transitariam entre as diversas opções partidárias.

Aliás, há momentos pontuais envolvendo o tema em que foi possível construir uma maioria política para promover alterações nas normas. Esse foi o caso da alteração do Regimento Interno da Câmara dos Deputados pelo PRC 201/2005. A medida foi uma tentativa de evitar que as mudanças na composição das legendas influenciassem no poder de cada uma delas nas comissões e em sua mesa diretora.

Como regra, o poder de interferir nessas instâncias internas do trabalho legislativo é medido conforme o tamanho da bancada e, quando havia qualquer mudança nas bancadas, esse poder era alterado. Com a medida aprovada, a partir da legislatura iniciada em 2007, o tamanho das bancadas foi fixado em relação ao resultado eleitoral, independendo de qualquer modificação futura. Além do mais, aquele que exercesse qualquer atividade na mesa diretora e mudasse de partido perderia o cargo automaticamente.

Em suma, tomando por base essas decisões, podemos afirmar que o STF e o TSE não avançaram apenas onde havia lacunas ou inconsistências das leis.

---

[3] Sobre o tema indica-se Diniz, 2000; Desposato, 2006; Melo, 2000, 2003 e 2007 e Roma, 2007.

Em um caso avançou sobre questões que sequer estavam em debate, no outro, avançou onde já havia entendimento político pacificado e, no outro, avançou sobre um tema de natureza controversa e polêmica.

A segunda hipótese da judicialização colocada por Ferejohn (2002) é definida assim:

> «A segunda causa é mais nebulosa, mas talvez mais importante. É o entendimento de que às Cortes (pelo menos para certas Cortes) deve ser confiada a tarefa de proteger uma larga escala de importantes valores contra potenciais abusos políticos.» (Ferejohn, 2002: 55, tradução livre do autor)

Essa hipótese remonta à tradição madisoniana de que cabe ao Judiciário a prerrogativa antimajoritária para defender, principalmente, valores liberais, como os direitos civis, as liberdades individuais e a propriedade privada. É preciso, porém, admitir que essa tarefa de guardião de valores, a princípio restrita aos valores liberais, pode avançar sobre outros princípios, a depender do contexto político, social ou econômico. Daí o autor chamar a sua «hipótese de direitos» de nebulosa.

Diante de tudo o que foi exposto, talvez o melhor caminho para entendermos o que orientou as decisões analisadas aqui pode estar próximo dessa hipótese.

Não descartamos o impacto que a instabilidade da legislação eleitoral, ou mesmo o seu silêncio em temas importantes, produz sobre a variação das interpretações judiciais. Mas entendemos que o mais adequado é avaliar o fenômeno mais pela disposição do Judiciário em diagnosticar e remediar possíveis males nas relações político-partidárias do que pela incapacidade do Legislativo em definir e aprovar uma agenda própria.

CONSIDERAÇÕES FINAIS

É fato que o ambiente da competição político-partidária desde a redemocratização produziu na opinião pública e em parte da literatura a convicção de que reformas eram necessárias e urgentes. A liberalização ocorrida com a redemocratização teria produzido regras ultraconsociativas (Couto, 1997), dificultando a formação de governos estáveis e eficientes para a implementação de uma agenda de governo.

Tem-se debatido a reforma política desde o término da Constituição de 1988 e pouco foi aprovado de mudanças substantivas na competição político-partidária. Desses longos anos de debate sem profundas transformações nas regras do jogo veio a conclusão de que ou o Legislativo era inoperante, ou não havia disposição concreta para realizar as mudanças que ele próprio debatia.

Nesse cenário, emergem um TSE e um STF dispostos a aprovar mudanças substanciais. Se há inoperância no Legislativo, a presença de um agente externo poderia contribuir para tirá-lo da inércia. Se não há disposição concreta no plano político, que o Judiciário realizasse as mudanças necessárias para corrigir as deficiências do jogo político. Deficiências essas, muitas vezes, identificadas pelo próprio Judiciário.

Assim, a partir de 2002, os ministros do TSE e do STF assumiram o papel de protagonistas das reformas políticas valendo-se de uma posição institucional capaz de alterar até mesmo as regras constitucionais.

Uma rápida análise no perfil dos ministros do TSE revela que o modelo adotado para distanciá-los dos interesses políticos e partidários não redundou necessariamente em um sistema com caráter mais técnico do que político.

Gráfico 2: Experiência anterior na Justiça Eleitoral (JE) (1932 – 2010)

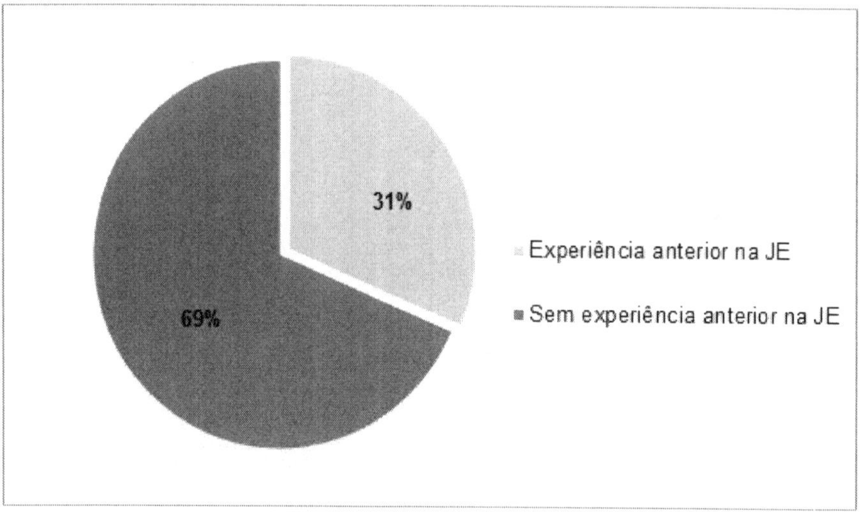

Fonte: Sadek, 1995 (para o período de 1932 a 1995) e elaboração própria (para o período de 1995 a 2010).

Pelo levantamento do perfil de todos os ministros que passaram pelo TSE entre 1932 e 2010, apenas 31% deles tinham experiência anterior nas instâncias inferiores da Justiça Eleitoral. Esse dado pode ser mais um indicador das possíveis deficiências decorrentes do modelo adotado. Além de não contarmos com um corpo de juízes exclusivos, os que atuam na instância máxima da regulação eleitoral o estão fazendo pela primeira vez.

Assumindo que o debate sobre neutralidade política esteja relacionado ao debate sobre fortalecimento do princípio técnico e que o princípio técnico encontra na especialização terreno fértil para se desenvolver, o afastamento do TSE da política não lhe garantiu a vantagem esperada.

Avançando sobre outros dados é possível medir características no mínimo curiosas sobre o perfil dos ministros do TSE.

Gráfico 3: Experiência anterior (1932 – 2010)

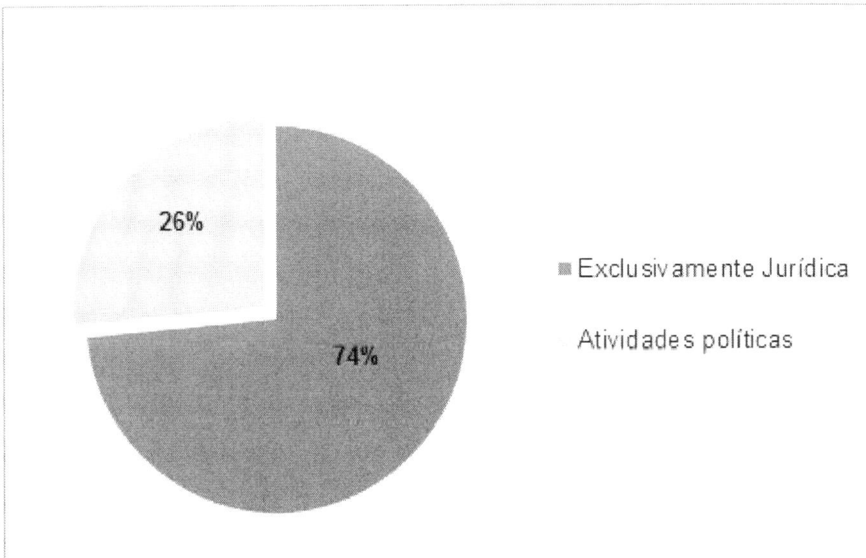

Fonte: Sadek, 1995 (para o período de 1932 a 1995) e elaboração própria (para o período de 1995 a 2010).

A experiência anterior em atividades políticas é quase tão grande quanto a experiência anterior na Justiça Eleitoral. *O afastamento da Justiça Eleitoral dos partidos políticos não significou o seu afastamento da política.* Consideramos aqui atividades políticas não apenas como aquelas decorrentes do exercício de um mandato parlamentar, mas também aquelas obtidas no exercício de cargos de confiança – como é o caso de assumir uma secretaria ou ministério.

A atividade política anterior de seus membros pode ter contribuído para que o TSE tenha assumido essa vocação reformista. É verdade, porém, que tal vocação foi revelada somente muito recentemente. Ao menos quando comparamos a atuação recente do TSE com períodos anteriores à redemocratização, notamos que há hoje – especialmente após 2002 – uma instituição muito mais arrojada em suas decisões.

Os dados abaixo mostram, entretanto, que houve um forte declínio na presença de ministros no TSE com experiências políticas anteriores.

Gráfico 4: Evolução da experiência política anterior dos ministros no TSE (1932 – 2010)

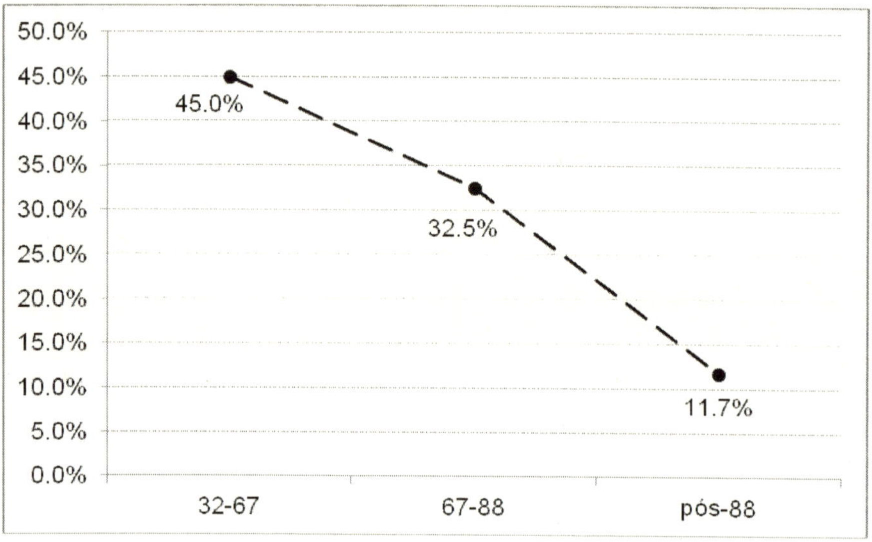

Fonte: Sadek, 1995 (para o período de 1932 a 1995) e elaboração própria (para o período de 1995 a 2010).

A princípio, esses dados refutariam qualquer relação entre o número de ministros com atividades políticas anteriores e o avanço do TSE sobre a reforma política. No período que vai da criação da Justiça Eleitoral (1932) até a Constituição de 1967, 45% dos ministros que passaram pelo TSE tinham experiência política anterior. No segundo período, entre as Constituições de 1967 e 1988, essa proporção caiu para 32,5%. Finalmente, após a redemocratização, apenas 11,7% dos ministros que passaram pelo TSE já tinham assumido alguma cargo político anteriormente.

O problema é que esses dados não revelam onde especificamente houve declínio. Em todas as categorias que compõem o TSE – juristas (JURI), STJ e STF? Ou haveria diferenças entre elas?

Os dados a seguir demonstram que o declínio ele esteve presente mais intensamente entre os membros do júri e ministros do STJ.

Gráfico 5: Atividades políticas anteriores: contribuição de cada categoria para o total por período

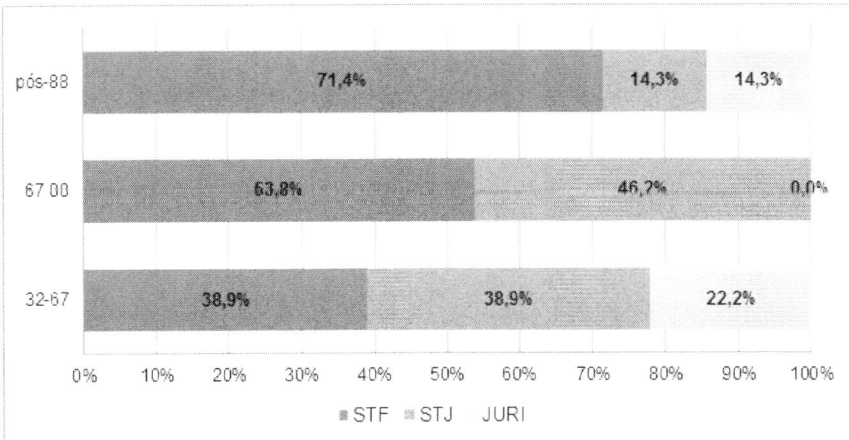

Fonte: Sadek, 1995 (para o período de 1932 a 1995) e elaboração própria (para o período de 1995 a 2010).

Entre os 45% dos ministros com experiência política anterior entre 1932 e 1967, havia uma distribuição mais equilibrada entre as três categorias (38,9%, 38,9% e 22,2%). O equilíbrio parece ter se mantido entre 1967 e 1988, mas agora apenas entre os ministros vindos do STF e STJ (53,8% e 46,2%, respectivamente). A principal mudança se dá a partir de 1988. A presença de ministros com experiência política anterior se deu basicamente apenas dentre os ministros vindos do STF (71,4% do total de ministros com experiência anterior).

A conclusão é que, apesar do forte declínio da participação de ministros no TSE com experiência política anterior após 1988, a vivência política ainda permaneceu forte no TSE dado que ela não decresceu dentre os membros vindos do STF.

E como são esses os ministros que detêm o poder central na instituição, como já argumentamos anteriormente, é possível afirmar que as vinculações políticas anteriores auxiliam na explicação do avanço reformista do TSE. Assim, o modelo institucional que fundiu nosso organismo eleitoral às instâncias judiciais pode ter sido eficiente para afastar os interesses partidários da governança eleitoral. Não foram tão eficientes, entretanto, para preservar apenas os critérios técnicos na formação da decisão.

A importante presença de experiência política anterior dentre os ministros do STF que chegaram ao TSE pode ter contribuído para alimentar a vontade de fazer uma reforma política por meio de decisões judiciais.

Diante de tudo o que foi dito nessa conclusão, podemos então afirmar que a judicialização da competição político-partidária tornou-se possível por causa do modelo de governança eleitoral adotado, pois transforma a última instância de nosso organismo eleitoral em um organismo da Corte Constitucional em matéria eleitoral. Deu-se, também, em função de uma disposição política dos ministros em reformar a prática da competição política fazendo leis por meio de interpretações judiciais criativas (e não por que a legislação é vaga ou inconstante) e se valeu da experiência política anterior dos ministros com maior peso no OE – os ministros do STF.

BIBLIOGRAFIA

Braga, M. S., 2006: *O processo partidário-eleitoral brasileiro: padrões de competição política (1982-2002)*. São Paulo: Humanitas.

Couto, Cláudio, 1997: «Agenda constituinte e a difícil governabilidade». *Lua Nova*, 39: 33-52.

Diniz, Simone, 2000: «As migrações partidárias e o calendário eleitoral» *Revista de Sociologia e Política*, 15: 31-47.

Desposato, Scott, 2006: «Parties for rent? Ambition, ideology and party switching in Brazil's chamber of deputies» *American Journal of Political Science*, 50-1: 62-80.

Ferejohn, John, 2002: «Judicializing Politics, Politicizing Law». *Law and Contamporary Problems*, 65, 3: 41-69.

Fleisher, David e Barreto, Leonardo, 2009: «El impacto de la Justicia Electoral sobre el sistema político brasileño», *America Latina Hoy*, n. 51: 117-38.

Lamounier, Bolívar, 1988: «O Brasil autoritário revisitado: o impacto das eleições sobre a abertura», *in* A. Stepan (ed.), *Democratizando o Brasil*, Rio de Janeiro: Paz e Terra.

Lehoucq, Fabrice, 2002: «Can parties police themselves? Electoral governance and democratization». *International Political Science Review*. 23: 29-46.

Limongi, F. e Cortez, R., 2010: «As eleições de 2010 e o quadro partidário». *Novos Estudos*, n. 88: 21-37.

Marchetti, Vitor, 2008: «Governança eleitoral: o modelo brasileiro de Justiça Eleitoral». *Dados*, vol. 51-4: 865-893.

____, 2011: «A Ficha Limpa no contexto da governança eleitoral brasileira», *Interesse Nacional*, 12: 33-42.

Melo, Carlos Ranulfo, 2000: «Partidos e migração partidária na câmara dos deputados», *Dados*, 43, 2.

____, 2003: «Migração partidária na câmara dos deputados: causas, consequências e possíveis soluções», in M. V. Benevides; P. Vannuchi e F. Kerche (org.). *Reforma política e cidadania.* São Paulo: Ed. Fundação Perseu Abramo.

____, 2007: «Nem tanto ao mar, nem tanto a terra: elementos para uma análise do sistema partidário brasileiro.» *in* C.R. Melo e M.A. Sáez (org.). *A democracia brasileira: balanços e perspectivas para o século* 21, Belo Horizonte: Ed. UFMG.

Mozaffar, Shaheen e Schedler, Andreas, 2002: «The comparative study of electoral governance – Introduction». *Internacional Political Science Review* 23: 5-27.

Nicolau, Jairo, 2004: *Sistemas eleitorais*, 5. ed., Rio de Janeiro: FGV.

Roma, Celso. 2007: «Os efeitos da migração interpartidária na conduta parlamentar», *Dados*, 50-2: 351-392.

Sadek, Maria Tereza, 1995: *A Justiça eleitoral e a consolidação da democracia no Brasil.* São Paulo: Konrad Adenauer.

Tavares, José Giusti, 1994: *Sistemas eleitorais nas democracias contemporâneas: teoria, instituições, estratégia.* Rio de Janeiro: Relume Dumará.

Taylor, Matthew, 2006: «Justiça eleitoral», in L. Avritzer e F. Anastácia (orgs.), *Reforma política no Brasil*, Belo Horizonte: Ed. UFMG.

____, 2008: «A blind eye and bound hands: electoral courts, the federal judiciary and political accountability». *Paper* preparado para o Worshop «Accountability Institutions and Political Corruption in Brazil» na St. Antony's College da Universidade de Oxford.

5

ENTRE A USURPAÇÃO E A ABDICAÇÃO? O DIREITO À SAÚDE NO JUDICIÁRIO DO BRASIL E DA ÁFRICA DO SUL[1]

OCTAVIO LUIZ MOTTA FERRAZ[2]

I – INTRODUÇÃO

O debate sobre a devida função do Judiciário na garantia do cumprimento[3] dos chamados direitos econômicos e sociais – isto é, direitos que protegem certos interesses como saúde, educação, moradia, alimentação, água[4] – persiste vivo e controverso apesar do amplo reconhecimento desses direitos em diversas Constituições e leis ordinárias de diversos países.[5]

---

[1] Versões anteriores deste artigo foram apresentadas nas Universidades de Edimburgo, Warwick e Pretoria, bem como no South African Institute for Advanced Constitutional, Public, Human Rights and International Law (SAIFAC). Estou em dívida com todos os participantes, pelos valiosos debates e perguntas desafiadoras, em particular David Bilchitz, Dan Brind, Pierre de Vos, Conrado Mendes, Theunis Roux e Oscar Vilhena. Agraço também a Victor Tadros, Sammy Adelman e Andrew Williams pelas discussões e comentários sobre os primeiros esboços deste artigo.

[2] Tradução do original por Natália Pires de Vasconcelos, com revisão pelo próprio autor.

[3] N.T.: Diante da dificuldade de encontrar em português uma palavra que equivalha em sentido ao que em inglês significa «*enforcement*», escolheu-se adotar a palavra «garantia» como equivalente, sempre que possível especificando o seu significado como «garantia do cumprimento de direitos e decisões judiciais».

[4] Daqui em diante uso «direitos socioeconômicos», «direitos sociais» e «direitos econômicos e sociais» com o mesmo significado. É também importante notar que eu não me refiro aos direitos do trabalho (comumente incluídos sob a denominação «direitos sociais») porque eles não levantam as questões de judicialização discutidas aqui, ao menos não com a mesma força.

[5] É hoje mais regra do que exceção que as Constituições reconheçam ao menos alguns direitos sociais e econômicos como direitos fundamentais. Na maior parte dos países da América do

Para muitos, a garantia legal desses direitos impõe às cortes dificuldades de duas diferentes (porém altamente inter-relacionadas) ordens: *legitimidade* e *competência institucional*. Devem juízes *não eleitos* interferir na concepção e implementação de políticas econômicas e sociais das quais a fruição de saúde, educação, moradia, etc. pela população necessariamente depende? É o processo judicial um instrumento adequado para lidar com esses complexos problemas técnicos e políticos? Essas são as questões que têm dominado o debate sobre a judicialização de direitos sociais e econômicos em vários países.[6]

Muitos podem arguir que a decisão política de reconhecer os direitos sociais como direitos positivos subjetivos (e não apenas como normas programáticas a direcionar a atuação estatal), particularmente quando esta positivação se dá por meio da Constituição, elimina ou ao menos enfraquece esta preocupação com a questão da legitimidade do judiciário. Se o povo decidiu conferir expressamente às Cortes, por meio da sua lei maior, o poder de garantir o cumprimento desses direitos sociais, o Judiciário não deve temer invadir uma área reservada aos poderes políticos do Estado. Ao menos nesses países, a garantia judicial de direitos sociais seria, em princípio, legítima, e não uma ofensa ao princípio da separação de poderes e da democracia. Essa é a posição hoje consolidada em muitos países onde os direitos sociais têm sido constitucionalizados e, como consequência, judicialmente demandados de forma rotineira.[7] Um trecho de famoso caso julgado pela Corte Constitucional Sul-africana envolvendo o direito à saúde é um bom exemplo desta posição.

Sul, Leste Europeu e na África do Sul, onde novas constituições foram adotadas nos últimos vinte anos, direitos sociais têm sido incluídos como direitos cujo cumprimento deve ser garantido («enforceable rights»). Confira Sadursky, Wojcieh. *Rights before courts: a study of constitutional courts in postcommunist states of Central and Eastern Europe*. Netherlands: Springer, 2005, para uma discussão sobre o Leste Europeu; bem como a coleção editada *Courts and Social Transformation in New Democracies* (Gargarella, Roberto, Domingo, Pilar e Roux Theunis (eds.). Aldershot/Burlington: Ashgate, 2006), para trabalhos sobre os países da América Latina, Leste Europeu e África.

6 Para a literatura recente sobre o debate da judicialização, confira a edição especial de *Discusiones: Derechos Sociales*, n. 4 (2004), disponível em http://www.cervantesvirtual.com/servlet/SirveObras/01604963236728274102257/index.htm (Acesso em 06.05.2008); Tushnet, Mark. *Weak Courts, Strong Rights: Judicial Review and Social Welfare Rights in Comparative Constitutional Law*. Princeton University Press, 2008; Gargarella *et alii* (2006); Coomans, Fons (ed.). *Justiciability of economic and social rights: experiences from domestic systems*. Intersentia: 2006; Dixon, Rosalind. «Creating Dialogue About Socioeconomic Rights: Strong-Form Versus Weak-Form Judicial Review Revisited», 5 *Int'l J. Const. L.* 391, 2007; Bilchitz, David. *Poverty and Fundamental Rights: The Justification and Enforcement of Socio-Economic Rights*. Oxford University Press, 2007; e Fredman, Sandra. *Human Rights Transformed: Positive Rights and Positive Duties*. Oxford University Press, 2008.

7 Para uma recente revisão da crescente jurisprudência sobre direitos sociais em nada menos que 21 diferentes jurisdições nacionais e internacionais, confira Langford, Malcolm (org.). *Social Rights Jurisprudence: Emerging Trends in International and Comparative Law*. Cambridge University Press: 2008.

> «Ainda que isto [garantia judicial de direitos sociais] constitua uma intrusão sobre o domínio do Executivo, esta é uma intrusão determinada pela própria Constituição.»[8]

Como o Judiciário deve desempenhar esta tarefa constitucional, no entanto, e se ele é de fato capaz de realizá-la adequadamente, (*i.e.* se possui a denominada «competência institucional»), é uma questão ainda em aberto e controversa na maioria dos países. Na África do Sul o debate continua aquecido sobre este ponto. Frustrando a previsão de muitos estudiosos e ativistas, a Corte Constitucional Sul-africana tem sido, até o momento, bastante cautelosa na garantia do cumprimento dos direitos sociais. Ela ainda não reconheceu (ou ao menos não de forma expressa) a possibilidade de implementação individual dos direitos à saúde, educação, moradia etc. – o que se deu, em grande medida, por preocupações com sua competência institucional para interferir nessas áreas. Ao invés disso, ela vem adotando o modelo da chamada revisão da «razoabilidade» das políticas públicas (*reasonableness review*), vista por muitos como similar ao modelo tradicional e passivo do direito administrativo em geral.[9]

No Brasil, por outro lado, depois de um período inicial em que prevalecia uma grande deferência aos poderes políticos, similar a que agora se observa na África do Sul, o Judiciário começou a interpretar os direitos sociais incluídos na Constituição como direitos individuais subjetivos. Essa mudança levou a um explosivo crescimento do volume de demandas judiciais, especialmente na área da saúde, o que por sua vez causou uma reação bastante negativa das esferas políticas, que tomaram medidas administrativas e legislativas para tentar limitar a litigância nesta área. Também o Supremo Tribunal Federal reagiu ao problema convocando uma audiência pública, envolvendo todas as esferas do Estado e representantes da sociedade civil.[10]

---

[8] *Treatment Action Campaign vs Ministry of Health*, South African Constitutional Court, 2002 (10) BCLR 1033 em 9 (CC).

[9] Veja, por exemplo, Dugard, Jackie, Roux, Theunis. «The Record of the South African Constitutional Court in Providing an Institutional Voice for the Poor», 1995-2004. In Gargarella *et alii* (2006: 107-125). Outros vêm como algo mais do que isso, mas não o completo reconhecimento de direitos individuais garantidos por medidas judiciais. Confira Wesson, Murray. «*Grootboom* and Beyond: Reassessing the Socio-Economic Jurisprudence of the South African Constitutional Court». *South African Journal on Human Rights*, vol. 20, n. 2, 2004: 284-308; Kende, Mark S. «South African Constitutional Court's Construction of Socio-Economic Rights: A Response to Critics». 19 *Conn. J. Int'l L.* 617, 2003-2004.

[10] Confira Audiência Pública da Saúde, realizada em abril e maio de 2009. Transcrições completas do debate disponíveis em português em: http://www.stf.jus.br/portal/cms/verTexto.asp?servico=processoAudienciaPublicaSaude.

Os termos do debate

Por muito tempo o debate sobre a garantia judicial dos direitos econômicos e sociais esteve focado excessivamente em questões teóricas e abstratas, tais como o papel adequado do Judiciário na democracia, a melhor interpretação do princípio da separação de poderes e a natureza dos direitos sociais e econômicos em comparação com outros direitos civis e políticos mais tradicionais (o notório debate sobre direitos positivos e negativos).[11] A partir do final dos anos 1990, a análise das decisões tomadas pela Corte Constitucional da África do Sul tornou o debate mais concreto e interessante. Este artigo pretende aprofundar o debate comparando a jurisprudência da Corte Constitucional da África do Sul com a do Supremo Tribunal Federal brasileiro, focando no direito à saúde.

A comparação entre o Brasil e a África do Sul é potencialmente rica e interessante por muitas razões. Primeiramente, ambos os países adotaram recentemente novas Constituições (o Brasil em 1988 e a África do Sul em 1996) de perfil fortemente transformador (*i.e.* dirigente), reconhecendo diversos diretos sociais e econômicos. Em segundo lugar, ambos os países possuem marcantes semelhanças em relação ao seu perfil econômico-social: são países com renda *per capita* acima da média mundial; marcados por altos níveis de desigualdade socioeconômica; com um triste passado de discriminação oficial da população negra – ainda que na África do Sul este passado seja mais recente. Além disso, o Judiciário do Brasil e da África do Sul têm, até o momento, adotado modelos de judicialização dos direitos sociais que podem ser considerados diametralmente opostos dentro do que poderíamos chamar de espectro de «justicialidade» (*e.g.* implementação judicial de direitos).[12] Enquanto no Brasil o direito à saúde e outros direitos sociais são considerados pelo Judiciário direitos subjetivos públicos a prestações estatais específicas (medicação, tratamento, etc., no caso do direito à saúde), na África do Sul, como já mencionado acima, a Corte Constitucional deixou claro que as normas constitucionais que reconhecem os direitos sociais não geram direitos subjetivos públicos («*immediately claimable rights*» na linguagem daquela Corte).[13] Ademais (e de certa forma subjacente a esses diferentes modelos), a maioria dos juízes e do Judiciário no Brasil não é, de modo algum, deferente

---

[11] Confira, para uma compreensiva revisão do debate no início dos anos 1990, Scott, Craig, Macklem, Patrick. «Constitutional Ropes of Sand or Justiciable Guarantees? Social Rights in a New South African Constitution». 141 *University of Pennsylvania Law Review*, p. 1-148.

[12] N.T.: Optou-se aqui por uma tradução livre, «justicialidade», da expressão inglesa «justiciability», sem equivalentes, ao menos, em seu pleno sentido, na língua portuguesa.

[13] Confira *Soobramoney*, *Grootboom* e *TAC*, e a discussão em Liebenberg, Sandra. «Adjudicating Social Rights Under a Transformative Constitution». In: Langford, Malcolm. *Social Rights Jurisprudence: Emerging Trends in International and Comparative Law*. Cambridge University Press, 2008: 83.

às decisões governamentais sobre políticas sociais e alocação de recursos em saúde, enquanto na África do Sul os juízes se comportam com muita cautela ao interferir nestas decisões.

Este artigo está estruturado da seguinte forma. No item II, eu discuto o duplo problema de legitimidade e competência institucional enfrentados pelo Judiciário em sistemas onde os direitos sociais são expressamente garantidos pela Constituição. Tomando emprestada a apta formulação elaborada por Frank Michelman (2003), eu sugiro que assumamos este problema como um dilema. Diante dos sérios obstáculos impostos pela legitimidade e competência institucional, o Judiciário têm duas opções igualmente ruins: abster-se de exercer um controle forte do cumprimento dos direitos sociais pelo Executivo, evitando conflitos com este poder; ou tentar garantir o cumprimento destes direitos por meio de remédios judiciais fortes, confrontando diretamente o Executivo. A primeira opção implicaria a crítica de que o Judiciário estaria se abstendo de sua primordial função de garantir os direitos constitucionais; a segunda a de que estaria usurpando as funções do Executivo. No item III eu tento demonstrar que a experiência do Brasil e da África do Sul nesta área confirmam a complexidade e importância deste dilema, muitas vezes subestimado por aqueles que apoiam fortemente a garantia judicial de direitos sociais. No item IV eu discuto as recentes propostas do chamado constitucionalismo cooperativo, em suas versões dialógicas. Eu concluo que estas teorias não solucionam o dilema, mas na verdade optam pelo lado da abdicação. No item final eu brevemente discorro sobre a possibilidade de se considerar este dilema insolúvel ou se existe algum caminho para resolvê-lo.

II – O DILEMA DA JUDICIALIZAÇÃO

Quando direitos sociais e econômicos são expressamente reconhecidos na Constituição como direitos «justiciáveis», isto é, próprios a terem seu cumprimento garantido judicialmente, o Judiciário enfrenta um difícil dilema. Como «guardião da Constituição», ele deve, em princípio, ser capaz de oferecer um remédio judicial efetivo aos indivíduos que tem seus direitos violados. Isto é, se a Constituição reconhece os direitos à saúde, educação, moradia, etc., indivíduos que tenham esses direitos violados devem ser capazes de recorrer ao Judiciário para obter algum tipo de reparação. Do contrário um dos principais papéis do sistema judicial em democracias constitucionais seria significativamente enfraquecido. No entanto, quando o Judiciário tenta garantir estes direitos assertivamente, como tem ocorrido em diferentes graus em muitos países, ele é prontamente acusado de ilegitimidade e de incompetência institucional, isto é, de ultrapassar as fronteiras de sua devida competência de acordo com a doutrina da separação dos poderes.

O problema foi habilmente descrito pelo constitucionalista norte-americano Frank Michelman (2003) da seguinte maneira:[14]

> «Ao se constitucionalizar direitos sociais, normalmente se argumenta, impõe-se ao Judiciário uma escolha difícil entre usurpação e abdicação, da qual não existe escapatória sem embaraço ou descrédito. Na primeira alternativa, diz-se, repousa a escolha judicial de determinar a garantia desses direitos de forma pretenciosa, inexperiente, provavelmente orgulhosa, mas ressentida, na tentativa de modificar as mais básicas prioridades na gestão de recursos do governo, contra a vontade política prevalecente. A segunda alternativa leva a decisão judicial a desvalorizar perigosamente todos os direitos e o próprio Estado de Direito ao abertamente ceder ao Executivo e ao Parlamento um irreversível privilégio de indefinidamente adiar direitos reconhecidos constitucionalmente.»[15]

É importante notar que este problema não está ligado exclusivamente a direitos econômicos e sociais. É um problema que afeta a implementação judicial de qualquer direito que implique deveres positivos ao Estado (isto é, praticamente todos os direitos fundamentais). Afeta também, como eu tentarei explicar abaixo, a adjudicação de deveres negativos do Estado, que defluem de direitos fundamentais.[16] Mas isto, ao contrário do que muitos defensores de direitos sociais parecem paradoxalmente concluir, não reforça o argumento a favor da «justicialidade» dos direitos sociais.[17] As questões cruciais (frequentemente ignoradas por muitos defensores da «justicialidade» dos direitos sociais) residem, a meu ver, em saber se esse dilema é real e importante e,

---

[14] N.T.: Confira o trecho em sua redação original: *«By constitutionalizing social rights, the argument often has run, you force the judiciary to a hapless choice between usurpation and abdication, from which there is no escape without embarrassment or discredit. One way, it is said, lies the judicial choice to issue positive enforcement orders in a pretentious, inexpert, probably vain but nevertheless resented attempt to reshuffle the most basic resource-management priorities of the public house-hold against prevailing political will. The other way lies the judicial choice to debase dangerously the entire currency of rights and the rule of law by openly ceding to executive and parliamentary bodies an unreviewable privilege of indefinite postponement of a declared constitutional right.»*

[15] MICHELMAN, Frank. «The Constitution, Social Rights, and Liberal Political Justification», 1 *Int'l J. Const. L.* 13, 2003: 15-18.

[16] Sigo aqui a posição, hoje bem consolidada, de que a maioria dos direitos (se não todos) dão origem a deveres positivos e negativos (SHUE, Henry. 2. ed., *Basic Rights. Subsistence, Affluence and US Foreign Policy.* Princeton University Press, 1996; WALDRON, Jeremy. «Rights in Conflict», *Ethics* vol. 99, n. 3: 503-519, abril 1989; e mais recentemente FREDMAN, 2008) e, portanto, não podem ser diferenciados entre si, como alguns propuseram no passado, de acordo com a natureza dos deveres que dão origem: deveres positivos exigiriam uma ação positiva por parte dos titulares do dever, enquanto os direitos negativos, abstenção, *i.e.* inação ou omissão.

[17] Sandra FREDMAN (2008) fez uma afirmação semelhante, quando, depois de rejeitar a falsa dicotomia entre direitos positivos e negativos, asseverou: «Isso não significa por si só que os direitos positivos devem ser judicializados. Pode-se argumentar que se alcança mais coerência e lógica se forem removidos todos os direitos humanos da apreciação judicial, do que permitir que sejam assim garantidos como deveres positivos».

se assim for, se pode ser resolvido ou não. A seguir pretendo expor as dificuldades enfrentadas pelo Judiciário ao adjudicar direitos em geral e direitos sociais em particular, a fim de demonstrar que este dilema é de fato real e difícil de ser resolvido.

As dificuldades do Judiciário quando busca garantir direitos podem emergir em duas principais áreas inter-relacionadas: a definição do *conteúdo* do direito em questão e a determinação de que uma *violação* deste conteúdo ocorreu. A primeira é normalmente uma questão teórica, de ordem normativa, enquanto a segunda é uma questão prática, de ordem empírica, ainda que estas duas categorias possam se sobrepor uma a outra. Tomemos, para ilustrar este ponto, o exemplo do direito de não ser torturado, talvez o menos controverso de todos os direitos fundamentais. Aplicando o modelo tradicional de implementação judicial de direitos (podemos chamar este modelo de violação-reparação, *ubi ius, ibi remedium*) – há que se determinar primeiro, e com um razoável grau de precisão, o conteúdo do direito de não ser torturado para depois estabelecer se um ato de tortura ocorreu.[18] A primeira tarefa envolve questões teóricas (ainda que necessariamente informada por elementos fáticos), como as seguintes: que grau de sofrimento é grave o suficiente para que determinado ato que o produz possa ser qualificado como tortura?; os motivos dos torturadores são importantes para a qualificação de certos atos como tortura? Uma vez respondidas estas e outras perguntas necessárias para a definição da tortura, deve-se então estabelecer se houve ou não um ato de tortura no caso concreto, o que envolve, basicamente, uma avaliação empírica, isto é, uma análise das provas existentes.

A questão mais importante para os nossos propósitos aqui é a primeira, de ordem normativa, a definir o que deve constituir tortura e, em especial, que instituição estatal deve determinar o conteúdo preciso do direito de não ser torturado.[19] Deixe-me tornar este problema mais concreto com um exemplo: um suspeito confessa ter cometido um crime depois de uma leve ameaça de violência do oficial de polícia encarregado de questioná-lo. Outro confessa, depois de ser privado de sono por 48 horas. Trata-se de casos de tortura? Penso que diferentes pessoas, razoáveis e racionais, chegariam a respostas diferentes para essas questões. Algumas pessoas podem achar que ambos os casos configuram tortura, outras que o primeiro caso não é tortura, enquanto o segundo é, e outras que nenhum dos casos configura tortura porque o nível de sofrimento causado pela ação do policial não ultrapassa algum limite neces-

---

[18] Para aplicar o modelo também precisamos saber quem violou o direito, mas deixo isso de lado, por enquanto.

[19] Parece muito menos controverso discutir se os tribunais podem legitimamente determinar se uma violação ocorreu quando o conteúdo do direito já está claro. Por isso, pretendo me concentrar sobre a questão normativa que aflora quando este conteúdo não está assim previamente determinado.

sário para qualificarmos o ato como tortura. Numa sociedade democrática, temos que decidir que instituição deve ter o poder e o dever de resolver este tipo de questão, que gera o que poderíamos chamar de «dissenso razoável» (*reasonable disagreement*). Devemos dar ao Judiciário esse poder, ou aos órgãos políticos, ou a alguma outra instituição? Não há uma resposta *a priori* para esta pergunta.[20]

Outros direitos tradicionalmente tidos por «negativos» levam a problemas igualmente ou até mais difíceis. Por quanto tempo podemos manter presos suspeitos de terrorismo sem julgamento? Esta é apenas outra forma de se perguntar qual é o conteúdo do direito à liberdade. Em alguns países, suspeitos podem ser mantidos presos sem julgamento por no máximo 48 horas, enquanto em outros países por até 28 dias.[21] Essa segunda opção poderia ser entendida como uma violação do direito de liberdade? Isso depende da definição do conteúdo deste direito, o que é uma difícil questão normativa que admite diversas respostas razoáveis. Em todos esses casos difíceis (*hard cases*) juízes prudentes e responsáveis enfrentam um sério dilema a respeito dos limites de sua competência. Se uma questão é controversa, isto é, admite diversas interpretações razoáveis, deve o Judiciário discordar de outras interpretações oficiais (de membros do executivo e legislativo), e impor sua resposta preferida a esses poderes?

Estes exemplos servem para mostrar que também em casos envolvendo os chamados deveres negativos do Estado, dissensos razoáveis sobre o conteúdo preciso desses deveres colocam o Judiciário em uma difícil posição: deve ele impor sua interpretação àquela de outras instituições do Estado (Parlamento e Executivo)?

Quando os direitos em questão são de natureza mais positiva e a definição de seu conteúdo necessita da implementação de políticas mais complexas e depende de maiores investimentos de recursos públicos, os juízes se encontram em uma posição possivelmente ainda mais difícil, ainda que a diferença seja mais de grau do que de gênero (diferença esta que será explorada em maior profundidade na próxima seção abaixo).

Mas esse cenário, cabe aqui enfatizar mais uma vez, não é exclusivo aos direitos sociais. Pensemos nos aspectos positivos dos direitos à segurança e proteção da propriedade. É comumente aceito na maioria das democracias que

---

[20] Confira, para uma boa discussão deste debate e um argumento forte contra a opção pelo Judiciário, WALDRON, Jeremy. «The Core Case against Judicial Review». 115 *Yale L. J. 1346*, abril 2006.

[21] Esse exemplo se inspira em caso ocorrido no Reino Unido, onde o Judiciário foi acionado para determinar se a detenção indefinida de suspeitos de terrorismo sem julgamento, estabelecida pela legislação pós 11/09 (Section 21 do Anti-terrorism, Crime and Security Act 2001) violaria o direito à liberdade. Casos semelhantes chegaram à Suprema Corte dos EUA questionando a detenção de suspeitos de terrorismo na prisão de Guantánamo.

o Estado possui um dever de proteger indivíduos contra ataques de outros à sua propriedade ou à sua integridade física. Quanta proteção é devida, contudo, é uma questão normativa difícil envolvendo a alocação de recursos escassos entre diferentes áreas onde o Estado tem o dever de investir. O caso britânico *Regina v. Chief Constable of Sussex Ex Parte International Trader's Ferry Limited*[22] provê uma clara ilustração deste cenário. Envolveu uma empresa britânica que exportava gado e teve suas atividades interrompidas por um grupo de ativistas protetores dos direitos dos animais. A polícia, cumprindo seu dever positivo de proteger a propriedade e os empregados da empresa, alocou uma quantidade significativa de recursos para esta tarefa, particularmente para escoltar os caminhões da companhia até o porto de onde seus bens seriam exportados. Depois de alguns dias, porém, o chefe de polícia decidiu que esta medida se mostrava muita cara, decidindo diminuir a proteção policial aos caminhões da empresa para dois dias da semana. A empresa resolveu levar a questão ao Judiciário, arguindo para tanto que o dever do estado era prestar-lhe proteção irrestrita, isto é, todos os dias da semana.

O problema que esse tipo de caso, o qual envolve deveres positivos do Estado, impõe ao Judiciário é idêntico à questão levantada pelos casos envolvendo deveres negativos acima mencionados. Uma vez que existe um genuíno e razoável dissenso sobre o conteúdo do direito em questão (e do seu dever correspondente), deve o Judiciário substituir sua própria interpretação desses direitos àquela dos poderes estatais eleitos pelo povo? A diferença, que é mais de grau do que de gênero, reside sobre a natureza por vezes mais complexa dos casos envolvendo deveres positivos. Determinar quantos dias de prisão preventiva são aceitáveis, ou se privação de sono configura tortura pode é claro gerar efeitos que vão além do caso concreto *sub judice* (*e.g.* mais recursos estatais podem ser necessários para garantir a segurança da população se a privação de sono não puder ser usada como técnica de interrogatório de suspeitos, ou se a polícia não puder detê-los por mais de 48 horas). Mas a determinação do conteúdo dos deveres positivos tem geralmente um impacto mais claro e direto para além do caso concreto *sub judice*. Cada dia extra de proteção policial à empresa no caso acima discutido necessariamente importa em menos proteção policial a outros indivíduos, grupos ou empresas. Em algumas áreas vitais e de emprego intenso de recursos, como a saúde, o problema é semelhante, mas frequentemente mais dramático. Qualquer financiamento extra para o custeio de medicamentos oncológicos, por exemplo, implica necessariamente menos recursos a outras medidas de saúde, igualmente vitais para o suporte da vida (são as chamadas «escolhas trágicas»[23]).

Parece-me, portanto, que a implementação judicial de direitos em geral, e não apenas dos direitos sociais e econômicos, apresenta um sério dilema ao

---

[22] [1998] 3 W.L.R. 1260, [1999] 2 A.C. 418.

[23] Cf. Calabresi, Guido, Bobbitt, Philip. *Tragic Choices*. Norton, 1978.

Judiciário. Isto se deve à existência de um genuíno e razoável dissenso sobre o conteúdo da maior parte dos direitos e de seus deveres correspondentes, independentemente da sua natureza (*i.e.* positivos ou negativos). Nesse contexto de incerteza normativa, se buscar impor aos demais poderes sua própria interpretação por meio de remédios judiciais fortes, atrairá acusações de «usurpação». De outro lado, dada a generalizada expectativa de que seja o guardião dos direitos fundamentais, uma postura muito tímida diante dos demais poderes implicará inevitavelmente em acusações de «abdicação». Na próxima seção eu buscarei ilustrar esse dilema por meio de casos concretos envolvendo o direito à saúde na África do Sul e no Brasil.

III – O DILEMA DA CONSTITUCIONALIZAÇÃO NA PRÁTICA: JUDICIALIZAÇÃO DO DIREITO À SAÚDE NA ÁFRICA DO SUL E NO BRASIL

O histórico da implementação judicial do direito à saúde na África do Sul e no Brasil ilustra perfeitamente o dilema da constitucionalização na prática. Como veremos, enquanto o Judiciário sul-africano, em particular a Corte Constitucional, tem sido, até o momento, extremamente cauteloso na implementação do direito à saúde e de outros direitos sociais, atraindo muitas críticas de analistas e ativistas, o Judiciário brasileiro, em geral, liderado pelo Supremo Tribunal Federal, tem sido extremamente assertivo, frequentemente condenando o Estado a prover benefícios de saúde a indivíduos além daquilo que restou contemplado originalmente pela política pública de saúde.

Antes de analisarmos os casos, é importante notar algumas diferenças significativas entre os sistemas judiciais aqui comparados, que podem impactar o modo como o Judiciário lida com a implementação de direitos sociais. A Corte Constitucional da África do Sul (daqui em diante simplesmente «CCAS») possui um grau mais alto de controle sobre os casos que recebe do que o Supremo Tribunal Federal do Brasil (daqui em diante simplesmente «STF»). Esta situação claramente se reflete no número de casos que tramitam em cada um desses tribunais. Enquanto a CCAS julgou, até o momento, em 15 anos de Constituição, apenas alguns casos envolvendo direitos sociais, o STF julgou centenas de casos apenas nos últimos dois anos. Relacionado a isso está o fato de as decisões do STF, até recentemente, não vincularem as instâncias inferiores, e não se aplicarem além das partes do caso, salvo em excepcionais circunstâncias. Já as decisões da CCAS são vinculativas e produzem efeitos *erga omnes*.[24]

Essas duas diferenças têm impactos claros na dimensão (e de certa forma na qualidade) do trabalho produzido pelo Judiciário de cada país. As poucas

---

[24] Isso poderia mudar, em princípio, se o STF adotasse a «Súmula Vinculante», um mecanismo criado recentemente que confere a Corte o poder de adotar determinações que vinculam as instâncias inferiores.

decisões da CCAS em direitos sociais analisadas aqui são muito mais longas, detalhadas e cuidadosamente justificadas que aquelas do STF. Ademais, o fato de a maior parte das decisões individuais do STF não terem efeitos para além das partes do caso pode inclusive explicar o comportamento mais assertivo do STF, discutido abaixo.

Outra importante diferença a ser apontada é a formulação constitucional dos provimentos que reconhecem direitos sociais nos dois países. Como veremos com mais detalhes abaixo, a Constituição da África do Sul se aproxima do modelo do Pacto Internacional da ONU sobre Direitos Econômicos, Sociais e Culturais. Assim como no Pacto, descreve os direitos sociais em duas etapas. Na primeira, reconhece um direito geral ao acesso à saúde, moradia etc.; na segunda estabelece que o dever do Estado está sujeito a uma «realização progressiva» e limitada ao «máximo de recursos disponíveis». A Constituição brasileira também separa o dispositivo que versa sobre o direito (que se encontra no começo da Constituição, no capítulo III, art. 6.º), das disposições do dever do Estado (capítulo VII). Mas estas últimas, em relação às garantias dos direitos à saúde, educação e seguridade social são muito mais detalhadas que suas correspondentes sul-africanas. Especificam-se, no caso brasileiro, que instituições o Estado deve criar para a promoção desses direitos (*e.g.* o Sistema Único de Saúde), sob quais princípios elas devem operar (universalidade, igualdade, etc.), além de se dispor de onde virão os recursos para financiá-las. Ao contrário do Pacto da ONU e da Constituição Sul-africana, porém, não há disposição expressa e clara de que o dever do Estado está limitado aos «recursos disponíveis», dando a falsa impressão, ao intérprete literal, de que estes direitos são absolutos. Isso, como veremos abaixo, pode talvez ajudar a explicar as significativas diferenças jurisprudenciais dos dois países.

a) A Corte Constitucional da África do Sul: «abdicação»?

Vejamos, inicialmente, as normas constitucionais sobre o direito à saúde em vigor na África do Sul:

> «*Saúde, alimentação, água e seguridade social*
>
> 27. (1) Toda pessoa tem o direito de ter acesso aos serviços de saúde, incluindo cuidados de saúde reprodutiva; alimentos e água suficientes; e seguridade social, inclusive, se são incapazes de sustentar a si e seus dependentes, assistência social adequada.
>
> (2) O Estado deve tomar razoáveis medidas legislativas e outras, dentro de seus recursos disponíveis, para alcançar a realização progressiva de cada um desses direitos.
>
> (3) A ninguém pode ser negado tratamento médico emergencial.»[25]

[25] N.T.: Confira a redação original do dispositivo: «*Health care, food, water and social security. 27. (1) Everyone has the right to have access to health care services, including reproductive*

Apenas dois casos envolvendo o direito à saúde chegaram à CCAS até o momento: *Soobramoney vs. Minister of Health (Kwazulu-Natal)*[26] e *Minister of Health vs. Treatment Action Campaign* («TAC»). Em *Soobramoney*, o primeiro caso envolvendo um direito social a chegar à CCAS, a Corte foi chamada a decidir se o direito à saúde (expressamente reconhecido pela Constituição Sul-Africana, na seção 27, veja abaixo) teria sido violado pela recusa do hospital público local na província de Kwazulu-Natal em prover ao demandante, o Sr. *Soobramoney*, tratamento de hemodiálise necessário a manutenção de sua vida. A recusa se baseou no fato de que (i.) os recursos disponíveis à autoridade de saúde local (que tinha o dever de distribuir estes recursos entre as necessidades da população local) não eram suficientes para financiar o tratamento de todos aqueles que precisavam de hemodiálise e (ii.) o demandante não preenchia os requisitos para receber o referido tratamento de acordo com a política adotada pela autoridade de saúde local na alocação de seu orçamento. Tal política pública estabelecia que apenas aqueles com episódios agudos de insuficiência renal e que fossem elegíveis para um futuro transplante de rim receberiam o tratamento de hemodiálise. Aqueles como o Sr. *Soobramoney*, acometidos por uma condição crônica e não elegíveis a um transplante não receberiam tratamento segundo a política da autoridade local.

Diferentemente do dispositivo da constituição brasileira, existe uma menção expressa, na seção 27(2) da Constituição da África do Sul sobre os «recursos disponíveis» como uma consideração relevante na definição da obrigação do Estado em prover o direito à saúde (confira a disposição da Constituição brasileira abaixo). A Corte Sul-africana levou esta disposição em consideração, mas se recusou a entrar em detalhes quanto à decisão alocativa da autoridade sanitária local em determinar se os recursos disponíveis eram suficientes ou não para satisfazer a necessidade do Sr. *Soobramoney* de realizar a hemodiálise. Aqui está a justificativa dessa decisão:

> «[29] O governo da província, que é responsável pelos serviços de saúde em Kwazulu-Natal, tem que tomar decisões sobre o *financiamento* que deve ser disponibilizado para cuidados de saúde e *como* esses fundos devem ser gastos. Essas escolhas envolvem decisões difíceis a serem tomadas no nível *político* na determinação do orçamento da saúde, e no nível *funcional* na decisão sobre as prioridades a serem atendidas. A Corte deve ser cautelosa ao interferir em decisões *racionais* tomadas de *boa-fé* pelos órgãos políticos

---

health care; sufficient food and water; and social security, including, if they are unable to support themselves and their dependents, appropriate social assistance. (2) The state must take reasonable legislative and other measures, within its available resources, to achieve the progressive realization of each of these rights. (3) No one may be refused emergency medical treatment.»

[26] Constitutional Court of South Africa, Case CCT 32/97, 27, novembro 1997. Decisão completa disponível na webpage da Corte: http://www.constitutionalcourt.org.za/site/home.htm.

e pelas autoridades médicas responsáveis por lidar com estas matérias.» [27-28] (Destaques do original.)

A Corte restringiu seu papel, portanto, a uma avaliação da racionalidade e da boa fé das decisões tomadas pelas esferas políticas e técnicas do Estado. Isso se deveu a uma combinação de preocupações em relação a sua legitimidade e capacidade institucional: o medo de ultrapassar os limites impostos pelo princípio da separação de poderes, e «o perigo de determinar que os recursos sejam usados para um paciente específico, o que poderia ter como efeito negar esses mesmos recursos a outros pacientes para os quais eles poderiam ser mais vantajosamente aplicados».[29]

A decisão em *Soobramoney* foi fortemente criticada pelos defensores de direitos sociais como exacerbadamente deferente aos poderes políticos do Estado.[30] Suas críticas, ainda que injustas, na minha opinião,[31] não são difíceis de entender. O modelo da razoabilidade, ou o «modelo de direito administrativo», como colocado por Sunstein,[32] de fato permite uma margem de discricionariedade significativa aos poderes políticos, o que, em uma última análise, esvazia muito os direitos sociais de conteúdo e força. Com efeito, o direito administrativo já impõe a razoabilidade como uma obrigação de qualquer decisão administrativa. Se isso é tudo que o Judiciário pode verificar ao controlar a implementação dos direitos sociais, o reconhecimento destes direitos na constituição não faz muita diferença em termos de força normativa.

---

[27] Idem, *Case CCT 32/97*, par. [29].

[28] N.T.: Confira a redação da citação original: «[29] *The provincial administration which is responsible for health care services in Kwazulu-Natal has to make decisions about the funding that should be made available for health care and how such funds should be spent. These choices involve difficult decisions to be taken at the political level in fixing the health budget, and at the functional level in deciding upon the priorities to be met. A court will be slow to interfere with rational decisions taken in good faith by the political organs and medical authorities whose responsibility it is to deal with such matters.*»

[29] *Soobramoney*, par. [30], p. 16. Não concordo, neste ponto, com a análise de Scott e Alston (2000) sobre a posição da corte. Eles argumentam que a recusa da Corte em dar ao Sr. Soobramoney prioridade se baseou em uma posição utilitarista que sacrifica o indivíduo «para um bem comum amorfo». Cf. Scott, Craig e Alston, Philip. «Adjudicating social priorities in a transnational context: a comment on Soobramoney's legacy and Grootbroom's promise», *South African Journal on Human Rights*, vol. 16, 2000: 252. Eu penso restar claro, na passagem citada, que a Corte, a partir de uma preocupação sobre a sua capacidade institucional, de fato se absteve de tomar qualquer decisão (utilitária ou não) quanto à questão da prioridade. Além disso, dizer que os recursos podem ser mais vantajosamente alocados a outros pacientes não implica necessariamente em assumir uma posição utilitarista. De fato, pode-se sustentar esta afirmação com base no princípio da igualdade, no sentido de «igual preocupação» como temos discutido até então.

[30] Confira, por exemplo, Bilchitz (2007).

[31] Confira o meu «Poverty and Human Rights». *Oxford J. Legal Studies* vol. 28, n. 3, 2008: 585-603.

[32] Sunstein, Cass R. *Designing Democracy: What Constitutions Do*. New York: Oxford University Press, 2001: 234.

Mas uma coisa é entender a frustação dos defensores de direitos sociais, outra é concordar com as suas críticas à Corte. Aceitar a crítica implicaria reconhecer que o Judiciário pode agir diferentemente e, como consequência, entender que o dilema acima não é real. Mas poderia realmente a CCAS ter agido de forma diversa? Poderia ela ter determinado o conteúdo do direito à saúde, como os críticos o exigem, sem estar sujeita a justificadas acusações de usurpação?

Eu não acredito que poderia. No entanto, isto não se dá, a meu ver, em razão de uma suposta incapacidade institucional do Judiciário em definir quais são as necessidades de saúde do Sr. *Soobramoney* (sua necessidade de tratamento de hemodiálise era clara), nem tampouco em razão de uma suposta incapacidade institucional do Judiciário em determinar se o departamento de saúde de KwaZulu-Natal tinha recursos suficientes para tratar o Sr. *Soobramoney*. Estas questões são facilmente respondidas por economistas da saúde e peritos em saúde pública que o Judiciário pode chamar como especialistas no processo. O problema é que tais dados não respondem a questão que os críticos da Corte Sul-africana querem que ela enfrente, isto é, a da definição do conteúdo do direito à saúde do Sr. Soobramoney. Como buscarei explicar mais detalhadamente adiante, definir o conteúdo do direito à saúde e demais direitos sociais envolve questões normativas profundamente complexas sobre justiça distributiva, e não uma mera verificação empírica da suficiência de recursos na conta bancária do Estado para fornecer hemodiálise a um paciente específico. A pergunta correta não é se há recursos suficientes no «caixa» do hospital para tratar o Sr. Soobramoney, mas sim se as necessidades do Sr. *Soobramoney* devem receber prioridade sobre as necessidades concorrentes de outros indivíduos que dependem dos mesmos recursos escassos do Estado. Ainda que economistas e especialistas em saúde pública possam fornecer informações valiosas para abordarmos adequadamente estas questões, não podem respondê-las. Pode (ou deve) a Corte Constitucional fazê-lo?

Depois de *Soobramoney* outros três casos relevantes envolvendo direitos sociais foram levados a CCAS: *Grootboom*, *TAC* e *Khosa*, em ordem cronológica. Apenas *TAC*, como já indicado acima, envolve diretamente o direito à saúde, mas é importante lidar com todos eles, ainda que brevemente, para melhor entender a abordagem da CCAS. *Grootboom* envolveu 900 indivíduos sem-teto vivendo em um campo esportivo na favela de Wallacedene, Cape Town, incluindo mais de 500 crianças, apenas com lençóis de plástico para se proteger do relento.[33] Na Corte de Apelação eles conseguiram decisão judicial ordenando ao governo que lhes garantisse ao menos abrigo básico,

---

[33] Constitutional Court of South Africa, *Government of the Republic of South Africa v Grootboom*, CCT11/00, outubro, 2000. Decisão complete disponível na webpage da Corte: http://www.constitutionalcourt.org.za/site/home.htm.

com fundamento na seguinte norma constitucional que estabelece o direito de moradia.

> «*Habitação*
>
> 26. (1) Toda pessoa tem o direito de ter acesso à moradia adequada.
>
> (2) O Estado deve tomar razoáveis medidas legislativas e outras, dentro de seus recursos disponíveis, para alcançar a realização progressiva deste direito.
>
> (3) Ninguém pode ser despejado de sua casa, ou ter sua casa demolida, sem ordem judicial tomada depois de se considerar todas as circunstâncias relevantes. Nenhuma legislação pode permitir despejos arbitrários.»[34]

Consistente com sua posição em *Soobramoney¸* contudo, a Corte Constitucional, que recebeu o caso como um recurso do Governo, reformou a decisão da Corte de Apelação e substituiu a ordem original por uma decisão declaratória, reconhecendo que a política de moradia do governo não era razoável (na medida em que não dava a prioridade adequada às necessidades mais urgentes dos sem-teto mais pobres) e deveria, assim, ser repensada. Esta decisão, contudo, não determinava como e quando o governo deveria agir, nem tampouco reconheceu como um direito subjetivo e imediatamente exigível o direito à moradia dos indivíduos que não possuem acomodações básicas.

Novamente, apesar de a decisão em Grootboom ter sido menos deferente aos poderes políticos que a decisão em *Soobramoney*, ela ainda foi recebida por muitos como não assertiva o suficiente para proteger os direitos sociais reconhecidos na Constituição.[35] Mais uma vez, a frustração é compreensível. Se existe um direito à moradia na África do Sul, como poderia Irene *Grootboom* ter morrido «sem teto e sem dinheiro», em Agosto de 2008, mais de oito anos depois da decisão da Corte.[36]

Novamente, porém, esta não é a critica justa a se fazer, mas sim se a corte poderia ter feito algo diferente que não daria margem a acusações justificadas de usurpação. O fato de tantos eminentes estudiosos de direito constitucional

---

[34] N.T.: Confira a redação original do dispositivo: «*Housing* 26. (1) *Everyone has the right to have access to adequate housing. (2) The state must take reasonable legislative and other measures, within its available resources, to achieve the progressive realization of this right. (3) No one may be evicted from their home, or have their home demolished, without an order of court made after considering all the relevant circumstances. No legislation may permit arbitrary evictions.*»

[35] Confira, por exemplo, Pillay, Kameshni. «Implementing Grootboom: Supervision needed», *ESR Review* vol. 3, n. 1, 2002.

[36] Confira Makhanya, Mondli, «A pity Grootboom will not be there to ask about unfulfilled promises». In *The Times*, Aug 09, 2008. Disponível em http://www.thetimes.co.za/Columnists/Article.aspx?id=818987 e Joubert, Pearlie, «Grootboom dies homeless and penniless», 08.08.2008. *Maile Guardian Online*. Disponível em http://www.mg.co.za/article/2008-08-08-grootboom-dies-homeless-and-penniless. Ambos acessados em 12.07.2008.

saudarem a abordagem em *Grootboom* como adequada representa algum indício de que o dilema do Judiciário não é ilusório.[37]

Em *TAC*, uma organização não governamental representou centenas de mulheres grávidas soropositivas que exigiam do governo o fornecimento gratuito de um medicamento antirretroviral (nevirapina), comprovadamente capaz de minimizar significativamente o risco de transmissão vertical (da mãe para o feto) do vírus da AIDS quando ministrada em uma única dose no momento do parto. Tudo que o governo sul-africano estava preparado a fazer, porém, era instituir um tratamento piloto em dois hospitais de pesquisa e treinamento para, no futuro, se provada a eficácia do tratamento por dois anos, gradualmente estendê-lo ao resto do sistema público de saúde. Mais uma vez a CCAS entendeu que a politica governamental não era razoável e, neste caso, foi ainda mais longe que em *Grootboom*. Além de um remédio declaratório, a Corte também condenou o governo a fornecer a nevirapina para todo o sistema de saúde «sem demora».

Uma ordem como esta poderia ser vista como uma mudança significativa da abordagem cautelosa de *Grootboom* e *Soobramoney*. Diferentemente do que fez nestes dois casos anteriores, pela primeira vez a CCAS ordenou que o governo fornecesse aos demandantes um tratamento específico. Mas seria errado concluir que a CCAS definiu o conteúdo do direito à saúde neste caso, modificando a decisão alocativa dos poderes políticos e dos técnicos da saúde pública. Isso porque, em TAC, o custo de fornecer a medicação era praticamente inexistente, dado o compromisso da indústria farmacêutica em fornecê-lo de graça ao Estado. A recusa de tratamento às demandantes era, dessa forma, baseada não em questões alocativas, como em *Soobramoney* e *Grootboom*. Ratifica esta posição o fato de que a Corte cita aqueles julgamentos com aprovação e também faz questão de deixar claro que este julgamento contra a política governamental «não significa que todos podem imediatamente reivindicar o acesso a este tratamento».[38]

O último caso, *Khosa*,[39] é ainda outro exemplo deste posicionamento. Ele envolveu imigrantes legais moçambicanos hipossuficientes e com status de residentes permanentes no país, os quais foram excluídos de benefícios sociais, como pensões, bolsas-custeio para crianças, etc. fornecidas pelo Estado para cidadãos sul-africanos. Os demandantes fundamentaram sua reivindicação no mesmo art. 27 acima referido, que, da mesma forma que estabelece o direito à saúde, determina que «todos tem direito ao acesso a seguridade social,

---

[37] Veja também Cass Sunstein (2001: 221-237), elogiando a decisão *Grootboom* como a forma correta de execução judicial, sem usurpação de poderes.

[38] *Idem*, par. 125.

[39] Constitutional Court of South Africa, *Khosa v Minister of Social Development*, CCT13/03. Decisão complete disponível na webpage da Corte: http://www.constitutionalcourt.org.za/site/home.htm.

incluindo, se são incapazes de sustentar a si mesmos e seus dependentes, assistência social apropriada». Por maioria de votos a CCAS concluiu que era desarrazoado excluir residentes permanentes destes benefícios, decisão que teve o efeito imediato de lhes garantir os benefícios dos quais haviam sido excluídos. Novamente, contudo, a baixa repercussão financeira desta decisão parece ter desempenhado um papel importante nesta abordagem mais ousada da Corte. A CCAS expressamente rejeitou o argumento do governo de que incluir os demandantes como beneficiários implicaria grandes custos.[40] Em todo caso, nenhum direito subjetivo à assistência social foi reconhecido, mas simplesmente a ilegalidade da exclusão de benefícios existentes a um determinado grupo sem justificativa razoável. Como alguns sustentaram, esta decisão poderia ser tomada da mesma forma sem a invocação de qualquer direito social à assistência social, como consta da Seção 27. A Seção 9 da Constituição, que estabelece igualdade perante a lei seria suficiente para justificar a pretensão dos demandantes.[41]

Do meu ponto de vista, portanto, a CCAS tem até o momento aplicado consistentemente o modelo do «controle de razoabilidade» das políticas públicas na adjudicação de direitos sociais e resistido às insistentes reivindicações dos ativistas e analistas para reconhecer direitos subjetivos públicos imediatamente exigíveis contra o Estado. E tem assim se portado, ao que parece, por ter preocupações quanto à sua competência institucional, e, de certa forma, legitimidade para modificar as decisões alocativas de recursos escassos dos poderes políticos. Como já indicado, essas preocupações parecem compreensíveis para mim. Confrontados com o dilema difícil que discuti na seção II acima, o tribunal optou por uma abordagem menos assertiva, mais deferente.

Esta postura, contudo, e isto deve ser reconhecido, gera inevitavelmente a acusação de «abdicação».[42] Esta abordagem judicial cautelosa e deferente corre o risco de tornar as aclamadas disposições sobre direitos sociais da Constituição sul-africana praticamente redundantes. De fato, como já mencionado acima, é desnecessário invocar o direito à saúde ou outros direitos sociais para exigir que as decisões administrativas sejam razoáveis e não discriminatórias.

---

40 Constitutional Court of South Africa, *Khosa v. Minister of Social Development*, CCT13/03, par. 62.

41 See BILCHITZ, 2007: 172.

42 Confira, por exemplo, BERAT, Lynn, «The Constitutional Court of South Africa and Jurisdictional Questions: In the Interest of Justice?», 3 *INT'L J. CONST. L.* 39, 64, 2005, p. 64, argumentando que «garantias sociais e econômicas previstas na Constituição são um pouco mais que bem-intencionadas pretensões. Na verdade, existe pouco da jurisprudência da Corte que fez diferença positiva nas vidas de sul-africanos humildes» (Confira a redação original «*social and economic guarantees of the bill of rights are little more than fine-sounding statements of intent. Indeed, there has been little in the Court's jurisprudence that has made a positive difference in the lives of ordinary South Africans*»).

Este modelo já está mais que consolidado no direito administrativo, impondo limites à discricionariedade dos agentes políticos. Mas é um teste bastante restrito, pela simples razão de que é aplicado a áreas onde as esferas políticas devem exercer um alto grau de discricionariedade. Na apropriada frase de Lawrence Sager (1993), ele coloca os tribunais na posição de «guarda em uma porta através da qual somente uma legislatura [e eu poderia acrescentar uma administração] louca ou descontrolada tentaria passar».[43]

Para que o direito a ter acesso a serviços de saúde, moradia ou assistência social tivesse alguma força como disposição constitucional autônoma, o Judiciário deveria poder revisar, de forma mais assertiva, a correção das decisões politicas que levaram à recusa de tratamento do Sr. *Soobramoney*, à inexistência de moradia decente para os sem-teto, à negação de assistência social aos estrangeiros etc. Deveria ser possível ao Judiciário estabelecer se o direito dos indivíduos nesses casos foi violado e, em caso positivo, garantir às vítimas algum tipo de reparação contra o Estado. É isso que se espera do Judiciário num Estado Democrático de Direito. Mas pode o Judiciário realizar esse mister de forma legitima e competente quando está em questão a alocação de recursos escassos pelo Estado?

Esse caminho possível, que leva a outra ponta do dilema, isto é, às acusações de «usurpação», até agora evitadas pela Corte Constitucional sul-africana, tem sido constantemente adotado pelo Judiciário brasileiro, particularmente nos casos de direito à saúde. Essa atitude mais assertiva nos fornece uma grande oportunidade de testar a alternativa que muitos defensores dos direitos sociais reivindicam como a mais adequada postura na garantia judicial desses direitos.

b) O Supremo Tribunal Federal do Brasil: «usurpação»?

A abordagem do Judiciário brasileiro em casos envolvendo o direito à saúde[44] é quase diametralmente oposta àquela adotada pela Corte Constitucional da África do Sul. Primeiramente, o Judiciário brasileiro tem sido muito menos deferente em relação às esferas políticas,[45] raramente manifestando preocupações quanto à sua legitimidade ou capacidade institucional para

---

[43] Sager, Lawrence. «Justice in Plain Clothes: Reflections on the Thinness of Constitutional Law», 88 *Northwestern University Law Review* 410, 1993: 413.

[44] A abordagem em casos envolvendo o direito à educação é semelhante, mas não será tratada neste artigo.

[45] Esta postura mais assertiva do Judiciário brasileiro não se deu sempre assim. Até 1997 vigorou em vários tribunais o entendimento de que os direitos sociais eram normas meramente programáticas (vide Ferraz, O. L. M.. «Harming the Poor Through Social Rights Litigation: Lessons from Brazil». 89 *Texas L. Rev.* 1643, 2011). Há áreas em que essa posição ainda vigora, como por exemplo na definição do salário mínimo ou em relação a superlotação das prisões.

definir o conteúdo do direito à saúde. Em segundo lugar, o Judiciário brasileiro dá pouca atenção, em particular, à defesa usual do Estado nestes casos de que a escassez de recursos impede o fornecimento de determinado tratamento. Em terceiro lugar, o Judiciário tem estabelecido que o direito à saúde é um direito individual imediatamente exigível (um «direito público subjetivo» na terminologia legal brasileira). Finalmente, o Judiciário brasileiro faz uso de fortes remédios judiciais contra o Estado.[46] Esta é usualmente uma ordem de obrigação de fazer, determinado ao Estado que providencie determinado serviço ou insumo de saúde (na maior parte das vezes medicamentos) em um pequeno espaço de tempo (normalmente 48 horas), e frequentemente sob a ameaça de prisão do responsável administrativo.

É importante notar, contudo, que nem sempre esse foi o caso. Até a metade dos anos 1990, a interpretação dominante no Judiciário brasileiro era de que as previsões constitucionais que reconheciam direitos sociais configuravam «normas programáticas», e se dirigiam ao Legislativo para que este estabelecesse o programa de ação, não dando assim possibilidade de reivindicação e garantia individual desses direitos.[47] A mudança radical ocorreu em parte como resultado da pandemia de AIDS.

O Brasil é internacionalmente reconhecido como um exemplo de sucesso na luta contra a AIDS em razão do programa de financiamento e distribuição de medicamentos criado pelo governo, com a ajuda do Banco Mundial, na metade da década de 1990.[48] O que é menos conhecido é que a crise da AIDS também levou a uma explosão de casos judiciais no país, pleiteando o direito à saúde. Como muitos dos medicamentos para AIDS (especialmente os mais novos e mais caros) não podiam ser imediatamente incluídos no programa governamental (que é extenso, mas não totalmente abrangente em face do

---

[46] O poucos estudos empíricos conduzidos até esta data encontraram taxas de sucesso nas demandas judiciais fundadas no direito à saúde que variam entre 80% à 100%, confira Gauri, Varun, Brinks, Daniel. *Courting Social Justice. Judicial Enforcement of Social and Economic Rights in the Developing World.* Cambridge: Cambridge University Press, 2008. Para uma análise de 48 decisões do STF, em todas as quais o demandante foi bem-sucedido, confira Barbosa, M. «O STF e a política de fornecimento de medicamentos para tratamento de AIDS/HIV». In Coutinho, Diogo, Vojvodic, Adirana. *Jurisprudência Constitucional: Como decide o STF?*. São Paulo: Malheiros, 2009; Vieira, Fabiola Sulpino, Zucchi Paola. «Diferenças de preços entre medicamentos genéricos e de referência no Brasil». *Revista de Saúde Pública*, vol. 40, n. 3, 2006: 444-449.

[47] Confira Ferraz (2011).

[48] Confira, por exemplo, «A regional success story: sharing knowledge to tackle HIV and AIDS». In Case Studies, UK Department for International Development. Disponível em Shttp://www.dfid.gov.uk/casestudies/files/south-america/brazil/brazil-hiv-regional.asp. Para um breve relato do programa e como o seu sucesso dependeu da participação da sociedade civil, confira Galvão, Jane. «Brazil and Access to HIV/AIDS Drugs: A Question of Human Rights and Public Health», 95 *Am. J. Pub. Health* 1110, 2005: 1112–13.

limite de recursos disponíveis),[49] alguns pacientes com AIDS se voltaram ao Judiciário para tentar forçar o governo a fornecer-lhes estas novas drogas. Depois que as instâncias judiciais inferiores começaram a aceitar, em 1996, que o direito à saúde incluía o direito a prestações positivas do Estado para o fornecimento dos tratamentos mais avançados disponíveis para AIDS, uma avalanche de processos se seguiu, inicialmente restrita ao tratamento da AIDS, mas depois se espalhando para todas as áreas da saúde, incluindo procedimentos cirúrgicos de todos os tipos, medicamentos para Diabetes, Doença de Parkinson, Alzheimer, Hepatite C, Esclerose Múltipla, entre outras.[50]

A magnitude do fenômeno pode ser observada por meio do crescente número de casos e do crescente impacto que eles produzem nos orçamentos públicos da saúde. Em um estudo pioneiro de 2004 (Messeder *et alii*), traçando a evolução das demandas judiciais pleiteando o direito à saúde no Estado do Rio de Janeiro, mostra o crescimento de uma única demanda judicial em 1991 para 1.144 demandas em 2002.[51] Em um estudo mais recente, Leite Borges (2007) encontrou 2.245 casos contra o governo do RJ, apenas em 2005.[52] Hoffman e Bentes (2008) estudaram cinco Estados (Rio Grande do Sul, Rio de Janeiro, Goiás, Bahia e Pernambuco) encontrando não menos que 7.400 casos de 1994 à 2004.[53] De acordo com a Secretaria de Saúde do Estado de São Paulo, o Estado mais populoso do Brasil (cerca de 40 milhões de pessoas), em 2005, 10.000 indivíduos estavam recebendo medicamentos por meio de ordens judiciais fundadas no direito à saúde. Isso resultou em um

---

[49] Confira, por exemplo, «Onde está o melhor programa de AIDS do mundo?», uma campanha promovida por uma ONG em 2004 para apontar as deficiências do sistema de fornecimento de medicamentos para a AIDS em São Paulo, estado mais rico do Brasil. Disponível em http://www.forumaidssp.org.br/noticias/noticia.php?codigo=7. Acesso em 12.07.2008.

[50] Para a história do crescimento da judicialização confira «O remédio via Justiça: um estudo sobre o acesso a novos medicamentos e exames em HIV/AIDS no Brasil por meio de Ações Judiciais», Ministério da Saúde, Brasília, 2005; Wang, Daniel Wei Liang. *Escassez de recursos, custos dos direitos e reserva do possivel na jurisprudencia do Supremo Tribunal Federal*, Sociedade Brasileira de Direito Público, Escola de Formação, 2006. Disponível em http://repositories.cdlib.org/bple/alacde/050207-16/. Último acesso em 12.07.2008. É importante notar, contudo, que embora os primeiros processos judiciais envolvessem quase que exclusivamente medicamentos para AIDS, também existiam tratamentos para outras doenças. O primeiro caso de sucesso no STF, e aquele que gerou a racionalidade que seria mais tarde aplicada à maioria dos casos de AIDS e outros, envolvia a distrofia muscular de Duchenne.

[51] Messeder, Ana Márcia, Osorio-de-Castro, Claudia Garcia Serpa, Luiza, Vera. «Mandados judiciais como ferramenta para garantia do acesso a medicamentos no setor público: a experiência do Estado do Rio de Janeiro, Brasil». *Cad. Saúde Pública*, vol. 21, n. 2, mar.-abr. 2005: 527.

[52] Borges, Danielle da Costa Leite. *Uma análise das ações judiciais para o fornecimento de medicamentos no âmbito do SUS: O caso do Estado do Rio de Janeiro no ano de 2005*. Dissertação. Rio de Janeiro: Fiocruz, não publicado, 2007. Disponível em http://bvssp.icict.fiocruz.br/lildbi/docsonline/3/3/1233-borgesdclm.pdf. Acesso em 5.6.2009.

[53] Hoffmann, Florian F.; Bentes, Fernando R. N. M. «Accountability for Social and Economic Rights in Brazil». In: Gauri e Brinks, 2008: 100-145.

gasto de R$ 86 milhões (cerca de US$ 43 milhões), o equivalente a 30% do orçamento destinado a aquisição de medicamentos de alto custo para aquele ano.[54] Em 2007, este gasto cresceu ainda mais, para R$ 300 milhões (cerca de US$ 150 milhões) e se espera que alcance os R$ 600 milhões em 2009.[55] O Rio Grande do Sul e Minas Gerais, outros dois grandes Estados brasileiros, gastaram R$ 78 milhões (cerca de US$ 39 milhões) e R$ 40 milhões (cerca de US$ 20 milhões), respectivamente.[56]

Dado este número extraordinário de casos envolvendo o direito à saúde, é obviamente impossível analisar todos eles, ou mesmo uma parcela significativa deles. Contudo, e apesar do caráter, em regra, não vinculativo das decisões judiciais para além das partes do caso sub judice no sistema judicial brasileiro (o que em parte explica o grande número de casos), é possível discernir uma postura bastante homogênea da jurisprudência sobre o direito à saúde. Pode-se mesmo dizer que alguns casos julgados no Supremo Tribunal Federal têm adquirido o *status* de um tipo de precedente vinculativo *de facto*, sendo seguidos sistematicamente em instâncias inferiores. De fato, como demonstra um recente estudo abrangendo os casos julgados pelo STF desde 1988 (momento em que a Constituição entrou em vigor) de 146 decisões que envolviam o direito à saúde, não menos que 96 (65,75%) citaram um ou ambos dos dois seguintes julgados, o RE 242.859-RS (julgado em 29.06.1999) e o RE 271.286 AgR-RS (julgado em 12.09.2000) como a principal justificativa para a concessão dos benefícios de saúde exigidos pelos requerentes (principalmente medicamentos).[57] É interessante notar, aliás, que para todos os 146 casos, o resultado foi favorável ao requerente, ou seja, o medicamento ou tratamento de saúde pleiteado foi concedido pelo STF.[58] Como mencionado

---

[54] Leite, Fabiana, «Estados tentam barrar remédios via Justiça», *Folha de S. Paulo*, 10.03.2005. Confira também: *Remédio via Justiça*, a study of the National Programme of Sexually Transmitted Diseases with 400 cases. Disponível em http://www.aids.gov.br/final/biblioteca/medicamentos_justica/medic-justica01.pdf. Último acesso em 12.07.2008.

[55] Entrevista com Maria Cecilia Correa, Secretária de Saúde do Estado de São Paulo, em 22.07.2009.

[56] Collucci, Claudia, «Triplicam as ações judiciais para obter medicamentos», *Folha de S. Paulo*, 09.01.2009.

[57] Ramos, Leandro Ferreira. «O uso dos precedentes pelo STF em casos de fornecimento de medicamentos". In Coutinho e Vojvodic, 2009: 353, nota 7.

[58] Depois que o estudo foi concluído, mais casos envolvendo o direito à saúde chegaram ao STF. Em apenas um dele, desde então, o resultado foi desfavorável ao demandante. (STA 91-AL, relatora Min. Ellen Gracie, j. 26.02.2007). Inicialmente este caso foi visto como uma mudança potencial da tendência jurisprudencial do STF. Tornou-se cada vez mais claro, contudo, que este caso representa uma anomalia diante de toda a sua jurisprudência, já que muitos casos depois dele confirmaram o posicionamento dominante da Corte e a mesma juíza que propôs a decisão dissonante, desde então, mudou de ideia em casos posteriores. Para uma análise desta decisão e seus os impactos na jurisprudência confira Wang, Daniel e Terrazas, Fernanda. «Decisões da Ministra Ellen Gracie sobre medicamentos», disponível em http://www.sbdp.org.br/artigos_ver.php?idConteudo=66. Acesso em 10.07.2009.

acima, uma taxa semelhante de sucesso para os requerentes, embora não tão alta quanto esta, é encontrada em estudos da jurisprudência de tribunais de justiça estaduais.

Usarei estes dois casos para delinear o que poderíamos chamar de modelo brasileiro de proteção judicial do direito à saúde no Brasil – RE 242.859-RS e RE/AgR 271.286-RS.

Ambos os casos envolviam demandas individuais pleiteando o fornecimento gratuito de medicamentos para AIDS não disponíveis no sistema público de saúde. É importante lembrar que o dever de prestar serviços públicos de saúde no Brasil, sob o direito constitucional da saúde, incluindo a assistência farmacêutica, é atribuído às três esferas políticas e administrativas do Estado (a União – *i.e.* o Governo Federal, aos 26 Estados e a mais de 5600 Municípios[59]) sem detalhamento sobre as responsabilidades específicas de cada uma dessas unidades administrativas. Isso leva a diferentes tipos de problemas administrativos e, para o propósito específico da proteção judicial do direito à saúde, ao problema de identificar contra quem litigar (*i.e.* quem deve ser chamado ao polo passivo do processo).

Nos dois casos aqui analisados, os réus escolhidos, o Estado do Rio Grande do Sul, [60] no RE 242.859-RS, e sua capital, o Município de Porto Alegre, no RE/AgR 271.286-RS, alegaram, como argumento preliminar que se provou sem sucesso, a sua ilegitimidade passiva para o caso. O Judiciário decidiu, posicionamento agora consolidado em sua jurisprudência,[61] que o dever de prover serviços de saúde é solidário a todas as esferas federativas do Estado brasileiro, de modo que o demandante pode escolher contra quem irá direcionar a sua causa. Ainda que os aspectos normativos formais tenham sido resolvidos, o problema de coordenação entre as três esferas federativas autônomas permanece, mas não será mais discutido aqui, apesar da sua importância, por falta de espaço. Focarei apenas os aspectos substantivos dos casos.

O medicamento para AIDS (Invirase, também chamado de Saquinavir) requerido pelos pacientes nos dois casos não era disponibilizado por nenhuma das esferas administrativas do Estado brasileiro, o que os levou a recorrer ao Judiciário. Nos dois casos as procuradorias argumentaram que não seria apropriado que o Judiciário interferisse na decisão sobre como os recursos do orçamento da saúde deveriam ser gastos. Essa seria, como afirmavam, matéria própria às instâncias políticas, e já havia sido determinada pelo orçamento anual elaborado pelo Legislativo e pelas alocações determinadas pela própria Secretaria de Saúde. Se o Judiciário concedesse o pedido dos requerentes,

---

59 O Brasil é um estado federativo, dividido em 27 Estados e em mais de 5000 municipalidades com algum grau de autonomia administrativa.

60 Um dos mais desenvolvidos do Brasil e com uma população de mais de 10 milhões de pessoas, 1,5 milhões vivendo na capital, Porto Alegre.

61 Existe também a proposta, sob consideração, para «Súmula Vinculante» neste ponto.

criaria gastos para os quais não possuía nenhum poder legitimo, de acordo com os princípios e regras constitucionais da separação de poderes.

O STF deu pouca atenção a estes argumentos e manteve as decisões dos tribunais inferiores, que haviam ordenado ao Estado fornecer aos requerentes os medicamentos pleiteados. À primeira vista estes casos podem parecer exemplos incontroversos do Judiciário obrigando o Estado a se ater a letra da legislação, e não uma tentativa de definir o conteúdo do direito à saúde, o que, como já discutido acima, daria ensejo ao dilema da proteção judicial dos direitos sociais. Isto se dá porque, em 1993, a Assembleia Legislativa do Estado do Rio Grande do Sul aprovou a Lei 9.908/2003, que estabelecia que o Estado teria o dever de prover «medicamentos excepcionais» «para pessoas que não puderem prover as despesas com os referidos medicamentos, sem privarem-se dos recursos indispensáveis ao próprio sustento e de sua família.» Esta lei define os medicamentos excepcionais como medicamentos «que devem ser usados com frequência e de forma permanente, sendo indispensáveis à vida do paciente» (art. 1.º).[62]

No RE 242.859-RS, portanto, o Min. Ilmar Galvão, rejeitou o recurso em duas páginas. A justificação adotada para manter a decisão das instâncias inferiores foi resumida em um parágrafo:

> «Como facilmente se percebe, o acórdão teve por fundamento central dispositivo de lei por meio da qual o próprio Estado do Rio Grande do Sul, regulamentando a norma do art. 196 da Constituição Federal, vinculou-se a um programa de distribuição de medicamentos a pessoas carentes.»[63]

Para o STF, dessa forma, este foi um simples caso de falta de cumprimento de uma previsão legal mais do que uma interferência da Corte na política de saúde pública ou na alocação de recursos planejada pelo Estado. Em uma reflexão mais aprofundada, contudo, esta decisão é bastante simplista. Ela deixa de notar que o cumprimento dos dispositivos legais depende de recursos disponíveis, que são limitados e, portanto, devem ser alocados de acordo com algum critério de prioridade. O dever do Estado, estabelecido na Lei 9.808/1993 não é, portanto (e nunca poderia ser no mundo real) um dever absoluto de prover todos os medicamentos necessários a todos os indivíduos que não podem custear seu tratamento. É, na verdade, o dever de usar os recursos limitados disponíveis ao Estado para fornecer medicamentos ao maior número de pessoas possível, de acordo com um critério justo de alocação.[64]

---

62 Para ser elegível para a prestação gratuita de medicamentos o requerente tem que apresentar um relatório médico e documentos que comprovem a sua baixa renda ou demonstrem a sua «condição de pobreza» (art. 2.º).

63 Supremo Tribunal Federal, RE 242859-RS, rel. Min. Ilmar Galvão, j. 26.09.1999, p. 2. Disponível no sítio eletrônico do STF, em www.stf.gov.br.

64 A Lei 9.808/1993 também estabelece que os recursos para apoiar este programa virão do Fundo de Desenvolvimento Social do Estado, instituído por outro ato da Assembleia Legislativa

Na segunda decisão esta importante questão não foi completamente ignorada pelo STF. A decisão ao menos menciona o problema da limitação de recursos, ainda que apenas para rejeitar esta alegação como um interesse secundário do Estado.

> «(...) entre proteger a inviolabilidade do direito à vida e à saúde, que se qualifica como direito subjetivo inalienável assegurado a todos pela própria Constituição da República (art. 5.º, *caput*, e art. 196), ou fazer prevalecer, contra essa prerrogativa fundamental, um interesse financeiro e secundário do Estado, entendo – uma vez configurado esse dilema – que razões de ordem ético-jurídica impõem ao julgador uma só e possível opção: aquela que privilegia o respeito indeclinável à vida e à saúde humana (...).»[65]

O enfoque, diferentemente do RE 242.859-RS, não foi a previsão legislativa ordinária mas o direito à saúde reconhecido na Constituição. O dever legal, para o Min. Celso de Mello, que redigiu o voto vencedor neste caso, simplesmente reforça o dever primordial que flui diretamente da Constituição. Não há aqui, portanto, nenhuma dúvida de que o STF esteja efetiva e assertivamente determinando o conteúdo do direito à saúde e interferindo nas escolhas das instancias políticas sobre como alocar os recursos limitados da saúde, dado que esse direito pode ser definido independentemente da existência de legislação infraconstitucional que o regulamente. Isso se torna ainda mais claro em outra passagem da decisão:

> «O direito à saúde – além de qualificar-se como direito fundamental que assiste a todas as pessoas – representa consequência constitucional indissociável do direito à vida. (...) A interpretação da norma programática não pode transformá-la em promessa inconsequente.» [66]

Essa interpretação abrangente e assertiva do direito à saúde surtiu grande influência sobre milhares de decisões favorecendo demandantes em casos similares por todo o país. Tornou-se, como já mencionando acima, uma espécie de precedente vinculativo *de facto*. Mas permanece tão problemática e simplista, no meu ponto de vista, como a decisão do RE 242.859-RS. Isso porque formula o problema erroneamente como um conflito bilateral entre dois interesses concorrentes. De um lado, há o direito à vida e à saúde do indivíduo; do outro, um «interesse financeiro secundário do Estado». O papel do tribunal, quando o problema é assim formulado, é simplesmente o de

---

do Rio Grande do Sul do mesmo ano (Lei 9.828/1993). O principal objetivo deste fundo é oferecer financiamento subsidiado para a construção de moradias de baixo custo social para famílias com renda abaixo de 5 salários mínimos (70% de seus recursos). Mas também aloca recursos para outras áreas, incluindo o fornecimento de medicamentos gratuitos sob o programa de «medicamentos excepcionais» (10%). O restante dos seus recursos vai para projetos de segurança pública (15%) e para o serviço de armas de fogo (5%).

65 A decisão está disponível no sítio eletrônico do STF, em www.stf.gov.br.

66 RE 271.286 AgR-RS, rel. Min. Celso de Mello, disponível no sítio eletrônico do STF, em www.stf.gov.br.

decidir qual desses interesses deve prevalecer de acordo com as normas da Constituição. Posto desta forma, não há dilema. Quem discordaria de que a vida e a saúde, protegidos pela Constituição em sua parte mais importante (o capítulo sobre «Direitos e garantias fundamentais»),[67] deve prevalecer sobre «interesses financeiros secundários» do Estado?

Mas esta formulação do problema é claramente inadequada, simplista demais e perigosa. Dado que o fornecimento de bens e serviços de saúde, assim como de todos os demais direitos constitucionais, depende de recursos limitados, não há aqui um conflito real entre a vida e os interesses financeiros do Estado. Ao invés disso, existe um difícil problema de alocação de recursos limitados entre inúmeras necessidades individuais; entre diversas vidas igualmente valiosas. O «interesse financeiro secundário» do Estado é, de fato, o interesse de toda a população, incluindo os requerentes, que dependem de recursos limitados do Estado para usufruir de serviços e ações relacionadas à saúde e a vida.[68] Ao ignorar esta dimensão distributiva e policêntrica de suas decisões, o Judiciário está na verdade simplesmente desviando recursos de programas de saúde escolhidos pelos órgãos políticos e técnicos do Estado para a satisfação das necessidades de alguns indivíduos que conseguem chegar ao Judiciário (necessariamente uma minoria, dado que o acesso às Cortes é também um recurso limitado).[69-70]

---

67 Por «mais importante» quero dizer mais difícil de mudar. O art. 60 da Constituição brasileira, que estabelece o procedimento para suas emendas, define as condições para apresentação de propostas e aprovação de alterações a qualquer parte da constituição (*e.g.* 3/5 dos votos em cada Câmara do Congresso Nacional). Há, contudo, quatro temas sobre os quais nenhuma alteração pode ser proposta, as chamadas cláusulas pétreas: i) a forma federativa de Estado; ii) o voto direto, secreto, universal e periódico; iii) a separação de poderes e iv) os direitos e garantias individuais. Estes só podem ser alterados em uma nova constituição.

68 Confira Ferraz, O. L. M., Vieira, Fabiola Sulpino. «Direito à saúde, recursos escassos e equidade: os risos da interpretação judicial dominante». *DADOS – Revista de Ciências Sociais*, Rio de Janeiro, vol. 52, n. 1, 2009: 223 a 25.

69 Existe é claro o potencial de que causas individuais, as quais originalmente apenas beneficiam o requerente, possam ter seus efeitos estendidos a todos os outros indivíduos em situação similar, mas que não compunham originalmente processo como partes. Confira Gauri e Brinks (2008). Mas a questão se esta é a forma mais justa e eficaz de alocar recursos escassos ainda se mantem.

70 Além disso, há um grande risco de que essa realocação de recursos tome, em muitos casos, uma direção perversa: partindo dos relativamente mais necessitados, que muitas vezes são excluídos do acesso aos tribunais, àqueles relativamente em melhor situação, que muitas vezes possuem recursos e oportunidades para chegar ao judiciário. De acordo com um estudo recente sobre 170 casos apresentados contra o governo municipal de São Paulo, em 2005, por meio dos quais se reivindicavam medicamentos com base no direito à saúde, 63% dos requerentes viviam em áreas com baixa exclusão social, a maioria deles utilizando os serviços de advogados particulares. Isto sugere que a intuitiva hipótese de que a via judicial tem sido «capturada» pela classe média é bastante plausível. Confira Vieira, Fabiola Sulpino, Zucchi Paola. «Distorções causadas pelas ações judiciais à política de medicamentos no Brasil», *Revista de Saúde Pública*, vol. 41, n. 2, 2007: 214-22. Confira também Ferraz, O. L. M. «The Right to Health in the

Ao contrário da sua correspondente sul-africana em *Soobramoney*, o STF não analisa, nem sequer menciona, «o perigo de determinar que os recursos sejam usados para um paciente específico, o que poderia ter como efeito negar esses mesmos recursos a outros pacientes para os quais eles poderiam ser mais vantajosamente aplicados».

Mais uma vez, a questão relevante que se impõe é esta: que instituição deve tomar estas difíceis decisões sobre o conteúdo preciso dos direitos sociais? Se a Constituição expressamente os reconhece, políticos e tecnocratas não devem, em princípio, ter «carta branca» para definir o conteúdo desses direitos como bem entenderem.[71] Especialmente em países em desenvolvimento, como o Brasil e a África do Sul, onde a percepção da corrupção é elevada e as esferas políticas têm uma reputação ruim na condução diligente de suas funções constitucionais, uma abordagem altamente deferente dos tribunais seria entendida por muitos como uma «licença» para o total desrespeito aos direitos sociais pelo Estado.[72] De outro lado, parece errado permitir que o Judiciário modifique a todo o tempo as decisões alocativas das instâncias eleitas e de seus especialistas, especialmente quando sequer leva em consideração os efeitos distributivos e policêntricos de suas decisões.

O dilema se delineia de novo! Pode o Judiciário garantir o cumprimento de direitos sociais além do modelo deferente e indiscutivelmente tímido da razoabilidade adotado pela Corte Constitucional da África do Sul sem recair no modelo inadequado e indiscutivelmente usurpativo até agora adotado no Brasil?

IV – CONSTITUCIONALISMO COOPERATIVO E TEORIAS DIALÓGICAS RESOLVENDO O DILEMA?

Há uma literatura nascente que busca resolver o dilema judicial entre abdicação e usurpação. Muitos sustentam uma posição intermediária, uma espécie de «terceira via» na «justicialidade» de direitos sociais. A abordagem dos autores varia, mas todos parecem recomendar um tipo de atuação judicial que encoraje o chamado «constitucionalismo cooperativo» entre o Judiciário e esferas políticas.[73] Ao invés de abdicar completamente da tarefa de proteger

---

Courts of Brazil: Worsening Health Inequalities?». *Health and Human Rights: An International Journal*, vol. 11, n. 2, 2009: 33-45.

[71] Cf. Pulido, Carlos Bernal. «Fundamento, concepto y estructura de los derechos sociales. Una crítica a "¿Existen derechos sociales?" de Fernando Atria». *Discusiones*, Buenos Aires, n. 4, 2004: 99-144, 120.

[72] Cf. Krell, Andreas J. *Direitos sociais e controle judicial no Brasil e na Alemanha: os (des) caminhos de um Direito Constitucional «comparado»*. Porto Alegre: Fabris, 2002; entre outros.

[73] Para uma boa discussão sobre o debate acerca da legitimidade da revisão judicial, em geral, e as chamadas teorias do diálogo institucional, confira Mendes, Conrado H. «Is it all about the last word? Deliberative separation of powers 1». *Legisprudence*, vol. 3, n. 1, 2009: 69-110.

os direitos sociais, dando uma *carte blanche* ao Estado para que implemente todas as suas vontades, ou usurpar completamente o poder das instâncias políticas, forçando o Estado a prover determinados serviços e produtos não contemplados na política pública, o Judiciário deveria, segunda esses autores, estabelecer um diálogo e cooperar com os poderes políticos.

Para que possamos avaliar se este modelo de cooperação representa uma solução para o dilema da «justicialidade», temos que analisar com mais detalhes que tipo de diálogo e cooperação esses autores imaginam entre os poderes políticos e o judiciário. Não há espaço aqui para analisar toda esta emergente, mas já razoavelmente substancial, literatura.[74] Vou me concentrar, portanto, nas propostas de três autores, Rosalind Dixon (2007), Mark Tushnet (2008) e Sandra Fredman (2008), que eu acredito representarem uma boa amostra deste modelo cooperativo de proteção judicial dos direitos sociais.

Vamos começar por identificar as características comuns a todas as propostas para depois nos concentrarmos em suas diferenças. Como observa Dixon, «o constitucionalismo cooperativo, em qualquer formulação teórica (...) deve começar pelo reconhecimento da séria indeterminação das disposições legais [que reconhecem direitos sociais] (...) e, portanto, aceitar que o conteúdo e a prioridade a ser dada às reivindicações baseadas nesses direitos (...) estão fadadas a ser objeto de dissenso» entre os indivíduos, nas sociedades onde estes direitos são reconhecidos.[75] Nesse contexto, «controvérsias sobre direitos devem ser resolvidas (...) por processos de deliberação democrática mais diretos, que tentam dar efeito a entendimentos constitucionais na mais ampla "cultura constitucional"».[76] Nessas circunstâncias, remédios judiciais muito fortes buscando garantir o cumprimento desses direitos iriam «claramente falhar em respeitar os princípios de igualdade entre cidadãos nos processos de deliberação constitucional democrática»,[77] ou, nas palavras de Tushnet, desrespeitariam o «direito, fundamentado na teoria democrática, de que maiorias prevaleçam quando, agindo por meio de seus representantes, aprovam leis que são consistentes com interpretações razoáveis da Consti-

---

Sobre a aplicação das teorias dialógicas aos direitos sociais, confira TUSHNET (2008), FREDMAN (2008) e DIXON (2007), ABRAMOVICH e COURTIS (2006), GARGARELLA (2006).

74 Cf. ABRAMOVICH e COURTIS (2006) e DIXON (2007).

75 Cf. DIXON, 2007: 399.

76 N.T.: Confira a redação original deste trecho: «*Within this context, rights-based controversies must be resolved (...) by more squarely democratic deliberative processes that attempt to give effect to constitutional understandings in the broader "constitutional culture".*»

77 Cf. DIXON, 2007: 401-2.

tuição, mesmo que essas interpretações divirjam daquelas que os tribunais têm a oferecer».[78-79]

Muitos defensores do constitucionalismo cooperativo, portanto, partem desta mesma premissa, de que as esferas políticas devem permanecer como o primeiro *locus* de tomada de decisões nas áreas social e econômica. Eles também parecem concordar, contudo, que o processo político pode (e comumente isso acontece) desrespeitar o direito de todos os cidadãos a igual participação no processo de deliberação sobre essas questões importantes. Tais falhas do processo democrático, de acordo com a classificação persuasiva de Dixon, são de dois principais tipos: *omissões* e *atrasos*.

O processo político pode ser, muitas vezes, «surdo» para as vozes e direitos de alguns indivíduos e grupos sociais. Isso pode ocorrer por muitas razões, incluindo pressões relacionadas ao tempo, falta de conhecimento, pura falta de competência ou experiência e, algo que Dixon deixa de mencionar, deliberada discriminação ou falta de consideração. Ela se refere a todos os tipos de omissão com o termo evocativo «pontos cegos» (*blind spots*).[80] Da mesma forma que está sujeito a «pontos cegos», o processo político também está sujeito ao que Dixon chama de «ônus de inércia» (*burdens of inertia*). Aqui o problema não é de «invisibilidade» dos interesses de alguns indivíduos ou grupos mas sim o atraso ou a inércia do processo de implementação de interesses já reconhecidos.

Quando o processo político falha em qualquer das duas formas acima mencionadas, de acordo com a teoria cooperativa, abre-se uma margem para que os tribunais exerçam um papel legítimo. Sobre que exato papel é esse, como veremos adiante, é onde as diferenças entre os defensores desse modelo começam a aparecer. Mas todos parecem concordar em um ponto mais geral: ao contrário da tradicional revisão judicial forte, os tribunais não devem desempenhar um papel «contra majoritário», mas, como colocado por

---

[78] N.T.: Confira a redação original deste trecho: «*As Dixon observes, "[f]or cooperative constitutionalism, any theoretical account (...) must begin by acknowledging serious indeterminacy in provisions [recognizing social rights] (...) and, thus, accept that the content and priority to be given to rights-based claims (...) are bound to be the subject of disagreement" among individuals in the societies where these rights are recognized. Within this context, rights-based controversies must be resolved (...) by more squarely democratic deliberative processes that attempt to give effect to constitutional understandings in the broader "constitutional culture". Too strong judicial enforcement, under these circumstances, would "clearly fail to respect principles of equality among citizens in processes of democratic constitutional deliberation", or, as put by Tushnet, the "right, grounded in democratic theory, for majorities to prevail when, acting through their representatives, they enact statutes that are consistent with reasonable interpretations of the constitution even if those interpretations differ from those the courts offer".*»

[79] Cf. Tushnet, 2008: 264.

[80] Cf. Dixon, 2007: 402.

Fredman, devem «agir como um catalisador para as iniciativas democráticas»; devem desempenhar um papel de «fortalecimento da democracia».[81]

Nós podemos resumir os pontos de convergência entre os diferentes propositores desse modelo cooperativo da proteção judicial de direitos sociais da seguinte maneira: (i) existe um dissenso legítimo sobre o conteúdo dos direitos sociais; (ii) sob essas circunstâncias de «incerteza epistemológica», processos deliberativos democráticos devem ter prevalência sobre o processo judicial para se determinar o conteúdo desses direitos; (iii) o processo político pode, muitas vezes, falhar em sua obrigação deliberativa e democrática de ouvir igualmente todos os cidadãos em condições de igualdade; e (iv) quando isso ocorre, existe um papel legítimo a ser exercido pelo Judiciário, mas não é um papel «contra majoritário».

Qual é exatamente, porém, esse legítimo papel do Judiciário quando o processo político falha? É neste ponto, como acima mencionado, que as propostas começam a divergir (e se tornam menos claras), provavelmente em razão da própria complexidade da questao. De fato, como bem observado por Sandra Fredman, seu próprio modelo encontra os desafios mais difíceis quando busca definir os remédios judiciais adequados para a correção das falhas dos poderes políticos.[82] Como ela coloca «a questão que resta é saber se o Judiciário deve ter o papel de apenas assegurar que o resultado reflita o critério deliberativo, ou também o de definir o conteúdo do próprio direito».[83-84]

Ora, é exatamente essa complexa questão que representa o dilema da «justicialidade», como defendemos neste texto. Dependendo da natureza do papel que for deixado ao Judiciário (procedimental ou substantivo) e da força dos remédios judiciais que ele puder empregar (fortes ou fracos), o Judiciário incorrerá em acusações de abdicação ou usurpação. O constitucionalismo cooperativo não resolve, portanto, o dilema.

Na passagem que segue do livro de Fredman, pode-se encontrar a reafirmação deste dilema, que o modelo cooperativo supostamente deveria ter resolvido:

> «De um lado, o imperativo democrático sugere que o Judiciário não deveria impor soluções; mas deveria, ao contrário, agir como catalisador das iniciativas democráticas. De outro lado, deveres positivos seriam de nenhum

---

[81] Cf. Fredman, 2008: 118-9.

[82] Cf. Fredman, 2008: 118.

[83] Cf. Frdeman, 2008: 122.

[84] N.T.: Confira a redação original desse trecho: «*As she puts "[t]here remains the question of whether the court retains a role in ensuring that the outcome reflects not just the deliberative criteria, but the essence of the right itself".*»

valor se eles não tornassem necessário medidas que ensejassem seu próprio cumprimento.»[85-86]

Como observa Dixon, alguns teóricos do constitucionalismo cooperativo, como Sunstein, fazem uma escolha bastante clara por uma corte mais fraca e mais procedimental.[87] Fredman e Dixon, contudo, se mostram preocupadas em evitar esse modelo altamente deferente (e alguns diriam abdicativo) para permitir um papel mais forte e mais substantivo ao Judiciário. Como observa Fredman, a deliberação também «exige ação sobre os resultados da deliberação». Nesse sentido, sustentar que os tribunais não poderiam nunca impor aos poderes políticos ordens substantivas significaria, portanto, não compreender «a natureza da democracia deliberativa». Na mesma linha, observa Dixon que «algo está sempre perdido quando a intervenção judicial é enfraquecida em qualquer um dos níveis, substantivo ou corretivo».[88-89]

Um bom exemplo para ilustrar este cenário é o famoso caso sul-africano *Grootboom*, já mencionado acima. Brevemente recapitulando, ele envolveu um grupo de indivíduos sem teto, vivendo em condições intoleráveis em uma favela junto a Cape Town. Eles reivindicavam que o seu direito à moradia, reconhecido pela Constituição, havia sido violado e demandavam da Corte uma ordem que obrigasse o Estado a lhes fornecer acomodações adequadas imediatamente. A Corte se recusou, na linha da sua jurisprudência sobre direitos sociais, em reconhecer um direito individual e imediato à moradia, mas entendeu que a política de habitação do Estado era inadequada. Esta inadequação, segundo a Corte, devia-se ao fato de o enfoque da política pública de moradia ser exclusivamente de longo prazo e para a construção de moradias permanentes, ignorando as necessidades mais urgentes dos sem-teto, em condições mais vulneráveis. Mas a Corte não chegou a ordenar ao governo como deveria modificar sua política nem quantos recursos deveria alocar do orçamento da política habitacional aos mais vulneráveis. Muito menos chegou a ordenar ao governo que provesse imediatamente a Sra. Grootboom e os demais demandantes com moradia. A decisão simplesmente ordenou ao governo que repensasse sua política habitacional e incluísse as medidas que

---

85 Cf. Fredman, 2008: 118-9.

86 N.T.: Confira a redação original do trecho citado: «*On the one hand, the democratic imperative suggests that courts should not impose solutions; but should instead act as a catalyst for democratic initiatives. On the other hand, positive duties would be of no value if they did not make it necessary to take action to fulfill the duty.*»

87 Cf. Dixon, 2007: 411 ff.

88 Cf. Fredman, 2008: 118-9.

89 N.T.: Confira a redação original do trecho citado: «*As Fredman observes, deliberation also «necessitates action on the results of deliberation», and it is thus to misunderstand "the nature of deliberative democracy" to claim that courts should never impose a mandatory and substantive order on the political branches. In a similar vein, Dixon remarks that "something is always lost when judicial intervention is weakened at either a substantive or remedial level".*»

achasse necessárias para proteger o interesse mais urgente dos sem-teto. Dez anos depois dessa decisão, a Sra. Grootboom morreu, ainda sem-teto, gerando inevitáveis críticas de ativistas e acadêmicos defensores dos direitos sociais.

Tanto Fredman quanto Dixon veem *Grootboom* como um bom exemplo do papel legítimo do Judiciário em combater as falhas do processo político. Ele teria dado voz «àqueles que são mais desfavorecidos e mais propensos a perder na barganha de interesses políticos».[90] Mas estas autoras também defendem que o modelo correto de proteção judicial deveria ser mais forte, *i.e.* mais substantivo que aquele adotado em *Grootboom*.[91] Mas quão mais forte?

Ambas se opõem, como a maioria dos defensores do constitucionalismo cooperativo, a qualquer papel significativo e substantivo do Judiciário na determinação do conteúdo dos direitos sociais, como, por exemplo, a abordagem do mínimo existencial (*minimum core*) defendida por alguns autores.[92] Não está muito claro, porém, como exatamente o Judiciário deveria se portar além do que fez em *Grootboom*. Dixon, por exemplo, está preparada a dar ao Judiciário um papel razoavelmente forte naquilo que ela chama de dimensões negativas dos direitos socioeconômicos (*i.e.* «permitindo que o Judiciário desempenhe um papel relativamente amplo na definição dos direitos e na escolha de remédios judiciais fortes»).[93] Mas quando dimensões positivas dos direitos sociais estão em jogo, ela defende que o Judiciário, ao menos no contexto da África do Sul, deveria adotar uma postura de «direitos fracos, remédios fortes», isto é, uma postura por meio da qual ele não embarque em um «processo de definição de direitos que ignora o escopo do dissenso existente [sobre o conteúdo dos direitos sociais]», mas sim «impor alguma forma de ordem coercitiva reparadora (...) que ao menos requeira das partes que se reportem às cortes sobre o cumprimento da decisão».[94]

Nao está claro, porém, o que esses «direitos fracos» significam. Em uma linha semelhante, Fredman sustenta que os direitos sociais não devem necessariamente ser interpretados pelo Judiciário de modo a conferir ao demandante uma determinada prestação estatal (*i.e.* «um benefício pessoal concreto»), mas, na verdade como o direito a uma ação estatal. O Judiciário não deve, segundo ela, determinar o conteúdo exato das prestações à saúde,

---

90 Cf. Fredman, 2008: 117. Dixon (2007) traça um comentário similar na p. 414. Observe, contudo, que Fredman também acredita que *Grootboom* poderia ser aperfeiçoado mesmo em relação ao aprimoramento da deliberação, citando os casos *TAC, Port Elizabeth Municipality and the Rand Properties* como exemplos de onde este aspecto foi melhor alcançado.

91 Cf. Dixon, 2007: 411 and Fredman, 2008: 119.

92 Cf. Bilchitz, David. «Giving Socioeconomic Rights Teeth: The Minimum Core and Its Importance», 119 *S.A FR. L. J.* 484 (2002).

93 Considerando que os tribunais sejam deferentes a decisões legislativas que revelem dissensos claros e consideráveis em relação às suas razões anteriores, em Dixon, 2007: 408.

94 Cf. Dixon, 2007: 413.

moradia etc. a que as pessoas têm direito, mas sim analisar se a ação do Estado pode ser «justificada como convincente em termos de cumprir o direito em questão».[95] Novamente, não está claro o que «o direito em questão» é, o que seria importante para avaliar a ação estatal.

A despeito do grande esforço dessas autoras para se distanciarem de um modelo puramente procedimental de proteção judicial de direitos sociais, seus modelos não logram sucesso porque partem da premissa básica de que o Judiciário não deve se envolver na definição substantiva do conteúdo dos direitos sociais. Nesse modelo, tudo o que o Judiciário pode fazer (e eu não quero dizer com isso que seja muito ou pouco) é garantir que as vozes daqueles excluídos do debate político tenham um fórum de expressão e que as políticas do Estado para atingir amplamente suas autoimpostas metas sociais e econômicas sejam razoáveis e efetivamente implementadas. Não é difícil imaginar, dessa forma, como os defensores de um papel assertivo do Judiciário na proteção dos direitos sociais criticariam certamente esse modelo como um exemplo claro de abdicação judicial.[96]

Meu objetivo nesta seção, é importante enfatizar, não foi criticar as chamadas teorias dialógicas ou deliberativas da «justicialidade» dos direitos sociais. Eu, na verdade, acredito que, apesar de serem procedimentais (*i.e.* não definem o conteúdo substantivo dos direitos sociais) elas são claramente superiores às suas concorrentes: os modelos de interferência forte e substantiva do Judiciário, defendidos por tantos teóricos.[97] Meu ponto aqui era simplesmente mostrar que elas não resolvem o dilema da «justicialidade» dos direitos sociais. Pelo fato de elas não concederem ao Judiciário o poder de determinar o conteúdo de direitos sociais e de expedir ordens mandamentais contra o Estado para garantir esses direitos a indivíduos («direitos fortes – remédios fortes»), elas com certeza enfrentarão (correta ou equivocadamente) as mesmas acusações de abdicação que se dirigem àqueles que defendem a posição totalmente contrária à «justicialidade».

---

95 Cf. Fredman, 2008: 122.

96 Cf. Bilchitz (2002) e Idem. «Towards a Reasonable Approach to the Minimum Core: Laying the Foundations for Future Socioeconomic Rights Jurisprudence», 19 *SAJHR* 1 (2003); Roux, Theunis. «Understanding Grootboom — A Response to Cass R. Sunstein», 12 *Const. Forum* 41, (2002); Davis, Dennis M., «Socio-economic rights: do they deliver the goods?». *International Journal of Constitutional Law*, (2007); e Scott e Alston (2000). Enquanto aqueles que se preocupam mais com o viés «usurpação» do dilema podem saudar a decisão como o caminho a ser seguido no caso da judicialização de direitos sociais. Confira, nesse sentido, Sunstein, Cass R.. «Social and Economic Rights? Lessons from South Africa», 11 *Const. Forum* 123, (2000); Sunstein (2001); e Tushnet (2008).

97 Eu não tenho espaço para discutir aqui esse aspecto mais detalhadamente. No entanto, analisei com mais detalhes um dos modelos em «Poverty and Human Rights», *idem.* Nota 25.

V – CONCLUSÃO

Que outro caminho para a judicialização dos direitos sociais?

Eu defendi nesse artigo que o dilema entre usurpação e abdicação enfrentado inevitavelmente pelo Judiciário quando direitos sociais são constitucionalizados e o Judiciário é chamado a julgar questões envolvendo esses direitos é, de fato, um dilema real e de difícil superação. Eu tentei justificar a minha conclusão por meio de uma análise comparativa da jurisprudência de direitos sociais do Judiciário da África do Sul e do Brasil (particularmente sobre o direito à saúde) os quais, atualmente, encontram-se em lados opostos do que poderíamos chamar de «espectro da judicialização». Enquanto o modelo da *razoabilidade* sul-africano é visto por muitos como extremamente deferente e abdicativo de seu papel na proteção de direitos, o modelo brasileiro que os interpreta como *direitos subjetivos imediatamente exigíveis* pode ser visto como muito intrusivo e usurpativo das prerrogativas dos representantes eleitos a definir como os limitados recursos do Estado devem ser alocados entre as ilimitadas necessidades sociais.

Eu discorri, por fim, sobre as emergentes teorias do constitucionalismo cooperativo, que tentam aplicar ideias de diálogo institucional à «justicialidade» de direitos sociais, entendendo que elas não resolvem o dilema. Elas são, atualmente, bastante procedimentais e, portanto, estão sujeitas as mesmas acusações de abdicação direcionadas ao modelo da razoabilidade utilizado pela Corte Constitucional da África do Sul. Mas se elas tentarem se tornar mais substantivas, elas iriam certamente atrair acusações de usurpação, usualmente direcionadas aos Judiciários mais assertivos, como o Supremo Tribunal Federal do Brasil.

Devemos concluir, então, que não existe solução para o dilema? Talvez devêssemos. Como exposto persuasivamente por Michelman (2008) no contexto dos Estados Unidos da América, mesmo se, em um plano ideal, exista um lugar para os direitos sociais na Constituição americana, no plano não-ideal existem fortes razões para não incluí-los.[98] Duas características

[98] A distinção entre ideal e não-ideal vem de Rawls, John. *Justice as fairness: a restatement*. Harvard University Press, 2003: 13. Nesse sentido, «ideal», ou «estrito cumprimento da teoria moral da política». Para «estrito cumprimento» Rawls escreve: «significa que (quase) todos cumprem rigorosamente (...) os princípios da justiça. Nós perguntamos, com efeito, como pode ser um regime constitucional perfeitamente justo ou quase justo, e se ele pode ser realizado e se tornar estável sob (...) reais e razoavelmente favoráveis condições. Nesse sentido, a justiça como equidade (...) busca os limites do que é realmente praticável, isto é, quão longe em nosso mundo (dadas as suas leis e tendências) um regime democrático pode obter completa realização de seus valores políticos – perfeição democrática, se preferir». Confira a redação original deste trecho: «[*it*] *means that (nearly) everyone strictly complies with (...) the principles of justice. We ask in effect what a perfectly just, or nearly just, constitutional regime might be like, and whether it may come about and be made stable (...) under realistic, though reasonably*

do mundo real americano apontam nesta direção: a natureza extremamente controversa das questões de justiça distributiva na sociedade americana; e a cultura arraigada de um sistema judicial de atuação forte. Como ele observa, dada a «divisão profunda e obstinada da opinião pública norte-americana sobre a atuação socioeconômica do governo» e a «usual e forte confiança sobre o sistema de revisão judicial como indispensável garantidor do cumprimento das disposições constitucionais»,[99] «pode-se observar como um respeitável caso moral sobre a exclusão de garantias socioeconômicas das disposições constitucionais norte-americanas pode possivelmente derrubar um caso teórico ideal que sustente a sua inclusão»[100-101] Como consequência ele afirma:

> «Em um país como os Estados Unidos, dada a nossa adesão ao governo popular e a irredutibilidade, incerteza, controvérsia e contingência que afetam as escolhas no campo das políticas socioeconômicas, qualquer compromisso socioeconômico constitucionalizado inevitavelmente deve ser redigido de forma abstrata, como obrigação de meios, semelhante ao modelo sul-africano. Mas a cultura americana e a prática do controle judicial de constitucionalidade não se encaixam confortavelmente na ilimitada indeterminação prática de um comprometimento redigido assim tão abstratamente. Ao constitucionalizar os direitos socioeconômicos dessa forma, como atual preocupação, forçaríamos o Judiciário Americano, e especialmente a Suprema Corte, a uma escolha infeliz entre usurpação e abdicação, da qual não existe escapatória sem embaraço ou descrédito.»[102]

Onde Michelman (2008) parece errar é quando ele especula que «a situação deve ser, em algum grau, especial aos Estados Unidos». Parece-me que

---

favorable, conditions. In this way, justice as fairness (...) probes the limits of the realistically practicable, that is, how far in our world (given its laws and tendencies) a democratic regime can attain complete realization of its appropriate political values».

[99] Michelman, Frank. «Socioeconomic rights in constitutional law: Explaining America away». *Int J Constitutional Law* (2008) 6 (3-4): 663-686, 682. Disponível em http://icon.oxfordjournals.org/cgi/content/full/6/3-4/663.

[100] Michelman, 2008: 685.

[101] N.T.: Confira a redação original deste trecho: «*As he puts it, given the "deep and obdurate division within American opinion regarding government policy in the socioeconomic field" and "currently entrenched reliance on judicial review as an indispensable guarantor of the rule of constitutional law", one "can see how a respectable, moral case for the exclusion of socioeconomic assurances from U.S. constitutional law might possibly trump an ideal-theoretic case for their inclusion".*»

[102] N.T.: Confira a redação original deste trecho: «*In a country like the United States, given both our embrace of popular government and the irreducible uncertainty, contestability, and contingency affecting choices in the field of socioeconomic policy, any constitutionalized socioeconomic commitment inevitably must be couched in abstract, best-efforts terms, South African style. But the American culture and practice of judicial review do not fit comfortably with the seemingly boundless, practical indeterminacy of a commitment thus abstractly couched. By constitutionalizing socioeconomic rights in such a form, the standard worry runs, you would force the American judiciary, and especially the Supreme Court, into a hapless choice between usurpation and abdication, from which there would be no escape without either embarrassment or discreditation.*»

ambas as condições do mundo real que podem servir a justificar porque os americanos (mesmo aqueles que apoiam os direitos sociais) não concordam com a inclusão constitucional, se aplica, mais ou menos, a qualquer lugar do Ocidente, embora, admitidamente, em diferentes graus. De fato, existe uma controvérsia significativa em todos os lugares sobre o exato conteúdo dos deveres do Estado em prover indivíduos com saúde, educação, moradia etc. Existe também uma expectativa, na maior parte das democracias constitucionais, como as acusações contra a Corte da África do Sul demonstram, de que o Judiciário deva valer-se de remédios judiciais fortes na proteção dos direitos, incluindo direitos sociais. Se o argumento de Michelman sobre a América (e o meu sobre o mundo ocidental) está correto, então o dilema da judicialização que justifica a não inclusão dos direitos sociais na Constituição norte-americana se aplica de forma mais ampla, e não apenas aos Estados Unidos.

O problema, é claro, reside no fato de que em muitos países, como o Brasil e a África do Sul, a decisão de constitucionalizar os direitos sociais e econômicos já foi tomada e, muito provavelmente, não será revertida em um futuro próximo. Tudo que podemos esperar, dessa forma, é que alcancemos um consenso mais estável sobre estes direitos ou que a expectativa de que direitos necessariamente devem ser protegidos por fortes remédios judiciais gradualmente diminua. Ou mesmo uma combinação de ambos. Até lá, contudo, o Judiciário vai continuar enfrentando as dificuldades do dilema da «justicialidade» discutidas nesse artigo.

Para quem está realmente preocupado com a efetiva fruição, pela população como um todo, de saúde, educação, moradia e de um decente padrão de vida, o melhor seria desviar sua atenção do Judiciário e passar a lutar diretamente, no âmbito político, por medidas que diminuam as desigualdades socioeconômicas de nosso país, a verdadeira causa do problema.

6

PARTICIPAÇÃO SOCIAL NO SUPREMO TRIBUNAL FEDERAL: O CASO DAS PATENTES PIPELINE

Eloísa Machado de Almeida

«Mas o que é o próprio governo, senão a maior das críticas à natureza humana? Se os homens fossem anjos, não seria necessário governo algum. Se os homens fossem governados por anjos, o governo não precisaria de controles externos nem internos.» – *O Federalista*, Madison, 1788.

1. INTRODUÇÃO: A RELEVÂNCIA DO SUPREMO TRIBUNAL FEDERAL NO DEBATE PÚBLICO BRASILEIRO

Nos últimos anos, o Supremo Tribunal Federal (STF) tem sido palco de decisões profundamente vinculadas ao tema de direitos humanos, a ponto de ser difícil imaginar um tema que não esteve – ou estará[1] – sob o crivo

[1] Para os temas de direitos humanos na agenda do STF, ver notícia no Caderno Direitos Humanos, Justiça e Participação Social III, da organização Terra de Direitos, disponível em http://terradedireitos.org.br/wp-content/uploads/2011/06/cadernos-DHJPS-3-internet.pdf.

do tribunal. Ações afirmativas,[2] união estável homoafetiva,[3] pesquisas com células tronco embrionárias,[4] lei de anistia,[5] são exemplos de temas que foram apreciados pelo tribunal por meio do controle de constitucionalidade.

Se, por um lado, este fato demonstra as fragilidades do nosso sistema político representativo; por outro, aponta a necessidade de se democratizar o processo constitucional, no intuito de atender às discussões mais profundas sobre legitimidade das decisões dos tribunais constitucionais.[6]

A ampliação do acesso à jurisdição constitucional, iniciada em 1988 e ainda não finda,[7] responde, em certa medida, às críticas que alertam para os riscos de um Estado jurisdicional,[8] procurando conferir um caráter mais democrático – no sentido de maior participação – às deliberações das cortes constitucionais.

É na figura do *amicus curiae* que se tem notado a maior participação social nos processos de controle concentrado de constitucionalidade. Instituído pelas Leis 9.768 e 9.882, ambas de 1999, são cada vez mais frequentes e numerosos os *amici curiae* admitidos pelo Supremo Tribunal Federal, transportando para o espaço de deliberação do tribunal a pluralidade de ideias, posições e conflitos presentes na sociedade.

Essa diversidade de visões de mundo está representada, por exemplo, na ADIn 4.234,[9] que trata da constitucionalidade dos arts. 230 e 231 da Lei de Propriedade Industrial (Lei 9.769/1996), que instituem as patentes *pipeline.* Com mais de dez *amici curiae,* os termos da ação foram ampliados e a ADIn 4.234 coloca em questão, no STF, a pertinência ou não do uso de patentes para

---

2 ADIn 3330 trata da constitucionalidade das medidas de ação afirmativa propostas pelo Programa Universidade para Todos – ProUni, do governo federal. O julgamento está suspenso.

3 ADPF 132 e ADIn 4277 foram julgadas pelo STF em recente decisão de 5 de maio de 2011, que determinou que o conceito constitucional de família não exclui os casais homossexuais.

4 ADIn 3510, julgada em 29.05.2008.

5 ADPF 153, julgada em 30.03.2010.

6 O tema da fragilidade do sistema político-representativo brasileiro está em diversos autores. Destacamos aqui Limongi, Fernando, «A democracia no Brasil». *Novos Estudos.* Cebrap, vol. 76: 17-41, 2006; Sorj, Bernardo, A *democracia inesperada.* Rio de Janeiro: Joge Zahar, 2004; e Werneck Vianna, Luis (org.), *A democracia e os três poderes no Brasil.* Belo Horizonte: Editora UFMG, 2003. Sobre crise de legitimidade e a construção de procedimentos jurisdicionais mais democráticos, entre outros, ver: Alexy, Robert, *Teoria de los derechos fundamentales.* Madrid: CEPC, 2002; Haberle, Peter, *Hermenêutica constitucional – a sociedade aberta dos intérpretes da Constituição: contribuição para a interpretação pluralista e procedimental da Constituição.* Porto Alegre: Fabris, 1997; e Habermas, Jurgen, *Direito e democracia, entre facticidade e validade.* vol. II. Rio de Janeiro: Tempo Brasileiro, 1997.

7 Trata-se de um processo em constante construção jurisprudencial, em especial no que se refere às prerrogativas processuais dos *amici curiae.*

8 Para as discussões sobre Estado jurisdicional, Estado legislativo, suas alternativas e formas de conciliação ver Alexy, Robert, *Teoria de los derechos fundamentales,* Madrid: CEPC, 2002.

9 Ação Direta de Inconstitucionalidade ADIn 4.234/STF.

medicamentos, em especial no Brasil, cuja assistência universal e integral[10] são garantidas pela Constituição Federal.

Este artigo procura demonstrar a possibilidade de ampliação do campo de análise pelo STF a partir da participação de diferentes atores sociais no processo de controle de constitucionalidade, permitido pela figura do *amici curiae*, a partir da ADIn 4.234 – caso das patentes *pipeline*.

2. PARTICIPAÇÃO SOCIAL NO STF

A participação da sociedade civil no STF tomou novos significados a partir da Constituição Federal de 1988, em razão da ampliação de atores com acesso direito à Corte por meio do controle concentrado de constitucionalidade.

A tendência de ampliação de acesso ao Supremo Tribunal Federal, iniciada em 1988, foi confirmada com a edição de duas Leis: 9.868/1999 e 9.882/1999, que introduzem formalmente a figura do *amicus curiae* nos processos em julgamento no tribunal e a possibilidade de realização de audiências públicas em casos de grande relevância social e complexidade técnica.

Estes dois momentos no processo de ampliação do acesso ao Supremo Tribunal Federal demonstram, por um lado, um desejo de se pluralizar o debate constitucional, como forma de legitimação e democratização e, por outro, uma demanda por maior participação vinda das próprias organizações da sociedade civil. Ambos os fatores, inevitavelmente, alteram a composição das ações e evidenciam, cada vez mais, o Supremo Tribunal Federal como um local privilegiado de disputas no campo dos direitos humanos.

2.1 Ampliação do acesso ao STF

Pela perspectiva da história constitucional brasileira, a Constituição Federal de 1988 representa uma verdadeira «revolução» no que se refere ao acesso ao tribunal.

Desde a primeira Constituição a prever o acesso direto pela via do controle concentrado de constitucionalidade, a de 1967, a possibilidade para acesso ao tribunal estava concentrada na figura do Procurador Geral da República. Esta concentração de poderes de acesso ao STF criou, por assim dizer, uma demanda reprimida para acesso ao tribunal, percebida após 1988.

Na Constituição de 1988, além da figura do Procurador Geral da República, foram incluídos outros atores, de diferentes esferas e representações sociais. Foram legitimados às ações diretas de inconstitucionalidade e ação

---

[10] O acesso universal aos serviços de saúde está previsto no *caput* do art. 196 e a assistência integral está prevista no inciso II do art. 198 da Constituição Federal. Juntos, significam que o Estado deve garantir a todos o direito integral à saúde, compreendida aí a dimensão da assistência farmacológica.

direta de inconstitucionalidade por omissão e ação declaratória de constitucionalidade o Presidente da República, a Mesa do Senado Federal, a Mesa da Câmara dos Deputados, a Mesa das Assembleias Legislativas e da Câmara do DF, Governadores, o Conselho Federal da OAB, partidos políticos com representação no Congresso Nacional e confederações sindicais ou entidades de classe de âmbito nacional.

A inclusão de atores de diferentes esferas de poder e representações sociais tiveram o condão de transformar a natureza das ações propostas no Supremo Tribunal Federal e transpor, para o âmbito judicial, as disputas travadas no âmbito político e legislativo, tal como alertado por Luis Werneck Vianna.[11] O tipo de demanda levada ao tribunal refletiu o papel político de cada ator na sociedade brasileira: os Governadores e a guerra fiscal; os Partidos Públicos e o terceiro turno das votações parlamentares; as Confederações sindicais e a resistência à globalização econômica e flexibilização dos direitos sociais.

Os dados sobre os requerentes das ações de controle concentrado de constitucionalidade pós 1988 demonstram que havia, de fato, uma demanda reprimida para acesso ao Supremo Tribunal Federal.

Legitimados por Ação – 1988 a 2011* [12]

Legitimados	ADIn		ADO		ADC		ADPF	
Presidente	8	0,2%	0	0,0%	5	16,7%	9	4,0%
Mesa Senado	1	0,0%	0	0,0%	1	3,3%	0	0,0%
Mesa Câmara	0	0,0%	0	0,0%	0	0,0%	0	0,0%
Mesa Assembleia	52	1,1%	0	0,0%	0	0,0%	2	0,9%
Governador	1098	24,2%	1	7,7%	4	13,3%	36	15,9%
PGR	932	20,5%	0	0,0%	2	6,7%	9	4,0%
Conselho OAB	199	4,3%	0	0,0%	1	3,3%	5	2,2%
Partidos Políticos	797	17,5%	4	30,8%	2	6,7%	64	28,2%
Confederações	1105	24,2%	8	61,5%	10	33,3%	65	28,6%
legitimados**	3	0,1%	0	0,0%	2	6,7%	-	0,0%
Ilegitimados	359	7,9%	0	0,0%	3	10,0%	37	16,3%
Total	4554	100,0%	13	100,0%	30	100,0%	227	100,0%

* Dados de 2011 atualizados até 31 de maio.

** Confederação Sindical ou Entidade de Classe e Partido Político.

[11] Luiz Werneck Vianna afirma que «o protagonismo recente dos tribunais constitucionais e cortes supremas não apenas transforma em questões problemáticas os princípios da separação de poderes e da neutralidade política do poder Judiciário, como inaugura um tipo inédito de espaço público, desvinculado das clássicas instituições político-representativas», em *A democracia e os três poderes no Brasil*, Werneck Vianna (org.). Belo Horizonte: Editora UFMG, 2003: 17.

[12] Tabela construída a partir dos dados do Portal de Informações Gerenciais do STF – disponível em http://www.stf.jus.br/portal/cms/verTexto.asp?servico=estatisticaepagina=adi, consultado em 10 de junho de 2011.

Como se vê na tabela acima, o Procurador Geral da República, antes único legitimado, hoje é responsável por cerca de 20% das ações de controle concentrado propostas perante o STF, de forma que os 80% restantes foram propostos por estes novos legitimados, sendo significativa a participação das confederações e sindicatos, legítimos atores de representação social.

2.2 *Amicus Curiae* no Supremo Tribunal Federal

A figura do *amicus curiae* (do latim, amigo da corte) é voltada para permitir que pessoas, organizações e instituições se manifestem em processos dos quais não são parte, mas nos quais desejam influir. Trata-se, na sua concepção, de um instituto voltado a oferecer ao juiz informações e argumentos relevantes sobre determinado caso.

No Brasil, mesmo antes de sua institucionalização pelas leis de 1999, a admissão de manifestações como *amicus curiae* já era admitida em alguns casos. No entanto, é a partir de 1999, com a edição da Lei 9.868/1999 – referente ao processo de julgamento das ações diretas de inconstitucionalidade – e da Lei 9.882/1999 – referente ao processo de julgamento da arguição de descumprimento de preceito fundamental –, que há um significativo aumento da participação da sociedade nos julgamentos do Supremo Tribunal Federal.

Entre 1999, ano de edição da lei, e 2005,[13] em um universo de 1800 ações de controle de constitucionalidade propostas, em 242 (13,4%) houve manifestações de 692 *amici curiae*, sendo a maior parte de associações e organizações da sociedade civil (73,2%).

Especificamente em ações diretas de inconstitucionalidade, neste mesmo período, da totalidade de 1708 ações, 234 apresentam ao menos uma manifestação como *amicus curiae*, representando 13,7%. Nestas 234 ações, foram encontrados *663 amici curiae*, uma propostação de 2,8 *amici* por ação, com atores de diferentes setores, mas com predominância de atores da sociedade civil (70,64%).

---

[13] Levantamento de dados feito em pesquisa de dissertação mestrado *Sociedade civil e democracia: a participação da sociedade civil como amicus curiae no Supremo Tribunal Federal*, de Eloísa Machado de Almeida, apresentada como requisito para a obtenção de título de mestre em Ciências Sociais pela Pontifícia Universidade Católica de São Paulo, 2006.

Entidades proponentes de *amicus curiae* em ADIns – 1999 a 2005

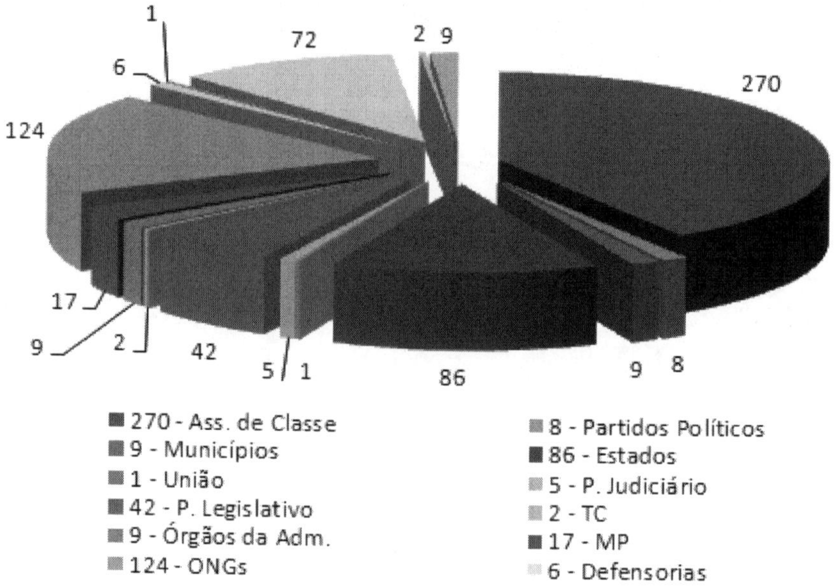

A tendência de crescimento que já se via os anos de 1999 a 2005 é confirmada e ampliada ao se analisar os dados preliminares de pesquisa que engloba o período de 2006 a 2009: dentre 1000 ações pesquisadas no período, 209 contam com a participação de ao menos um *amicus curiae,* o que representa cerca de 20%,[14] contra os 13,4% do período de 1999 a 2005.

Isso indica que tem sido cada vez maior e mais frequente a participação de organizações da sociedade nos processos de controle concentrado de constitucionalidade, demandando do Supremo Tribunal Federal a criação de novos mecanismos processuais para responder a esta demanda.

É nesse sentido que a jurisprudência do Supremo Tribunal Federal tem construído, ao longo dos anos, a ampliação das prerrogativas dos *amici curiae* nos processos, como a possibilidade de sustentação oral, o alargamento do prazo de manifestação e até a convocação de audiências públicas.

Essa mesma jurisprudência tem também reconhecido a relevância do papel dos *amici curiae* para a pluralização do debate constitucional. Na perspectiva dos Ministros do Supremo Tribunal Federal, a participação como *amici curiae* cumpriria duas funções: uma de pluralizar o debate constitu-

---

[14] Dados preliminares de pesquisa de doutorado da autora, no Programa de Pós Graduação em Direitos Humanos da Universidade de São Paulo, que procura analisar o impacto da argumentação dos *amici curiae* nas decisões do Supremo Tribunal Federal, de 1999 a 2009.

cional, permitindo-se a representação de diversos argumentos de diferentes setores da sociedade e, por outro lado, conferir maior legitimidade e qualidade às decisões proferidas pelo Tribunal. É o que se depreende da ementa de julgamento da ADIn 2130-3-SC:

> «A admissão de terceiro, na condição de *amicus curiae*, no processo objetivo de controle normativo abstrato, qualifica-se como fator de legitimação social das decisões da Suprema Corte, enquanto Tribunal Constitucional, pois viabiliza, em obséquio ao postulado democrático, a abertura do processo de fiscalização concentrada de constitucionalidade, em ordem a permitir que nele se realize, sempre sob uma perspectiva eminentemente pluralística, a possibilidade de participação formal de entidades e de instituições que efetivamente representem os interesses gerais da coletividade ou que expressem os valores essenciais e relevantes de grupos, classes ou estratos sociais.
>
> Em suma: a regra inscrita no art. 7.º, § 2.º, da Lei 9.868/1999 – que contém a base normativa legitimadora da intervenção processual do *amicus curiae* – tem por precípua finalidade pluralizar o debate constitucional.»[15]

Esta ideia de maior pluralidade de atores nos processos de controle de constitucionalidade busca responder, em certa medida, às questões sobre legitimidade das decisões por meio da democratização de diversidade de argumentos colocados à disposição do juiz.

A ampliação da hermenêutica constitucional seria uma forma de conferir maior legitimidade às decisões de uma instância fundamentalmente não democrática, na medida em que permitiria uma interpretação aberta e pluralística da Constituição, como se as Cortes Constitucionais representassem um local privilegiado para a formação de diálogos em um espaço público.[16]

Assim, o Supremo Tribunal Federal tem sido cada vez mais permeável às demandas e lutas sociais, que tem encontrado no tribunal um local privilegiado, a par de todas as críticas que se colocam neste cenário, em especial as feitas por Oscar Vilhena Vieira, alertando para os riscos de uma «supremocracia» e o agravamento das fragilidades de nosso sistema representativo.[17]

No entanto, é inegável reconhecer, em razão desta ampliação de interesses em disputa, que o Supremo Tribunal Federal tem sido instado a decidir,

---

[15] Medida Cautelar na Ação Declaratória de Inconstitucionalidade ADIn 2130-3-SC/MC, rel. Min. Celso de Mello, julgamento 20.10.2000, *RTJ* vol. 195-203: 812, Supremo Tribunal Federal.

[16] Esta noção está representada nas teorias da sociedade aberta de intérpretes, como e Karl Popper (Popper, Karl, *A sociedade aberta e seus inimigos*, São Paulo: Edusp, 1997) e nas teorias de democratização do debate constitucional de Peter Haberle (Haberle, Peter, *Hermenêutica constitucional – A sociedade aberta dos intérpretes da Constituição: contribuição para a interpretação pluralista e procedimental da Constituição*, Porto Alegre: Fabris, 1997).

[17] Vieira, Oscar Vilhena, Supremocracia, *Revista Direito GV*, 8, São Paulo, p. 441-464, jul.-dez. 2008.

ao longo dos últimos anos, temas de absoluta relevância para os direitos humanos. Alguns destes casos podem ser compreendidos como capazes de, efetivamente, alterar práticas estruturais de violações a direitos humanos, ao figurarem na fronteira da intersecção de políticas sociais, industriais, econômicas e de direitos humanos,[18] como o caso da inconstitucionalidade das patentes *pipeline* (Ação Direta de Inconstitucionalidade (ADIn 4.234).

2.3 Audiências públicas no STF

Outra relevante forma de participação da sociedade civil nos julgamentos do Supremo Tribunal Federal são as audiências públicas, convocadas pelos Ministros, com fundamento no § 1.º do art. 9.º da Lei 9.868/1999.[19]

Tal como estabelecida em lei, a audiência pública tem por objetivo fornecer informações aos Ministros em casos de necessidade de esclarecimento do tema, dos fatos ou de notória insuficiência das informações disponíveis nos autos. Na prática, o STF tem se valido da audiência pública em casos que carregam controvérsias e polêmicas em outras áreas do conhecimento, para as quais o direito ainda não apresenta uma resposta normativa.

Neste sentido é que foi convocada a primeira audiência pública da história do Tribunal, em 2007, nos autos da ADIn 3510, referente a constitucionalidade das pesquisas com células tronco embrionárias. O Min. relator Carlos Ayres Britto, convocou a audiência para ouvir depoimentos de especialistas na matéria e, por outro lado, permitir que os setores sociais envolvidos na temática expusessem suas razões, possibilitando «uma maior participação da sociedade civil no enfrentamento da controvérsia constitucional»[20] que, na visão do STF, confere maior legitimidade às decisões.

O intenso debate entre setores favoráveis e contrários às pesquisas com células tronco embrionárias permitiu que cientistas, religiosos, professores e pacientes, todos expusessem seus argumentos em relação à ADIn. Advogados, no entanto, foram afastados desta primeira audiência, destinada apenas a discutir as implicações religiosas e técnicas da questão.

No mesmo sentido, foi designada a audiência pública vinculada à ADPF 54, relativa à interpretação conforme do Código Penal para excluir a antecipação terapêutica de parto em caso de anencefalia como tipificação de aborto para efeitos criminais. Para o Min. relator Marco Aurélio as audiên-

---

[18] Identificamos, por exemplo, casos como pneus usados, TV digital e patentes.

[19] Lei 9.868/1999. Art. 9.º. § 1.º. «Em caso de necessidade de esclarecimento de matéria ou circunstância de fato ou de notória insuficiência das informações existentes nos autos, poderá o relator requisitar informações adicionais, designar perito ou comissão de peritos para que emita parecer sobre a questão, ou fixar data para, em audiência pública, ouvir depoimentos de pessoas com experiência e autoridade na matéria.»

[20] STF. ADIn 3510. Decisão Min. relator Carlos Ayres Brito, *DJ* 30.03.2007.

cias públicas tinham por objetivo «ouvir entidades e técnicos não só quanto à matéria de fundo, mas também no tocante a conhecimentos específicos a extravasarem os limites do próprio Direito».[21]

As duas outras audiências públicas vinculadas a ações em trâmite no STF foram: i) ADPF 101, relativa ao tema da proibição de importação de pneus usados; e ADPF 186 e Recurso Extraordinário 597.285, relativas ao tema da constitucionalidade das ações afirmativas e cotas raciais nas universidades.

Por fim, a audiência pública sobre saúde, convocada pelo então Min. Presidente Gilmar Mendes, teve um caráter mais amplo, não vinculado a apenas uma ação, mas sim a uma série de ações judiciais buscando a concessão pelo Poder Público, pela tutela jurisdicional individual, de tratamentos de medicamentos de alto custo.

Esta audiência pública teve como objetivo analisar o papel do Judiciário na efetivação do direito à saúde, bem como levantar as discussões a respeito da separação de poderes, reserva orçamentária, pacto federativo e financiamento dos serviços de saúde. No entanto, ainda que todos estes temas tenham sido colocados em pauta na audiência pública, o STF não alterou substancialmente a sua forma de decidir no que diz respeito às concessoes individuais de decisões que obrigam o Poder Público ao pagamento de tratamentos e medicamentos de alto custo.[22]

Nesta audiência, organizações da sociedade civil foram ouvidas e levantaram o tema do impacto que as patentes exercem nos preços dos medicamentos que, por sua vez, determinam o grau de acesso da população àquele medicamento. Dentre as alternativas ao atual desafio de manutenção de um sistema universal de saúde com recursos escassos, estas organizações expuseram a possibilidade do STF alterar o foco da discussão para o preço do medicamento, pauta colocada no STF através da ADIn 4.234, chamada de *caso das patentes pipeline*.

3. O CASO DAS PATENTES PIPELINE – ADIN 4.234

Alguns elementos da ADIn 4.234 apontam as possibilidades da ampliação da sociedade civil no debate constitucional e a influência que esta participação pode vir a ter na construção da pauta temática do tribunal e também no próprio julgamento. Sem a pretensão de exaurir ou fechar o tema, alguns destes

---

[21] STF. ADPF 54. Decisão Min. relator Marco Aurélio, 31.07.2008 – despacho disponível em http://www.stf.jus.br/arquivo/cms/processoAudienciaPublicaAdpf54/anexo/adpf54audiencia.pdf.

[22] O Conselho Nacional de Justiça, por sua vez, tem buscado levantar dados e organizar procedimentos de relação Judiciário-Executivo na área da saúde. Ver em Nobre, Milton Augusto de Brito; Silva, Ricardo Augusto Dias da (coord.). *O CNJ e os desafios da efetivação do direito à saúde*. Belo Horizonte: Fórum, 2011.

aspectos servem ao menos de exemplo de novas dinâmicas que se instauram no debate da corte constitucional por meio da ampliação da participação da sociedade civil.

O primeiro fator a ser considerado é de que a ação foi originada de uma representação ao Procurador Geral da República, feita por organizações da sociedade civil não legitimadas para acesso direto ao Supremo Tribunal Federal, situação em que a PGR exerceu um papel interessante de captação e filtro de demandas da sociedade a serem levadas ao STF.

Um segundo ponto interessante é que atores de diferentes setores da sociedade civil se manifestaram como *amici curiae* na ação; há o grupo das organizações de defesa de direitos humanos; o grupo dos institutos de pesquisa; o grupo das empresas que exploram as patentes; o grupo dos órgãos governamentais. Está instaurado nos autos da ADIn 4234, assim, um cenário complexo por disputas de interesses e direitos, cada qual contribuindo com argumentos e perspectivas distintas em busca de influenciar os Ministros.

Um terceiro e último ponto agora destacado é o de que o tema principal da ação, qual seja, a proteção patentária, demanda uma análise conjugada das políticas públicas de saúde, de desenvolvimento industrial e tecnológico, de comércio internacional e de direitos humanos, cujo espaço tradicional seria o Legislativo. No entanto, é no STF que o tema foi colocado em pauta e em debate público, já que o Legislativo tem se mostrado impermeável a esta discussão, com seus membros e candidaturas sistematicamente financiados pela indústria farmacêutica. Assim, ainda que considerados os perigos desta proeminência do STF, algumas pautas só encontram espaço no tribunal.[23]

3.1 O contexto do caso das patentes *pipeline*

A Lei da Propriedade Intelectual – Lei 9.279/1996 (LPI) – foi editada no Brasil a partir da aprovação, no âmbito da Organização Mundial do Comércio (OMC), do chamado Acordo TRIPs (Trade-Related Aspects of Intellectual Property Rights) em 1994. Este tratado internacional determinou aos países signatários que adotassem leis de proteção à propriedade intelectual, em determinado prazo,[24] para campos tecnológicos até então não protegidos como, por exemplo, medicamentos.[25]

---

[23] Um outro exemplo deste «desvio de pautas» para o STF se deu no tema da união civil homossexual. A ADPF 132, julgada recentemente, revelou a importância da atuação do STF em temas que não encontram amparo no Legislativo e que estão protegidos pela Constituição Federal.

[24] O Acordo TRIPs previa a possibilidade de os países adaptarem suas legislações internas em até dez anos. Este período, considerado crucial para o desenvolvimento de parque fármaco-industrial, não foi utilizado pelo Brasil. A Índia, porém, desenvolveu um dos maiores parques industriais de medicamentos genéricos ao valer-se deste prazo.

Tal como estabelecido na LPI, a partir dos critérios de novidade, atividade inventiva e aplicação industrial, um medicamento recebe a proteção, implicando ao detentor da patente o privilégio de monopolizar sua exploração por vinte anos.

Este modelo foi criado a partir da noção de que a criação de um mercado monopolista de exploração de um determinado medicamento estimularia, por conseguinte, cada vez mais as invenções, distribuindo-se o bem para todos a partir do constante progresso científico.[26] No entanto, este sistema de proteção à propriedade intelectual tem mostrado distorções que colocam em cheque a sua existência, especialmente no que se refere ao mercado farmacêutico.

> «(...) direitos de propriedade intelectual representam uma transferência; o detentor do direito de propriedade intelectual fica em uma situação melhor, e o usuário fica em uma situação pior. Para deixar claro, os defensores dos direitos de propriedade intelectual afirmam que, a longo prazo, todos ficariam em uma situação melhor, mas tal afirmação nunca foi comprovada.»[27]

Neste mercado, cujas características apontam para a tendência a oligopolização,[28] dois fatores tem se mostrado centrais nas críticas ao atual modelo de exploração monopolista do mercado farmacêutico: a crise da atividade inventiva e as chamadas doenças negligenciadas.

Por um lado, o suposto incentivo gerado pelo privilégio de exploração monopolista permitido pela patente não tem rendido nem um retorno em pesquisa e desenvolvimento (PeD), nem a obtenção de novos fármacos pela inovação. Por exemplo, apenas 20% dos medicamentos analisados pelo FDA (*Food and Drugs Administration*) são classificados como altamente inovadores; os demais 80% possuem baixa inovação, imitações (*me-toos*) produzidas a partir da alteração de moléculas insignificantes em substâncias já existentes.[29]

---

[25] No Brasil, a imediata elaboração da lei, logo após a assinatura do acordo TRIPs, é considerado como um dos fatores responsáveis pelo *deficit* industrial brasileiro na área farmoquímica, acarretando a dependência do país com produtos importados.

[26] Ao longo do tempo, diversas teorias propuseram fundamentar a exploração monopolista de patentes/invenções. Ver em Salomão Filho, Calixto, «Direito industrial, concorrencial e interesse público», *Revista de Direito Público de Economia*, ano 2, n. 7, Belo Horizonte, 2004.

[27] Stiglitz, Joseph E. *Towards a pro-development and balanced intellectual property regime.* WIPO: Seoul, 2004: 15.

[28] O mercado farmacêutico possui como características a internacionalização, a especialização e a concentração. A oligopolização é fator presente nas indústrias farmacêuticas transnacionais, que controlam todas as etapas da produção (insumos, química, fabricação, distribuição e marketing). Ver em Bermudez, Jorge. «Medicamentos genéricos: uma alternativa para o mercado brasileiro». *Cadernos de Saúde Pública*, 10 (3), Rio de Janeiro, p. 368-378, jul.-set. 1994.

[29] Love, James, Evidence Regarding Research and Development Investments in Innovative and Non-Innovative Medicines, setembro de 2003, disponível em http://www.cptech.org/ip/health/rnd/evidenceregardingrnd.pdf.

De outro, doenças como malária, tuberculose, doença de Chagas e leishmaniose acometem os países pobres, causando um milhão de mortes por ano, são ignoradas pela indústria farmacêutica. Estas doenças negligenciadas, assim cunhadas pela organização não governamental Médicos Sem Fronteiras, representam 12% da carga total de doenças no mundo; porém tem destinados menos 1,5% dos medicamentos.[30]

Nesse sentido, alternativas ao atual sistema de proteção intelectual têm sido formuladas em diversas áreas do conhecimento. Especificamente em relação a medicamentos, a contestação deste sistema se dá desde a postura radical de extinção da proteção para medicamentos, diante da sua estrita relação com a saúde e o desenvolvimento humanos; passando por projetos de fundos globais; *pool* de patentes e até, inclusive, o uso das salvaguardas já existentes no atual sistema de proteção, em contraposição ao movimento que procura, por outro lado, ampliar as formas de preservar a exploração monopolística, chamadas de «TRIPs plus».

É através deste último aspecto de enfrentamento de medidas «TRIPs plus» que o caso das patentes *pipeline*, ora sob estudo, levanta o questionamento sobre as falhas ao atual sistema de proteção à propriedade intelectual e seus reflexos no direito constitucional à saúde.

3.2 As patentes pipeline e ADIn 4.234

As chamadas patentes pipeline estão previstas na legislação brasileira, especificamente nos arts. 230 e 231 da LPI.[31] Constituem um tipo de «patente

---

[30] Dados obtidos no site da organização Médicos Sem-Fronteiras (www.msf.og) e no artigo http://www.finep.gov.br/imprensa/revista/edicao6/inovacao_em_pauta_6_doencas_negl.pdf, consultados em 13 de junho de 2011. Estas fontes indicam que 90% dos gastos em pesquisa são direcionados a doenças que afetam menos de 1% da população mundial. «Entre 1975 e 2004, 1.556 novas entidades moleculares foram comercializadas em todo o mundo. Apenas 20 delas – o equivalente a 1,3% do total – eram para as chamadas doenças tropicais ou tuberculose, as quais representam 12% da carga total de doença».

[31] Lei 9.279/1996 – LPI. «*Art. 230.* Poderá ser depositado pedido de patente relativo às substâncias, matérias ou produtos obtidos por meios ou processos químicos e as substâncias, matérias, misturas ou produtos alimentícios, químico-farmacêuticos e medicamentos de qualquer espécie, bem como os respectivos processos de obtenção ou modificação, por quem tenha proteção garantida em tratado ou convenção em vigor no Brasil, ficando assegurada a data do primeiro depósito no exterior, desde que seu objeto não tenha sido colocado em qualquer mercado, por iniciativa direta do titular ou por terceiro com seu consentimento, nem tenham sido realizados, por terceiros, no País, sérios e efetivos preparativos para a exploração do objeto do pedido ou da patente. § 1.º O depósito deverá ser feito dentro do prazo de 1 (um) ano contado da publicação desta Lei, e deverá indicar a data do primeiro depósito no exterior. § 2.º O pedido de patente depositado com base neste artigo será automaticamente publicado, sendo facultado a qualquer interessado manifestar-se, no prazo de 90 (noventa) dias, quanto ao atendimento do disposto no *caput* deste artigo. § 3.º Respeitados os arts. 10 e 18 desta Lei, e uma vez atendidas as condições estabelecidas neste artigo e comprovada a concessão

de revalidação», através da qual se fez possível, no período de um ano da vacância da LPI, a incorporação da proteção conferida a produtos, inclusive medicamentos, em outros países. São um dos mecanismos «TRIPs plus», ou seja, que conferem proteção maior do que o estabelecido nos tratados internacionais.

Por ser um mecanismo que confere proteção a partir de sistemas de outros países, não foram observados os requisitos legais e constitucionais de patenteabilidade, quais sejam, a novidade, atividade inventiva e a inderrogabilidade do domínio público. Esta é a tese central da ação direta de inconstitucionalidade ADIn 4.234 que está no Supremo Tribunal Federal (STF), proposta pelo Procurador Geral da República diante de representação feita pela Fenafar – Federação Nacional dos Farmacêuticos, em nome do GTPI – Grupo de Trabalho em Propriedade Intelectual da Rebrip – Rede Brasileira pela Integração dos Povos.[32]

---

da patente no país onde foi depositado o primeiro pedido, será concedida a patente no Brasil, tal como concedida no país de origem. § 4.º Fica assegurado à patente concedida com base neste artigo o prazo remanescente de proteção no país onde foi depositado o primeiro pedido, contado da data do depósito no Brasil e limitado ao prazo previsto no art. 40, não se aplicando o disposto no seu parágrafo único. § 5.º O depositante que tiver pedido de patente em andamento, relativo às substâncias, matérias ou produtos obtidos por meios ou processos químicos e as substâncias, matérias, misturas ou produtos alimentícios, químico-farmacêuticos e medicamentos de qualquer espécie, bem como os respectivos processos de obtenção ou modificação, poderá apresentar novo pedido, no prazo e condições estabelecidos neste artigo, juntando prova de desistência do pedido em andamento. § 6.º Aplicam-se as disposições desta Lei, no que couber, ao pedido depositado e à patente concedida com base neste artigo. *Art. 231.* Poderá ser depositado pedido de patente relativo às matérias de que trata o artigo anterior, por nacional ou pessoa domiciliada no País, ficando assegurada a data de divulgação do invento, desde que seu objeto não tenha sido colocado em qualquer mercado, por iniciativa direta do titular ou por terceiro com seu consentimento, nem tenham sido realizados, por terceiros, no País, sérios e efetivos preparativos para a exploração do objeto do pedido. § 1.º O depósito deverá ser feito dentro do prazo de 1 (um) ano contado da publicação desta Lei. § 2.º O pedido de patente depositado com base neste artigo será processado nos termos desta Lei. § 3.º Fica assegurado à patente concedida com base neste artigo o prazo remanescente de proteção de 20 (vinte) anos contado da data da divulgação do invento, a partir do depósito no Brasil. § 4.º O depositante que tiver pedido de patente em andamento, relativo às matérias de que trata o artigo anterior, poderá apresentar novo pedido, no prazo e condições estabelecidos neste artigo, juntando prova de desistência do pedido em andamento.»

[32] O GTPI é um grupo de congrega diversas organizações não-governamentais de proteção dos direitos humanos, envolvidas em um trabalho integrado de repensar o atual modelo de proteção patentária de medicamentos face aos desafios da implementação e do acesso à saúde nos países em desenvolvimento. No marco desta iniciativa, foram propostas diversas ações judiciais, dentre elas uma ação civil pública para licenciamento compulsório do medicamento Kaletra®, ações de nulidades de patentes concedidas de forma abusiva; defesas administrativas e oposições a pedidos de patentes perante o INPI e a representação que deu origem à ADIn 4234. As organizações integrantes do GTPI se manifestaram também como *amici curiae* nesta ação.

A partir deste questionamento específico de inconstitucionalidade dos arts. 230 e 231 que incorporam a questão das patentes *pipeline*, permite-se colocar sob a apreciação do STF todo o sistema de proteção à propriedade intelectual e seu papel no Brasil, país garantidor de acesso universal à saúde, com recursos limitados, buscando não só a inconstitucionalidade das patentes pipeline como também maior sensibilização do STF para o tema em geral e o impacto das patentes no acesso a medicamentos no Brasil. Estes questionamentos estão refletidos, sobretudo, nas contribuições dos *amici curiae* no processo.

As principais teses levantadas pela Fenafar[33] e reproduzidas em síntese pelo Procurador Geral da República na ADIn 4.234[34] são de que as patentes *pipeline* retiram conhecimentos que já estavam em domínio público, violando assim o princípio da novidade que rege o sistema de propriedade intelectual, acarretando, por conseguinte, privilégio de exploração indevido e violação da livre iniciativa. A partir disso, havendo medicamentos protegidos por patentes *pipeline*, estaria configurada a violação ao princípio internacional da proibição do retrocesso de medidas assecuratórias de direitos sociais.

O Advogado Geral da União, o Senado Federal e a Câmara dos Deputados, que atuam nas ações diretas de inconstitucionalidade como informantes do tribunal e defensores da constitucionalidade da legislação questionada, trouxeram ao processo o argumento de que a Constituição Federal brasileira não tem a novidade como um requisito da proteção intelectual e que, subsidiariamente, a novidade teria sido assegurada no processo de concessão de patentes em outro país. Por fim, argumentam que não haveria a violação do direito adquirido da coletividade, na medida em que «não se pode considerar uma espécie de direito a expectativa (...) a ganhos futuros à custa da transgressão dos direitos de propriedade intelectual de outrem».[35]

Tão logo distribuída a ADIn 4234, diversos segmentos sociais, industriais e institucionais envolvidos no tema da saúde e acesso a medicamentos requereram o ingresso nos autos na qualidade de *amicus curiae,* ampliando os termos da discussão proposta sobre patente pipeline para todo o sistema de proteção patentária de medicamentos e seus impactos no direito à saúde.

Manifestaram-se como *amici curiae,*[36] até o momento, as seguintes entidades: Associação Brasileira de Sementes e Mudas – Abrasem; Associação

---

[33] Representação n. 1.00.000.012584/2007-95 PGR.

[34] ADIn 4.234, STF, rel. Ministra Carmen Lucia, disponível em (10.06.2011) http://www.stf.jus.br/portal/peticaoInicial/redirecionarPeticaoInicial.asp?base=ADINes1=4234eprocesso=4234.

[35] A citação e a inspiração da defesa da AGU vem da obra de Canotilho, J.J. Gomes, *A questão da constitucionalidade das patentes pipeline à luz da Constituição Federal brasileira de 1988.* Coimbra: Almedina, 2008: 114.

[36] Levantamento feito a partir do andamento processual da ADIn 4234 no sitio eletrônico do STF, visitado em 10 de junho de 2011: http://www.stf.jus.br/portal/processo/verProcessoAn-

Brasileira da Indústria de Química Fina – Abifina; Associação da Indústria Farmacêutica de Pesquisa – Interfarma; Associação Brasileira de Propriedade Intelectual – ABPI; Associação Brasileira das Indústrias de Medicamentos Genéricos – PRO-Genéricos; Associação Nacional de Defesa Vegetal – ANDEF; Fundação Oswaldo Cruz – Fiocruz; Agência Nacional de Vigilância Sanitária – Anvisa; Conectas Direitos Humanos, Grupo de Apoio e Prevenção à AIDS – GAPA/SP; Associação Brasileira Interdisciplinar de AIDS – ABIA; Instituto de Defesa do Consumidor – IDEC; Federação Nacional dos Farmacêuticos – Fenafar; Grupo de Incentido à Vida – GIV; Grupo de Apoio e Prevenção à AIDS – GAPA/RS; Médicos Sem Fronteiras – MSF.

Analisando as características das entidades que se manifestaram, pode-se classificá-las[37] em três grupos predominantes: associações de empresas que detém patentes; agências e laboratórios públicos e associações de defesa de direitos humanos. A argumentação colocada por estas organizações se coloca, no entanto, no entorno de uma mesma pergunta: são as patentes um mecanismo adequado de concretização dos princípios constitucionais?

Na posição expressa pelas organizações que representam interesses de empresas detentoras de patentes, elas seriam o único mecanismo adequado para garantir pesquisa e desenvolvimento de novos medicamentos, por estabelecer a segurança de retorno do investimento através da exploração monopolista.

Por outro lado, na posição de organizações de defesa de direitos humanos e instituições públicas, o sistema de proteção à propriedade intelectual, em especial no que se refere a medicamentos, não funciona de maneira adequada, ou seja, não traz o retorno esperado à coletividade a partir da exploração monopolista; tanto o contrário, permite graves distorções que comprometem os sistemas de saúde de países pobres e em desenvolvimento.

Pode-se dizer que está representada, assim, no debate instaurado a partir da ADIn 4.234 no STF, a diversidade de atores políticos envolvidos, carregando, cada qual, seus interesses econômicos e as disputas sociais por modelo de desenvolvimento e de política de saúde.

CONCLUSÃO

A ampliação do acesso à jurisdição constitucional permitiu, na ADIn 4.234, que a discussão específica sobre a constitucionalidade das patentes *pipeline* fosse ampliada para outra de ordem mais geral, relativa à pertinência do próprio sistema de proteção patentária enquanto estímulo à pesquisa e à inovação.

---

damento.asp?incidente=12879.

[37] Esta classificação foi a mesma desenvolvida em minha dissertação de mestrado. Almeida, Eloísa Machado, *ob. cit.*, p. 70.

Apesar de que formalmente o STF esteja adstrito aos artigos questionados na inicial da ação direta de inconstitucionalidade, não o está a causa de pedir,[38] aos argumentos e fundamentos de inconstitucionalidade elencados pelo autor da ação.

Desta forma, ao analisar a constitucionalidade dos arts. 230 e 231 da LPI, o STF poderá considerar os argumentos que questionam a funcionalidade do sistema de proteção à propriedade intelectual, em especial no que tange a medicamentos e ao direito à saúde, em sua decisão.

Ainda que não se possa imaginar qual será o resultado da ação, a variedade de informações e teses levadas ao conhecimento do STF pelos *amici curiae* terá, ao menos potencialmente, o condão de qualificar a prestação jurisdicional constitucional.

Afinal, nos dizeres do próprio STF:

> «(...) em assim agindo, não só garantirá maior efetividade e atribuirá maior legitimidade às suas decisões, mas, sobretudo, valorizará, sob uma perspectiva eminentemente pluralística, o sentido essencialmente democrático dessa participação processual, enriquecida pelos elementos de informação e pelo acervo de experiências que o *amicus curiae* poderá transmitir em um processo – como o de controle abstrato de constitucionalidade – cujas implicações políticas, sociais, econômicas, jurídicas e culturais são de irrecusável importância e de inquestionável significação.»[39]

---

38 Precedente: ADIn 1358/MC.

39 Trecho da ementa da ADIn 2.130/MC, rel. Min. Celso de Mello.

7

POR QUE DEVEMOS CONFIAR NO JUDICIÁRIO?

LUCIANA GROSS CUNHA

APRESENTAÇÃO

Tenho me perguntado, e desafiado alguns colegas juristas a me responderem, se medir a confiança nas instituições do sistema de Justiça é um problema de pesquisa na área do Direito. A minha formação em ciência política faz com que eu veja a questão da confiança nas regras e legitimidade das instituições como uma questão a ser enfrentado pelo modelo institucionalista de análise política. Na área do Direito, no entanto, eu ainda tenho dúvidas de que a confiança institucional é um problema a ser estudado a partir de paradigmas metodológicos e científicos genuinamente jurídicos. Traçando um paralelo, eu também não consigo me convencer de que o Direito apresenta parâmetros científicos que deem conta do estudo das formas de deliberação no Supremo Tribunal Federal.

A minha impressão é que vivemos tempos interessantes nos quais o Direito, por meio de juristas das novas gerações, de forma ambiciosa, vem descobrindo novas áreas de investigação e se apropriando de metodologias e paradigmas externos ao mundo jurídico e, dessa forma, reconstruindo o seu campo de atuação.

Para além dessa discussão, minhas pesquisas e a elaboração do Índice de Confiança na Justiça – *ICJBrasil* estão organizadas a partir de dúvidas, incômodos e perguntas que procuram olhar o Sistema de Justiça sob a ótica da ciência política, informada por questões que dizem respeito ao desenho institucional e à eficiência na prestação de serviços públicos.

Nesse sentido, muito mais do que discutir os dados produzidos pela pesquisa *ICJBrasil*, a preocupação neste texto será a de apresentar as motivações e justificativas para a pesquisa e a contribuição que esse tipo de informação pode trazer.

Para apresentar essas motivações, eu começo com o título do artigo, qual seja, por que é importante confiar no poder judiciário? Porque a medida de confiança numa instituição como o Judiciário é importante? Ou ainda: Será que essa é uma questão importante? Se ela é uma questão importante, por que e como devemos respondê-la?

Para responder essas questões, é preciso ter em mente as funções que o Judiciário cumpre na democracia e no Estado de Direito. Analisando de forma retrospectiva os desenhos institucionais, construídos a partir do Estado moderno, ou seja, da instituição de um Estado laico e distinção das suas diferentes atividades, temos basicamente duas funções do Judiciário: de um lado, ele funciona como um prestador de serviço público, de outro, ele atua como um poder político do Estado.

Tais funções têm a sua inspiração nos modelos de organização dos governos propostos por Montesquieu (Montesquieu, 2005) e nos Artigos Federalistas (Madison, 1993). No modelo proposto por Montesquieu, o Judiciário tem como função principal solucionar os casos de disputa envolvendo os particulares e, nesse caso, presta um serviço público de conter os conflitos sociais. No modelo institucional criado a partir dos Artigos Federalistas e adotado pelos Estados Unidos da América, o Judiciário tem um poder político de resguardar a federação por meio da Constituição. A avaliação do Judiciário no desempenho dessas funções está ligada a sua legitimidade enquanto poder do Estado.[1]

Como prestador de serviço público, o Judiciário deve cumprir suas funções de forma rápida, transparente e ao menor custo possível para a sociedade, sendo os critérios da economia e da administração pública que orientam a avaliação do Judiciário, nesse sentido. Como poder político do Estado, o Judiciário deve solucionar os casos que chegam até ele de forma a organizar e orientar as condutas futuras dos cidadãos, do governo e de suas instituições. A execução dessas funções é organizada pelos princípios gerais do processo, regras de interpretação e pela teoria do Direito, como um todo.

---

[1] Nas democracias contemporâneas, não é possível identificarmos modelos puros a partir daqueles idealizados pela teoria política. O que temos são judiciários com funções políticas e, ao mesmo tempo, prestadores de serviço público, com variações no peso com que cada uma dessas atividades é desenvolvida. Essas experiências e, por vezes, confusão de atividades são mais nítidas em países que recentemente passaram por um processo de democratização e reformas constitucionais, incorporando direitos sociais, o que faz com que se confundam mais ainda as funções políticas e de prestador de serviço público do Judiciário.

A forma pela qual tais instrumentos organizam as atividades do Judiciário não era a preocupação quando, em 2007, começaram os trabalhos para o projeto de pesquisa que viria a se tornar o *ICJBrasil*. A inquietude naquele momento era a ausência de indicadores, ou melhor, de informações sobre a forma pela qual a população percebe os serviços prestados pelo Judiciário, avaliando suas atividades como prestador de serviço público e como poder político do Estado.

A ausência dessas informações, no que diz respeito ao desenho institucional, reflete a forma pela qual são pensadas a produção legislativa e de políticas públicas na área da Justiça. Apenas ilustrativamente, a reforma do Judiciário tramitou durante 12 anos no Congresso Nacional, de 1992 a 2004, sem que fossem apuradas, de forma sistemática e organizada, a visão que o brasileiro tinha sobre o funcionamento do Judiciário. É verdade que a discussão sobre a chamada «crise do Judiciário» alimentou a iniciativa e as discussões durante a tramitação do projeto, porém quem interferiu de forma definitiva na condução e elaboração do texto final foram as corporações e as carreiras jurídicas, interessadas em um determinado modelo de sistema de Justiça, sem ouvir e se preocupar com a avaliação efetiva da população sobre o funcionamento do Judiciário.

Nesse sentido, a justificativa para a produção de informação sobre a percepção da população acerca do funcionamento do Judiciário está resolvida na medida em que se parte do pressuposto que esse tipo de informação é necessária para produzir as políticas públicas na área. Mas tal justificativa não responde à questão sobre por que falar em confiança no Judiciário e qual é a importância desse tipo de conhecimento.

Voltando à pergunta inicial deste artigo, a hipótese que sustento aqui é a de que a confiança no Judiciário é uma informação necessária para a produção de política pública na área e envolve mais do que a avaliação da população sobre o funcionamento do Judiciário, enquanto prestador de serviço público, mas define também os parâmetros para a verificação da sua legitimidade como poder político do Estado.

CONFIANÇA NAS INSTITUIÇÕES

A medida de confiança nas instituições é um dos instrumentos para avaliar o grau de democracia em estados nacionais. Assim como os demais critérios apontados por Robert Dahl, em seu trabalho *Poliarquia* (Dahl, 1997), como instrumentos de avaliação de inclusividade e participação política nas poliarquias, a confiança nas instituições políticas vem chamando a atenção em estudos de ciência política, a partir do início dos anos 1980, como uma medida capaz de indicar o grau de democratização de um dado estado.

Sob essa ótica, confiança nas instituições políticas está relacionada à institucionalização das regras que organizam os processos de tomada de decisão e de alternância de poder. Na democracia, esses processos possuem importância e características específicas, tal como a garantia que os cidadãos possuem de formar suas preferências de forma livre e informada, e de suas preferências serem levadas em conta pelos governantes (Dahl, 1997). Ter confiança nas instituições significa, nesse sentido, que as regras que organizam as instituições políticas são gerais e previsíveis. Além do mais, independentemente de quem ocupa o poder ou dos resultados produzidos pelo governo, todos estarão submetidos às regras, que, dessa forma, também são estáveis.

Eu posso não concordar com os resultados, mas uma vez que as regras são gerais, estáveis e previsíveis, eu, como cidadão e parte do regime político organizado por essas regras, aceito o resultado. Indo um pouco mais longe, são esses os conceitos que definem a institucionalização de um regime político sob a ótica do *rule of law* sob o paradigma do liberalismo político, que exige segurança jurídica, no sentido de que as regras são gerais, abstratas, claras e previsíveis, tendo como papel do Estado e de suas instituições a garantia de direitos individuais (Raz, 1977).

Podemos ver como todos esses conceitos se juntam na construção de Robert Dahl (Dahl, 1997) que, ao sugerir o termo *poliarquia*, no lugar de democracia, apresenta a possibilidade de compararmos os regimes a partir dos seus custos de manutenção e de tolerância à oposição. Na medida em que os custos de manutenção do regime aumentam, diminuem os custos para tolerar a oposição, que passam a ter poder na tomada de decisão. Em um regime pouco inclusivo e de baixa participação política, isso indica um processo de transição, onde a democracia é um dos pontos de chegada. Em um regime com algum grau de participação política e inclusividade, tal movimento pode indicar alternância no poder e maior participação e inclusividade.

Alguns críticos consideram a análise dos regimes políticos e do funcionamento das instituições, que leva em conta a relação entre custo e benefício, uma simplificação excessiva do papel do indivíduo e das suas escolhas.[2] O meu argumento a favor desse modelo de análise é que ele tem a capacidade de explicar as mudanças de regime político e, mais especificamente, as transições para a democracia a partir dos anos 1970. Mesmo agora, quando vemos a «primavera árabe», se utilizarmos esse modelo de análise, conseguiremos explicar o movimento político que, no Oriente Médio, a partir do início de 2011, vem exigindo maior participação política.

No caso da confiança nas instituições, como instrumento de avaliação do grau de democracia, quanto maior a confiança nas instituições, menor o custo para a quebra do regime democrático. Voltando ao modelo proposto por Robert Dahl, quanto maior a confiança nas instituições dentro de uma

---

2 Nesse sentido, ver Souza e Lamounier, 2006.

democracia, maior o grau de participação e inclusão de tal democracia ou melhor, poliarquia, como o autor sugere (Dahl, 1997).

Se confiança está ligada à institucionalização e, portanto, à existência de regras gerais e previsíveis, podemos concluir que confiança também está ligada à legitimidade das instituições, no sentido de legitimidade resultante da dominação racional-legal (Weber, 1994).

E como medir a legitimidade das instituições? Se legitimidade tem a ver com confiança, então uma das formas de medir a legitimidade das instituições é produzir informações sobre a confiança nessas instituições. Isso significa identificar se o cidadão acredita que essa instituição cumpre a sua função com qualidade, se ele percebe que ela faz isso de forma em que benefícios de sua atuação sejam maiores que os seus custos e se essa instituição é levada em conta no dia-a-dia do cidadão comum. Esse pressuposto envolve algumas questões: como identificar a qualidade nas atividades de uma instituição? Como calcular seus custos e benefícios na prestação desse serviço? Como identificar se essa instituição é levada em conta no dia-a-dia do cidadão comum?

No caso do Judiciário, enquanto instituição prestadora de serviço público, como já foi dito acima, temos três variáveis que interferem na qualidade de suas atividades: tempo de solução dos conflitos, transparência e baixo custo. Como poder político do estado, o fato da população levar em conta a possibilidade de acionar o Judiciário para solucionar os seus conflitos é uma variável importante.

ICJBRASIL

A pesquisa Índice de Confiança na Justiça Brasileira – *ICJBrasil* –, produzida desde 2009 pela Direito GV com o objetivo de mensurar a legitimidade do poder judiciário como prestador de serviço público e como poder político, produz um índice de confiança da população no Judiciário a partir da avaliação das atividades do Judiciário e da disponibilidade em recorrer a ele quando se depara com algum conflito. Assim, o *ICJBrasil* é composto por dois subíndices: (i) um subíndice de percepção, pelo qual é medida a opinião da população sobre a Justiça e a forma como ela presta o serviço público; e (ii) um subíndice de comportamento, por meio do qual procuramos identificar a atitude da população, se ela recorre ao Judiciário para solucionar determinados conflitos ou não.

O subíndice de percepção é produzido a partir de um conjunto de oito perguntas nas quais o entrevistado deve emitir sua opinião sobre o Judiciário no que diz respeito (i) à confiança, (ii) à rapidez na solução dos conflitos, (iii) aos custos do acesso, (iv) à facilidade no acesso, (v) à independência política, (vi) à honestidade, (vii) à capacidade para solucionar os conflitos levados a sua apreciação, e (viii) ao panorama do Judiciário nos últimos 5 anos.

Para a produção do subíndice de comportamento, foram construídas seis situações diferentes, diante das quais a população deve dizer qual a chance de procurar o Judiciário. Tais situações hipotéticas foram construídas com o objetivo de procurar relacionar conflitos nos quais a população dos centros urbanos pode se envolver e que podem suscitar processos na Justiça Comum, deixando de fora as questões relativas à área penal, quando as pessoas envolvidas nem sempre têm liberdade de decidir se procuram ou não o Judiciário. Assim foram elaborados casos envolvendo: direito do consumidor, direito de família, direito de vizinhança, direito do trabalho, um caso envolvendo o Poder Público e um caso relativo à prestação de serviço. Também houve um esforço para criar situações nas quais pessoas com rendas diferentes pudessem se envolver e situações em que os entrevistados ocupassem posições diferentes nos diversos conflitos. Assim, por exemplo, em uma das situações o entrevistado é o consumidor, sendo a parte mais fraca no conflito, e em outra situação o entrevistado é o contratante na relação de prestação de serviço, sendo a parte mais forte.

Como uma pesquisa de percepção, do tipo de sondagem de tendência, o *ICJBrasil* é um levantamento estatístico trimestral de natureza qualitativa, realizado nas regiões metropolitanas e no interior de seis Estados do país e do Distrito Federal com base em amostra representativa da população. Sob essa modelagem e de periodicidade trimestral, a pesquisa é capaz de gerar informações utilizadas no monitoramento da situação corrente e na antecipação de eventos futuros.

Porém, como toda pesquisa empírica, o *ICJBrasil* é uma simplificação da realidade a partir da construção de variáveis, de tipo ideal, que nos dá um retrato aproximado dessa realidade. Alguns desses resultados correspondem ao senso comum, porém aparecem de forma diferente em cada uma das regiões brasileiras nas quais o questionário é aplicado.

No 2.º trimestre de 2011,[3] o *ICJBrasil* foi de 5,6 pontos, em uma escala de 0 a 10, sendo que o subíndice de comportamento foi de 8,6 pontos e o subíndice de percepção atingiu 4,3 pontos. Os resultados desse período seguem a tendência, já identificada nos trimestres anteriores, de má avaliação do Judiciário como prestador de serviços públicos. Para 89% dos entrevistados o Judiciário é moroso, resolvendo os conflitos de forma lenta ou muito lentamente. Além disso, 89% disseram que os custos para acessar o Judiciário são altos ou muito altos e 70% dos entrevistados acreditam que o Judiciário é difícil ou muito difícil para utilizar.

Outros três problemas apontados pelos entrevistados são falta de honestidade (67% dos entrevistados consideram o Judiciário nada ou pouco honesto), parcialidade (63% dos entrevistados acreditam que o Judiciário é nada ou pouco independente) e falta de competência para solucionar os casos

---

3 Os dados apresentados fazem parte do relatório de pesquisa *ICJBrasil*, 2.º trimestre/2011, 1ª Onda – ano 3, disponível em www.direitogv.com.br.

(57% da população entrevistada classificam o Judiciário como nada ou pouco competente).

Apesar da má avaliação do Judiciário, como prestador de serviço público, nas perguntas sobre comportamento a maioria dos entrevistados declarou que procuraria o Judiciário para resolver eventuais conflitos. Nos casos envolvendo direito do consumidor, 95% dos entrevistados disseram que se adquirissem um produto com defeito e o fornecedor não o reparasse iriam ao Judiciário para solucionar o conflito. Os casos que compreendem relações com o Poder Público aparecem em segundo lugar, com 93% dos entrevistados dizendo que iriam buscar o Judiciário para solucionar, por exemplo, danos causados a sua residência em decorrência de obras realizadas pelo Estado (como obras de saneamento, asfaltamento etc.). Em terceiro lugar estão os litígios envolvendo direito de família, com 92% dos entrevistados afirmando que buscariam o Judiciário para solucionar esse tipo de conflito. Os conflitos envolvendo relações de trabalho aparecem em quarto lugar, com 88%; e os litígios derivados das relações de vizinhança estão na quinta posição, com 87%.

Além das perguntas que compõem os subíndices de percepção e comportamento, também são feitas perguntas sobre o uso do Judiciário. No 2.º trimestre de 2011, quando perguntamos aos entrevistados se já utilizaram o Poder Judiciário, 51% responderam que sim. A partir dessa resposta é possível traçar um perfil dos usuários da Justiça, que corresponde a um cidadão que reside em centro urbano, possui escolaridade alta, tem entre 35 e 59 anos e uma renda familiar de R$ 6.120,01 ou mais.

Gráfico 1: Percentual de entrevistados que declaram já ter entrado com algum processo ou ação na Justiça (pessoalmente ou alguém residente em seu domicílio) 2.º trimestre/2011

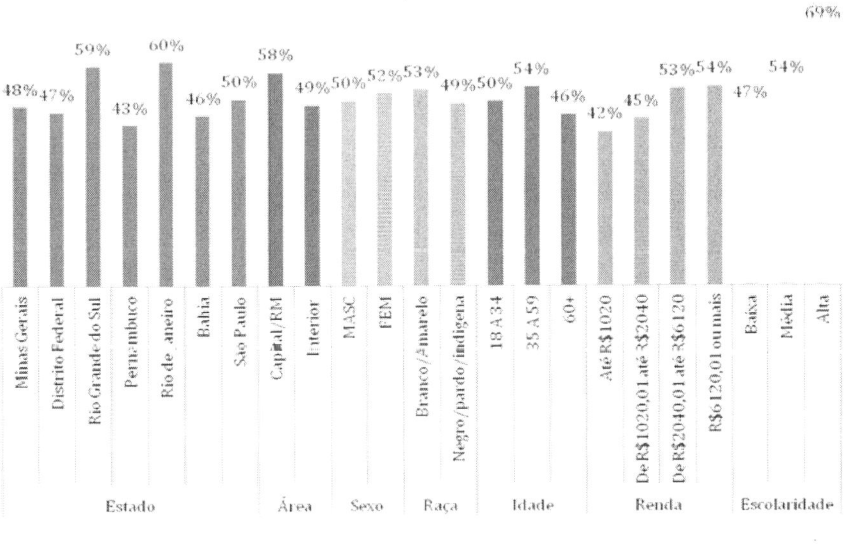

É interessante observar que, além de uma correlação com local de moradia, idade, renda e escolaridade, existe uma variação na utilização do Judiciário em cada um dos estados brasileiros, sendo que 60% dos entrevistados no Rio de Janeiro e 59% dos entrevistados no Rio Grande do Sul disseram já terem acionado a Justiça.

Se olharmos para os resultados dos relatórios *Justiça em Números* do Conselho Nacional de Justiça (CNJ, 2011), que trazem indicadores de atividades do Judiciário brasileiro como um todo, verificamos que o estado do Rio Grande do Sul é o que possui maior número de casos novos por habitante, chegando a 9.706 casos novos por 100.000 habitantes na Justiça Estadual, quando a média nacional é de 5.543 casos novos por 100.000 habitantes. O Rio de Janeiro também possui um número de casos novos acima da média nacional, tendo apresentado, em 2010, 6.547 casos novos por 100.000. Esses dois estados também aparecem entre os estados com maior número de casos novos por juízes, sendo que o Rio de Janeiro possui 2.277 casos novos por juiz em 1ª instância, enquanto a média nacional é de 1.169 casos novos por juiz. Já o Rio Grande do Sul aparece em terceira colocação nesse quesito, com 1.772 casos novos por juiz em 1ª instância.

No que diz respeito à taxa de congestionamento, que mede o percentual de processos solucionados no período em relação ao total de processos em andamento, que correspondem aos novos processos somados aos processos pendentes do ano anterior, o Rio Grande do Sul apresenta uma das menores taxas de congestionamento do país, correspondendo a 38%, quando a média nacional é de 64,9%. O Rio de Janeiro, nesse quesito, no entanto, apresenta uma taxa de congestionamento maior que a nacional, chegando a 68,8%.

O que a pesquisa do *ICJBrasil* pode estar apresentando nesse ponto é que além de verificar números percebidos pelos próprios tribunais, indica que o cidadão também percebe e é capaz de avaliar o desempenho do Judiciário, não somente por experiência própria, mas também pela sensação reproduzida pela sociedade como um todo.

O *ICJBrasil* também vem monitorando as outras formas de solução de conflito, reconhecidas pelo estado, mas que não concorrem com o Judiciário. Ao contrário, podem representar formas alternativas de solução de conflito. Uma dessas formas de solução alternativa de conflito é o Procon – Fundação de Proteção e Defesa do Consumidor – órgão do poder executivo e que, por meio de processo administrativo tem como um dos seus objetivos solucionar extrajudicialmente os conflitos envolvendo relações de consumo. De acordo com o *ICJBrasil* do 2.º trimestre de 2011, 96% dos entrevistados disseram que conhecem o Procon, porém somente 18% deles afirmaram já ter utilizado seus serviços.

A outra pergunta da pesquisa do *ICJBrasil* relacionada às formas alternativas de solução de conflito diz respeito à possibilidade de, na hipótese de enfrentarem algum tipo de conflito que pudesse ser resolvido na Justiça, aceitar um acordo reconhecido pelo Judiciário, mas decidido por outra pessoa que não um juiz. Nesse caso, 66% dos entrevistados afirmaram que aceitariam procurar solucionar o seu conflito por meios alternativos, sendo que quem mais se mostrou disposto a realizar acordos extrajudiciais foram os entrevistados com maior renda e maior grau de escolaridade.

Gráfico 2: Percentual de entrevistados que declaram que aceitariam utilizar meios alternativos de resolução de conflitos, 2.º trimestre/2011

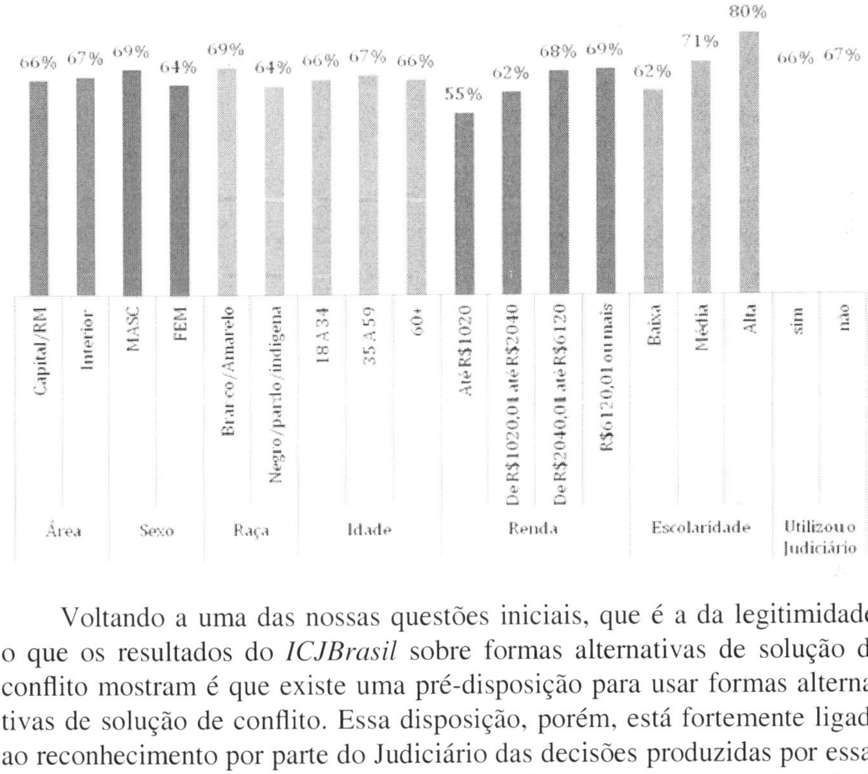

Voltando a uma das nossas questões iniciais, que é a da legitimidade, o que os resultados do *ICJBrasil* sobre formas alternativas de solução de conflito mostram é que existe uma pré-disposição para usar formas alternativas de solução de conflito. Essa disposição, porém, está fortemente ligada ao reconhecimento por parte do Judiciário das decisões produzidas por essas outras formas de solução de conflito, o que faz com que, mesmo existindo alternativas ao Judiciário, sua legitimidade não concorra com outras modali dades, ao contrário, se imponha a elas.

CONSIDERAÇÕES FINAIS

As questões que eu tratei de forma breve nesse artigo dizem respeito a um novo olhar para as instituições do sistema de justiça. Esse novo olhar tem forte inspiração na análise neoinstitucional e na literatura que, dentro da ciência política, propôs um novo enfoque a partir de critérios que podem medir o desempenho das instituições e compará-las. Como foi dito acima, Robert Dahl, em sua obra *Poliarquia* (Dahl, 1997), propõe critérios de comparação entre os regimes a partir de variáveis que, se não fixas, são ao menos objetivas. São esses critérios que nos permitem discutir institucionalização ou não dos regimes políticos e das suas instituições.

Transpondo essa discussão para as instituições do sistema de justiça, que, por sua vez, está profundamente ligada à institucionalização da democracia, a literatura sobre as democracias latino-americanas aponta para o fato de que a limitação no exercício de direitos, principalmente dos direitos ligados ao sistema legal como acesso ao judiciário e a processos justos, compromete o processo de democratização em todos os níveis da sociedade.

Para esta literatura há uma estreita ligação entre democracia, princípio da lei e Estado de direito.[4] Segundo Guillermo O'Donnell, nos países latino-americanos, ao menos formalmente, os direitos de poliarquia são preservados, porém as deficiências relacionadas à aplicação da lei, às relações das burocracias com os cidadãos comuns, ao acesso ao Judiciário e a processos justos e à legalidade, mesmo quando recaem sobre pequenas parcelas da população ou atingem áreas periféricas, afetam a caracterização do regime como democrático (O'Donnell, 1998). Neste sentido, pode-se dizer que um Judiciário distante, embaraçoso, caro e lento demais contribui para a existência de sistemas subnacionais que não podem ser caracterizados como poliarquias.

Paralelamente a essa discussão, que envolve a legitimidade das instituições do sistema de justiça, a existência ou não de mecanismos de controle das atividades dos governos nos regimes democráticos e a sua eficácia e eficiência também têm sido apontadas pela literatura como variáveis que determinam a consolidação ou a institucionalização do regime democrático.

Isto porque apenas o cumprimento das exigências impostas pela definição de poliarquia (Dahl, 1997) não tem se mostrado suficiente para garantir a efetividade da lei e os direitos da cidadania, pressupostos da democracia. Neste sentido, estudos recentes[5] apontam para a necessidade de instrumentos

---

[4] Na Ciência Política, me refiro especialmente aos trabalhos de Guillermo O'Donnell, Paulo Sergio Pinheiro e Adam Przeworski (Mendes, Juan E.; O'Donnell, Guillermo; Pinheiro, Paulo Sergio, 2000; O'Donnell, 1991; 1993; 1998a e 1998b; Przeworski, 1998, 1999 e Przeworski *et alii*, 1997; Puymbueck, 2000; Carvalho, 2001; Pandolfi, 1999). Em áreas afins são úteis os trabalhos de José Murilo de Carvalho e os relatórios do Banco Mundial acerca da necessidade um poder judiciário ágil e acessível para todas as camadas da população para a institucionalização da democracia.

[5] Ver Adam Przeworski, 1998 e 1999, nos quais o autor desenvolve a questão do controle dos cidadãos sobre o governo e dos mecanismos de *accoutability* horizontal e vertical. De Guillermo O'Donnell, ver 1993, 1998a e 1998b, nos quais o autor analisa as poliarquias da América Latina, apontando para a ausência de mecanismos de *accountability* horizontal e *responsiveness*, o que consequentemente impossibilita a institucionalização da democracia nestes países.

de *accountability* e *responsiveness* que sejam capazes de impor o princípio da lei e o Estado de direito de forma universal, além de indicar casos de corrupção ou condutas desviantes por parte da administração.

Este controle pode ser de natureza política, recaindo sobre a definição de políticas públicas ou sobre a atuação dos poderes do Estado, como também pode tratar-se de um controle sobre a administração e a burocracia, no qual questões orçamentárias ou desvios da administração são alvos de fiscalização. Ele pode se dar por meio de instrumentos externos à estrutura do governo, como é o caso das eleições, nas quais a sociedade exerce diretamente o controle sobre os políticos; ou por mecanismos internos, nos quais o controle é exercido pelas próprias instituições do Estado. As formas de controle também podem ocorrer simultaneamente entre as instituições do Estado, por meio de atividades que são exercidas por mais de uma instituição, ou podem ser feitas por instituições concebidas especificamente com o objetivo de controlar as atividades do governo.

No caso do Brasil, onde a discussão da crise do sistema de justiça não é recente (as primeiras discussões são do início dos anos 1980, com as primeiras alterações da legislação processual, criando a açao civil pública, a ação popular, os juizados de pequenas causas, entre outros) esses enfoques de questionamento sobre a legitimidade das instituições judiciárias e a existência de mecanismos de controle das suas atividades a partir da produção de informação e criação de indicativos de desempenhos são ainda mais essenciais.

Nesse sentido, confiar ou não no Judiciário é uma questão que desafia a sua legitimidade e a institucionalização, seja do sistema de justiça como um todo, seja na democracia como regime político e como valor que organiza a vida em sociedade.

BIBLIOGRAFIA

Carvalho, José Murilo, 2001: *Cidadania no Brasil: o longo caminho*. Rio de Janeiro: Civilização Brasileira.

Conselho Nacional de Justiça – CNJ, Relatório Justiça em Números 2010. Disponível em www.cnj.jus.br, acessado em 11.10.2011.

Dahl, Robert, 1982: *Dilemmas of Pluralist Democracy*. New Haven and London: Yale University Press.

____, 1997: *Poliarquia*. São Paulo: Ed. da USP.

Direito GV. Relatório de Pesquisa Relatório *ICJBrasil*, 2.º trimestre / 2011, 1ª onda, ano 3. Disponível em: www.direitogv.com.br, acessado em 11.10.2011.

Souza, Amaury de; Lamounier, Bolívar, 2006: «O futuro da democracia: cenários político-institucionais até 2022». *Estud. av.*, São Paulo, vol. 20, n. 56, abr. 2006. Disponível em <http://www.scielo.br/scielo.php?script=sci_arttextepid=S0103-

-40142006000100005elng=ptenrm=iso>. acessos em 24 out. 2011. http://dx.doi.org/10.1590/S0103-40142006000100005.

MADISON, James; HAMILTON, Alexander; JAY, John, 1993: *Os Artigos Federalistas, 1787-1788.* Rio de Janeiro: Nova Fronteira.

MENDES, Juan E.; O'DONNELL, Guillermo; PINHEIRO, Paulo Sergio, 2000: *Democracia, violência e injustiça: o não-Estado de direito na América Latina.* São Paulo: Paz e Terra.

MONTESQUIEU, Charles de Secondat, Baron de, 2005: *O espírito das leis.* São Paulo: Martins Fontes.

O'DONNELL, Guillermo, 1991: «Democracia delegativa?» *Revista Novos Estudos Cebrap,* n. 31, out. 1991: 25-40.

____, 1993: «Sobre o Estado, a democratização e alguns problemas conceituais». *Revista Novos Estudos Cebrap*, n. 36, jul. 1993: 123-145.

____, 1998a: «Poliarquias e a (in)efetividade da lei na América Latina». *Revista Novos Estudos Cebrap*, n. 51, jul. 1998: 37-61.

____, 1998b: «Accountability Horizontal e Novas Poliarquias». *Revista Lua Nova*, n. 44, 1998: 27-54.

PANDOLFI, Dulce Chaves *et alii* (org.), 1999: *Cidadania, justiça e violência.* Rio de Janeiro: Fundação Getúlio Vargas.

PRZEWORSKI, Adam, 1998: *The State and the citizen*, mimeo.

____, 1999: *A Better Democracy, a Better Economy*, mimeo.

____; ALVAREZ, M.; CHEIBUB, J.A. e LIMONGI, F., 1997: «O que mantém as democracias?», *Revista Lua Nova,* n. 40/41, 1997: 113-135.

PUYMBOECK, Rudolf V. Van (Ed.), 2000: «Comprehensive Legal and Judicial Development: Toward an Agenda for a Just and Equitable Society in the 21st Century». Washington D.C.: The World Bank.

RAZ, Joseph. «The Rule of Law and Its Virtue». *Law Quarter Rewiew,* 93, 195 – 211, 1997.

SOUZA, Amaury de; LAMOUNIER, Bolívar, 2006: «O futuro da democracia: cenários político-institucionais até 2022». *Estud. av.,* São Paulo, vol. 20, n. 56, abr. 2006. Disponível em <http://www.scielo.br/scielo.php?script=sci_arttextepid=S0103-40142006000100005elng=ptenrm=iso>. acessos em 24 out. 2011. http://dx.doi.org/10.1590/S0103-40142006000100005.

8

ESCOLHA INSTITUCIONAL, CONSTITUIÇÃO E GOVERNABILIDADE

ARGELINA CHEIBUB FIGUEIREDO[1]

1. O DIAGNÓSTICO DA INGOVERNABILIDADE

Já no seu primeiro ano de vida, a Constituição de 1988 foi duramente criticada por ninguém menos do que o mais alto mandatário do país. Para o presidente Sarney, a divisão constitucional de recursos e atribuições entre os entes federativos tornava o país ingovernável. Não obstante as objeções ao modelo federativo,[2] são as instituições políticas consagradas na Constituição de 1988 – das quais dependem as decisões sobre as políticas públicas – o principal alvo das críticas à nossa última carta democrática. As instituições políticas brasileiras foram vistas por muitos analistas políticos como inadequadas para viabilizar a governabilidade necessária para se enfrentar os grandes desafios do país à época da promulgação da Constituição: combate à inflação e às desigualdades sociais.

Esse diagnóstico de que as instituições políticas brasileiras estabelecidas com a nova Constituição tornam o país difícil de se governar tem sua força

---

[1] Esta palestra baseia-se em livros e artigos publicados pela autora em coautoria com Fernando Limongi, particularmente a obra *Executivo e legislativo na nova ordem constitucional*, Rio de Janeiro: Editora da FGV, 1999.

[2] Sobre o tema do federalismo, ver o trabalho de Vanessa Elias de Oliveira, neste volume, à p. 219.

ainda hoje. Mesmo quando avanços no controle da inflação e na diminuição da desigualdade social são reconhecidos, predomina ainda a visão de que as instituições políticas precisam ser reformadas.

O diagnóstico de ingovernabilidade baseia-se em teorias que enfatizam os efeitos das instituições políticas sobre a capacidade do governo de obter apoio legislativo para o seu programa de governo. Ou seja, a natureza das relações entre o executivo e o legislativo depende do formato de diversas instituições, desde o sistema eleitoral até a forma em que o estado e o governo se organizam. De acordo com esse diagnóstico, como o sistema de governo brasileiro é presidencialista, ou seja, presidentes e deputados são eleitos por diferentes tipos de eleitorados, o conflito entre executivo e legislativo é intrínseco. O presidente e os parlamentares devem seus mandatos a eleitorados distintos e, portanto, têm preferências distintas por políticas públicas. O executivo, eleito pela maioria (em primeiro ou em segundo turno), está preocupado com políticas de interesse geral, enquanto os parlamentares, eleitos por eleitorados específicos – grupos de interesses ou localidades – se voltam para políticas particularistas que atendam suas clientelas.

Para os críticos das instituições políticas vigentes, a organização da representação política dificulta ainda mais a tarefa de governar. Nosso multipartidarismo fragmentado torna quase impossível a eleição de um presidente majoritário e dificulta a formação de maiorias por meio de coalizões. O sistema eleitoral proporcional com lista aberta, por estabelecer laços pessoais entre eleitores e candidatos, dá origem a parlamentares indisciplinados, ou seja, que não levam em conta os interesses partidários, votando no Congresso à revelia de seus partidos. Finalmente, a forma federativa de organização do estado garante a representação no legislativo nacional de interesses territoriais, locais, que acabam predominando sobre os interesses nacionais. O resultado final é a paralisia decisória que impede a mudança de políticas que, por sua vez, pode acabar em crise institucional ou mesmo queda da democracia.

Portanto, o Brasil seria assim um mau exemplo de desenho institucional. As instituições básicas da atual democracia brasileira seriam incapazes de dar conta dos desafios do país. E os resultados esperados do funcionamento desse arcabouço institucional – que cria poucos incentivos para disciplina partidária dos parlamentares e impossibilita a formação de coalizões políticas que garantam apoio estável ao governo – seria a incapacidade do governo de passar sua agenda legislativa. Ou seja, tornaria difícil mudanças nas políticas públicas, o que manteria inalteradas as condições de vida da população e, com isso, gerando crises de governabilidade.

2. OS EQUÍVOCOS DO DIAGNÓSTICO DA INGOVERNABILIDADE: EVIDÊNCIAS EMPÍRICAS

Uma forma de responder às críticas às instituições políticas brasileiras seria simplesmente mencionar a longa lista de mudanças econômicas e sociais que ocorreram ao longo de mais de 20 anos de governos *institucionalmente estáveis.*

Contudo, neste item passarei a mostrar que o diagnóstico da ingovernabilidade não parece adequado mesmo se usamos os próprios parâmetros oferecidos pelos reformistas para medir a governabilidade: a capacidade do governo de passar, com apoio sistemático de coalizões de governo, a sua agenda legislativa.

A agenda legislativa dos governos recentes não foi desprezível. Afinal, além do desafio da inflação e da desigualdade, o país tinha que lidar com o legado dos governos militares: um estado grande, mas ineficiente; uma política social centralizada, ineficaz e excludente; e o isolamento e o protecionismo econômico. Não foi pouco o que se precisou mudar para inserir o país na nova economia internacionalizada. A agenda legislativa para isso não era de fácil aprovação. E no Brasil essas reformas exigiam mudanças constitucionais.

Não me parece, portanto, que por quaisquer parâmetros que se possa usar, o processo decisório brasileiro possa ser caracterizado como paralisado. Por mais que a situação do país em termos de desenvolvimento e justiça social ainda esteja longe do desejável, as políticas públicas dos governos recentes estão longe de manterem o *status quo* e, portanto, não há como se falar em paralisia decisória.

Isso fica claro se fazemos dois tipos de comparação. Em primeiro lugar, comparemos os resultados legislativos do período atual com o período compreendido entre 1946 e 1964.

Tabela 1. Legislação Ordinária. Produção legislativa por governo 1949-1964 e 1988-2007*

Governo	Partido do Presidente na Câmara dos Deputados (% Cadeiras)	Coalizão de governo na Câmara dos Deputados (% Cadeiras)	Sucesso do Executivo ** (%)	Dominância do Executivo *** (%)
Dutra	52,8	74,0	30,0	34,5
Vargas	16,8	88,0	45,9	42,8
Café Filho	7,9	84,0	10,0	41,0
Nereu Ramos	33,9	66,0	9,8	39,2
Kubitschek	33,9	66,0	29,0	35,0
Quadros	2,1	93,0	0,80	48,4

continua...

continuação...

Governo	Partido do Presidente na Câmara dos Deputados (% Cadeiras)	Coalizão de governo na Câmara dos Deputados (% Cadeiras)	Sucesso do Executivo ** (%)	Dominância do Executivo *** (%)
Goulart	23,5	72,0	19,4	40,8
Subtotal	24,3	77,1	29,5	38,5
Sarney	40,61	58,59	73,83	76,65
Collor	5,05	33,79	65,93	75,43
Franco	0,00	57,28	76,14	91,57
Cardoso I	9,36	71,62	78,72	84,40
Cardoso II	18,32	67,87	74,38	81;57
Lula I	11,11	59,52	81,47	89,88
Subtotal	14,07	58,11	75,08	83,25

Fonte: Banco de Dados Legislativos, Cebrap.

* Os três primeiros anos da administração Dutra (1946-1948) foram excluídos por falta de informação sobre a origem das leis. O primeiro período vai até 31 de março de 1964 e o segundo até 31 de janeiro de 2007 (final da legislatura e da coalizão, pois o presidente foi reeleito e não mudou o ministério).

** Porcentagem de projetos do Executivo sancionados durante o mandato do presidente que os enviou.

*** Porcentagem de leis de iniciativa do Executivo.

Como se vê na tabela acima, a diferença nas taxas de sucesso e dominância do executivo nos dois períodos é abissal. No primeiro período, a maior taxa de sucesso obtida pelo executivo nas suas proposições legislativas foi de 45,9%, no governo Vargas, que mostra também deter a maior proporção de leis sancionadas (desconsiderando o governo Jânio Quadros que durou apenas sete meses). No período atual, como seria de se esperar, os menores percentuais em ambos os indicadores se referem ao governo Collor. Mas, mesmo assim, suas taxas são bem mais altas do que a maior taxa no período anterior. Nem o governo Kubitschek, considerado o mais estável do período, obteve alcançou taxas mais expressivas.

Comparemos agora os resultados dos governos recentes com os resultados obtidos nos dois indicadores por países parlamentaristas. Os resultados do período 46-64 são bem diferentes, enquanto os resultados recentes se aproximam bastante dos obtidos nas democracias parlamentaristas.

Tabela 2. Sucesso e dominância do Executivo na produção legislativa Brasil (1951-64 e 1989-98) e democracias parlamentaristas (1971-76)

	Sucesso *	Dominância **
Brasil (1951-1964)	29,5	38,5
Brasil (1989-2004)	70.7	85,6

continua...

continuação...

	Sucesso *	Dominância **
Países parlamentaristas (1971-1976)		
Alemanha	69,2	81,1
Austrália	90,6	100,0
Áustria	86,7	84,1
Bahamas	97,6	100,0
Canadá	71,0	83,0
Dinamarca	89,4	99,4
Finlândia	84,3	84,3
Inglaterra	93,2	83,1
Irlanda	90,1	88,2
Israel	76,4	94,4
Japão	80,0	83,2
Malta	90,0	100,0
Nova Zelândia	84,6	88,3
Suíça	93,1	93,1

*Porcentagem de projetos do Executivo sancionados durante o mandato do presidente que os enviou.
** Porcentagem de leis de iniciativa do Executivo.

A análise do comportamento dos parlamentares nas votações em plenário mostra que no período pós 88 no Brasil os partidos que participam da base do governo obtém de seus parlamentares um apoio sistemático às propostas do executivo.

A tabela 3 a seguir mostra o voto dos deputados das coalizões desde a promulgação da constituição em todos os projetos de interesse do executivo. Como nesses casos o líder do governo informa a posição do governo com relação à matéria em votação e os líderes partidários em geral também instruem as suas bancadas, comparamos o encaminhamento dos líderes partidários com o do líder do governo para distinguir duas situações: a primeira em que temos a *coalizão unida,* ou seja, todos os líderes dos partidos da coalizão indicam posição igual à do líder do governo; na segunda, temos a *coalizão dividida,* ou seja, quando pelo menos um líder partidário indica voto contrário ao do líder do governo. Apesar dessa condição rigorosa, como se vê, em poucas ocasiões – 170 em 867 votações (20% dos casos) – há conflitos entre os partidos da coalizão do governo. A coalizão ministerial, ou seja, os partidos que participam do ministério, corresponde a uma coalizão de apoio legislativo que atua em apoio às posições do governo.

Ademais, os parlamentares filiados a partidos formalmente vinculados ao governo votam com seus líderes. Em média, 91,1% dos parlamentares votam favoravelmente à agenda do governo quando a coalizão está unida. Este apoio não tem variações com os diferentes presidentes. Contudo, quando a coalizão está dividida, os votos dos parlamentares a favor do governo caem para 66%.[3] Isto sugere que o apoio dado ao governo pelos membros dos partidos da coalizão não é incondicional. Quando líderes partidários se colocam contra o governo, os parlamentares tendem a seguir seus partidos. O que nos permite concluir que o apoio ao governo tem bases partidárias. Em outras palavras, o governo negocia apoio com os partidos e não individualmente. O apoio do partido, em geral, garante o voto da bancada.

Tabela 3. Apoio da coalizão de governo à agenda legislativa do Executivo, segundo a indicação dos líderes e os votos das bancadas – 1988-2007

Coalizão de Governo	Coalizão Unida*		Coalizão Dividida**		Total	
	N° Votações Projetos do Governo	% de disciplina***	N° Votações Projetos do Governo	% de disciplina***	N° Votações Projetos do Governo	% de disciplina***
Sarney 2	6	90,68	2	41,57	8	78,40
Collor 1	22	91,96	1	38,46	23	89,64
Collor 2	24	93,11	17	55,12	41	77,36
Collor 3	9	94,63	1	77,31	10	92,90
Itamar 1	8	91,23	25	72,97	33	77,40
Itamar 2	2	93,92	1	78,31	3	88,72
Itamar 3	3	94,79	1	67,24	4	87,90
FHC I 1	83	90,35	13	60,82	96	86,35
FHC I 2	217	88,32	27	69,37	244	86,23
FHC II 1	159	93,89	48	79,88	207	90,64
FHC II 2	15	92,63	1	64,80	16	90,89
Lula 1	78	95,03	7	78,86	85	93,70
Lula 2	30	89,97	6	76,92	36	87,79
Lula 3	10	76,50	2	44,83	12	71,22
Lula 4	7	90,52	4	79,96	11	86,68
Lula 5	24	88,64	14	67,24	38	80,76
Total	697	91,07	170	65,85	867	85,41

Fontes: Prodasen, Câmara dos Deputados, Diário do Congresso Nacional; Banco de Dados Legislativos do Cebrap.

* Todos os líderes dos partidos da coalizão de governo indicam de acordo com a indicação de voto do líder do governo. (Inclui casos em que pelo menos um líder libera a bancada).
** Pelo menos um líder dos partidos da coalizão de governo se opõe à indicação de voto do líder do governo.
*** % de votos dos membros dos partidos da coalizão de governo.

[3] Notem que esta média não pondera o tamanho da bancada do partido dissidente.

3. AS RAZÕES INSTITUCIONAIS DA GOVERNABILIDADE

Como podemos explicar esses resultados? Como alcançá-los se, de acordo com o diagnóstico da ingovernabilidade, temos instituições políticas fragmentadoras, que dispersam o poder e dão a vários atores o poder de exercer o seu veto?

O primeiro ponto a se observar é que o diagnóstico de ingovernabilidade não considera os mecanismos institucionais estabelecidos pela constituição de 1988, herdados da legislação militar, que fortalecem o poder institucional do executivo dotando-o de instrumentos efetivos de governo.

Embora a constituição de 1988 tenha alterado significativamente equilíbrio de poder entre o executivo e o legislativo que vigorava sob a constituição de 1946, a legislação que ampliava os poderes institucionais do executivo e lhe garantia o controle da agenda legislativa introduzida pelos governos militares foi incorporada na nova constituição. O diagnóstico da ingovernabilidade considerava o fortalecimento do executivo, defendendo que a Constituição de 88 repetia os erros da de 1946 e, por isso, poderia levar ao mesmo fim. A comparação entre as duas constituições deixa bem clara essa diferença.

Quadro 1
Poderes legislativos do Executivo, segundo constituições democráticas brasileiras

Poderes Legislativos do Executivo	Constituição de 1946	Constituição de 1988
Iniciativas exclusivas:		
Projetos de lei «administrativos»*	Sim	Sim
Projetos de leis orçamentárias	Não	Sim
Projetos de lei sobre matéria tributária	Não	Sim
Emendas constitucionais	Não	Sim
Editar decretos com força de lei (medida provisória)	Não	Sim
Editar leis sob requerimento de delegação pelo Congresso	Não	Sim
Solicitar a urgência dos projetos de lei (votação em 45 dias em cada Casa)	Não	Sim
Impor restrições a emendas orçamentárias do Congresso	Não	Sim

Fontes: Constituição da República dos Estados Unidos do Brasil, 1946; Constituição da República Federativa do Brasil, 1988.

* Projetos administrativos incluem: criação e estruturação de ministérios e outros órgãos de administração pública; criação de empregos, funções e postos na administração pública; aumentos salariais de servidores públicos; carreiras de servidores públicos; administração judicial e da máquina administrativa; unidades administrativas dos territórios; tamanho das Forças Armadas; organização dos gabinetes do defensor público da União e da Procuradoria Geral da União; regras gerais para organização dos gabinetes do defensor público da União e da Procuradoria Geral da União.

A organização do Congresso brasileiro também se mostra diferente nos dois períodos democráticos analisados. O Congresso atual é altamente centralizado. A distribuição de direitos e recursos parlamentares é extremamente favorável aos líderes partidários, que exercem um controle rígido sobre o processo legislativo e sobre os outros congressistas.

A crença disseminada de que «as instituições contam» significa precisamente que as instituições têm a capacidade de alterar resultados que poderiam ser previstos tendo em vista os interesses e/ou recursos dos atores políticos. A análise das instituições políticas brasileiras aponta para a centralização do poder de decisão nas mãos do presidente e dos líderes partidários, que pode neutralizar os efeitos centrífugos da separação de poderes, da organização federativa e da legislação eleitoral, e ajuda a explicar o alto grau de sucesso e dominância do executivo e a disciplina partidária dos parlamentares. Essas são as fontes institucionais da estabilidade no período atual.

3.1 Centralização do poder nas lideranças partidárias

A decisão dos constituintes de fortalecer o executivo e a dos parlamentares de fortalecer os partidos no legislativo não foram concomitantes. O regimento do Congresso Nacional foi elaborado em 1989 por parlamentares que haviam sido constituintes. Diante da força institucional do presidente, os partidos passaram a organizar a relação entre os parlamentares e o governo.

Os líderes partidários são responsáveis pela designação e substituição (a qualquer momento) de membros de comissões permanentes e especiais, formadas para analisar matérias que sejam da alçada de mais de três comissões. Eles também nomeiam os membros das comissões conjuntas do Senado e da Câmara, que não existiam no período 1946-64, formadas para analisar medidas provisórias e o orçamento.

Além disso, os líderes têm o direito de representar as bancadas dos partidos: eles podem assinar petições em nome de todos os membros das bancadas partidárias para a aprovação de vários procedimentos no interior do Poder Legislativo. Um pedido de discussão de um projeto de lei em caráter de urgência exige a assinatura de um terço dos membros da Casa, ou, caso se pretenda votar o projeto em até 24 horas, de maioria absoluta.[4] Para requerer votação em separado de uma emenda, a petição deve ser assinada por 10% dos membros. Por fim, o regimento em vigor da Câmara dos Deputados requer a assinatura de 6% dos membros da Casa para a solicitação de uma votação nominal. Em todos os casos, a assinatura do líder automaticamente representa todos os membros do partido a que ele pertence no Congresso.

---

[4] Observe-se que não é urgência presidencial, mas urgência do Legislativo, que é muito mais frequente.

Dessa forma, os líderes decidem os procedimentos de convocação de votações, de apresentação de emendas e de tramitação em regime de urgência. No caso dos procedimentos de urgência, o projeto é retirado da comissão, tendo ela analisado ou não a proposta, e depois enviado diretamente ao plenário. O direito de apresentar emendas a um projeto que está em regime de urgência é restrito e, na prática, apenas as emendas apoiadas por líderes de partido são consideradas.

Essas regras privilegiam os líderes, especialmente os dos maiores partidos. Muitas dessas prerrogativas estavam ausentes, ou eram restritas pelo regimento da Casa, durante o período de 1946-64, como podemos ver no quadro 2, que resume as diferenças entre os dois períodos.

Quadro 2
Direitos de líderes partidários na Câmara dos Deputados
(1946-64 e pós-1989)

Direitos dos líderes partidários	1946-64	Pós-1989
Determinar a agenda do plenário	Não	Sim
Representar todos os membros do partido no Legislativo (bancadas)	Não	Sim
Restringir emendas e votações em separado	Não	Sim
Retirar as leis das comissões por meio de procedimentos de urgência	Restrito	Amplo
Apontar e substituir membros das comissões permanentes	Sim	Sim
Apontar e substituir membros das comissões mistas que analisam medidas provisórias	Não	Sim
Apontar e substituir membros de comissões mistas que analisam o orçamento	Não	Sim

Fonte: Regimentos Internos da Câmara dos Deputados, 1946, 1955, 1989.

Muitos ainda tomam as ameaças parlamentares de votar contra o governo como indícios de poder, sem perceber que eles nada conseguem se não como membros de um partido. Diante de um presidente com tamanha força institucional, a ameaça individual não é crível. Apenas como membro de um grupo – o partido – capaz de cumprir promessas, parlamentares individuais podem ver seus pleitos atendidos. Os líderes, dessa forma, servem de ponte entre as bancadas que compõem a maioria no legislativo e o executivo. As barganhas entre o executivo e o legislativo são estruturadas pelos partidos. Agir de maneira indisciplinada pode ter altos custos para o parlamentar. Portanto, o Congresso brasileiro não é na atual democracia o reino do parlamentar individual, como ainda se costuma afirmar.

Pode-se argumentar que um projeto submetido pelo presidente pode ser livremente alterado por meio da apresentação e aprovação de emendas. Emendas são de fato apresentadas em volume não desprezível, e a mera contabilidade dessas emendas, assim como a difusão de um ou outro caso excepcional, tem servido de base para a crença que o legislativo desfigura as propostas do executivo, transformando a legislação que dela resulta em verdadeiros «franksteins».

Mais uma vez, a análise sistemática dos dados permite contestar essas visões. Em primeiro lugar o executivo poderia recorrer ao veto parcial, o que não ocorre com frequência e, quando ocorre, raramente é derrubado. Além disso, estudos de caso mostram que a rejeição em bloco das numerosas emendas parlamentares é uma prática usual. Quando aprovadas, esses mesmos estudos mostram que as alterações introduzidas pelo Congresso são feitas por negociações, muitas vezes do governo com sua base de apoio, sem que o núcleo dos projetos fosse objeto de alterações.

A estrutura centralizada do Legislativo, juntamente com os poderes constitucionais do Executivo, permitem ações coordenadas do presidente e dos líderes partidários, especialmente em governos de coalizão majoritária, como foi o caso da maior parte dos governos nesses dois períodos. Essas regras dão ao Executivo e aos líderes partidários meios para neutralizar o comportamento individualista dos parlamentares.

3.2 Centralização do poder no Executivo: o poder de agenda

Um Executivo dotado de poderes institucionais mais fortes seria menos vulnerável a circunstâncias políticas. Inversamente, na ausência desses poderes institucionais, espera-se um Executivo mais dependente dessas circunstâncias e, portanto, maior variação nos resultados obtidos. A interpretação dos altos índices de sucesso e dominância legislativa do executivo no período atual é bastante direta: o Executivo controla a agenda legislativa do país. Cabe à Presidência da República propor alterações do *status quo*. Do ponto de vista legal, o que muda no país, muda por iniciativa do Executivo (ver Tabela 4).

Ainda que possa ser verdade que a legislação eleitoral gere incentivos para que parlamentares procurem construir bases pessoais de apoio eleitoral, a distribuição de direitos legislativos em favor do presidente e dos líderes partidários impede que tais objetivos sejam alcançados. Um processo decisório centralizado transfere o «poder de propor» ao Executivo. O regimento do Congresso dá aos líderes partidários um amplo controle sobre o processo legislativo, fazendo com que ações conjuntas do Executivo e dos líderes da coalizão de governo sejam não apenas possíveis, mas efetivas. Portanto, presidentes podem usar seus poderes de agenda legislativa para reduzir a influência do parlamentar individual e organizar o seu apoio no Poder Legislativo.

Isto não significa dizer que o Congresso é fraco ou irrelevante. É preciso enfatizar que os poderes legislativos do presidente não lhe permite passar por cima da maioria no Congresso. Em um sistema multipartidário, onde governo de coalizão majoritária é o padrão dominante, instituições dotando o presidente e os líderes partidários de poderes de agenda podem servir como instrumento para facilitar a coordenação entre membros da coalizão e aumentar a cooperação com o executivo.

A tabela abaixo, que compara os dois períodos distinguindo o tipo e a iniciativa das propostas legislativas, deixa clara a diferença que as prerrogativas constitucionais do executivo fazem na influência deste nos resultados legislativos.

Tabela 4 – Leis sancionadas, por tipo e por iniciativa (1949-64 e 1989-2006)

Tipo de lei (média mensal)	1949-64*		1989-2000	
	Executivo	Legislativo	Executivo	Legislativo
Leis orçamentárias	3,3	3,4	7,4	
Medidas provisórias			3,6	
Outras leis ordinárias**	3,7	7,7	2,4	2,6
Total	7,0	11,1	13,4	2,6

Fontes: Prodasen; Banco de Dados Legislativos, Cebrap.

* Até 31-3-1964. Os três primeiros anos da administração Dutra (1946-49) foram excluídos por falta de informações a respeito da iniciativa.

** Incluídos projetos referentes a assuntos em que tanto o Executivo quanto o Legislativo possuem direito de iniciativa. Leis administrativas estão incluídas, embora o Executivo tenha exclusividade em algumas áreas.

Como se vê, o número de leis orçamentárias é o maior. Dentre elas se incluem tanto as Leis Orçamentárias Anuais (LOA), as Leis de Diretrizes Orçamentárias (LDO) e o Plano Pluri-Anual como também as não menos importantes leis que ao longo do ano, na execução do orçamento, modificam alocações de recursos da LOA e da LDO. Dentre as últimas destacam-se os créditos suplementares e os remanejamentos de dotações que sob a constituição de 46 podiam também ser apresentadas pelo Legislativo.

As medidas provisórias representam também uma proporção significativa da produção legislativa aprovada e proposta pelo executivo. Uma vez que elas permitem que o presidente altere unilateralmente o *status quo*, é de se esperar que todos os presidentes as tenham usado. Seu uso tem causado discussão intensa e, não raro, acusações de que o presidente estaria contornando e/ou usurpando os poderes do congresso. Trata-se, sem dúvida de um forte e poderoso instrumento nas mãos do executivo. No entanto, seu amplo uso, mesmo quando a proposta parece não atender o requisito constitucional de relevância e urgência, não pode ser interpretado como uma forma de usurpação do poder legislativo por parte do executivo.

Uma medida provisória precisa ser aprovada pelo Congresso. Por que a maioria cederia à vontade do Executivo? O Executivo não tem como contornar o Congresso. Medidas provisórias são submetidas ao Legislativo que as aprecia, podendo emendá-las ou rejeitá-las. Está clara a prerrogativa de editar medidas provisórias confere grande poder ao Presidente da República. Editar uma medida provisória não é o mesmo que submeter um projeto de lei ordinária ao Congresso. Ao apreciar um MP, o Legislativo é obrigado a levar em consideração as modificações já produzidas no seu período de vigência. Às vezes os custos de rejeitar certas medidas provisórias, como por exemplo a espinha dorsal do Plano Collor que limitava o acesso aos ativos financeiros, são altíssimos quando não proibitivos. O presidente pode se valer de medidas provisórias para ver aprovadas matérias que poderiam ter sido rejeitadas se tivessem sido introduzidas como projetos de lei. Mas, ainda assim, a aprovação depende do apoio da maioria. Havendo uma maioria sólida e disposta a enfrentar o Executivo, medidas provisórias serão de pouca valia. Governos que não conseguem reunir uma maioria em favor de suas propostas, fracassarão com ou sem poder de decreto. Poderes de agenda, em democracias, não permitem que presidentes passem por cima da maioria congressual, apenas reforçam o seu poder.

Assim, por paradoxal que possa parecer, o poder de decreto é crucial nas mãos de um Executivo que tenha apoio da maioria, sobretudo nos governos de coalizão na medida em que é um instrumento útil para solucionar problemas de «barganhas horizontais» entre o governo e a maioria parlamentar que o apoia. Em governos de coalizão, medidas provisórias «protegem» maiorias dos custos políticos associados à aprovação de medidas impopulares que afetem bases eleitorais específicas. São formas de preservação dos acordos políticos entre o governo e a coalizão que o apoia no Legislativo. O Executivo muitas vezes recorre a instrumentos que, em princípio, deveriam ser usados apenas em situações excepcionais para assumir os custos políticos envolvidos na implementação de uma política visando preservar ou facilitar a unidade da coalizão. Os membros da coalizão, dessa forma, não precisariam, por exemplo, pagar os custos de debater e/ou votar medidas impopulares ou que afetem interesses de grupos de sua base eleitoral.

A relação que a medida provisória constitui pode ser mais bem entendida como uma delegação. Em nenhum momento esta delegação foi mais completa do que no governo Fernando Henrique Cardoso quando medidas provisórias deixaram, praticamente, de ser apreciadas e as reedições por tempo indeterminado se tornou a norma. Na verdade, desde a implementação do Plano Real de estabilização econômica (iniciado por Fernando Henrique, quando ministro da Fazenda de Itamar Franco), e principalmente depois de sua chegada à presidência, um novo padrão de relacionamento com o Legislativo foi inaugurado no que diz respeito à edição de MPs. Estas passaram a ser reeditadas por longos períodos. Além disso, modificações feitas pelo Congresso por meio dos projetos de lei de conversão (PLV) também caíram consideravelmente. A proporção de leis apresentadas como medidas provisórias modificadas por meio de projetos de conversão caiu de 59% no governo Collor para 33% no primeiro mandato de Fernando Henrique (22,3%). Por outro lado, durante este governo, uma percentagem maior de medidas reeditadas tende a incorporar modificações no texto original. Essas modificações podem ou não ter tido a participação de membros do Congresso. Contudo, considerando que o debate sobre tais modificações não se dá em plenário, como teria de ser caso tivessem se transformado em projetos de conversão (PLV), conclui-se que o papel da oposição é necessariamente reduzido.

O fato é que durante o governo Fernando Henrique se consolidou a prática, iniciada durante a implementação do Plano Real no governo anterior, de reeditar continuamente as MPs. Em seu governo, o número de reedições aumentou: de uma média mensal de duas reedições no governo Collor, chegaria a mais de 50. Mesmo assim, a reedição de MPs não parece ser uma arma usada pelo presidente para passar por cima do Congresso. As reedições contaram com o apoio, se não expresso ao menos tácito, da maioria do Congresso. No gráfico abaixo, a linha ascendente mostra a edição de MPs em todo o período e a linha abaixo mostra sua reedição.

Edição Mensal de Medidas Provisórias – 1988-2006

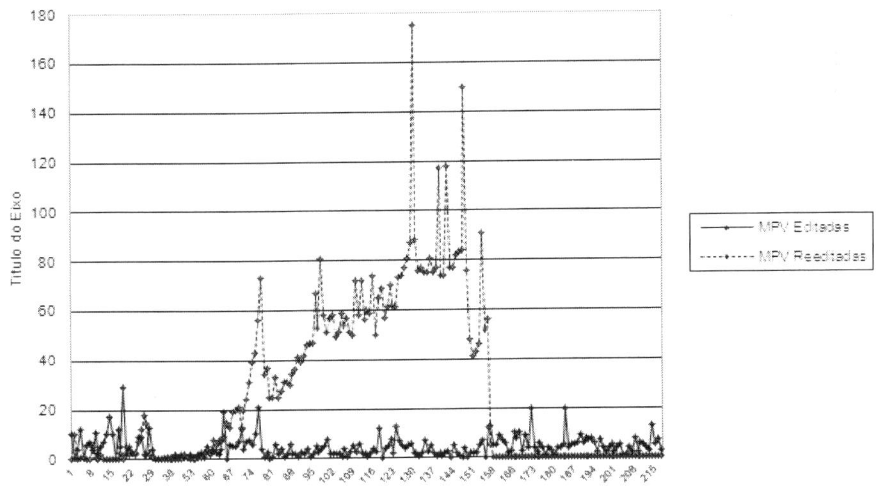

Com a aprovação da Emenda Constitucional 32 em setembro de 2001, o Executivo e a maioria deixaram de contar com a possibilidade de reeditar MPs. A nova regulamentação, entre outras modificações, permite apenas uma reedição, ou melhor, a prorrogação pelo próprio Congresso, ainda que o tempo máximo de tramitação de uma MP tenha passado de 30 para 60 dias. Além disso, nos últimos 15 dias de vigência de sua primeira edição, a Medida Provisória passou a travar a pauta, impedindo outras votações no plenário da casa em que está tramitando. Ou seja, a nova regulamentação «amarra as mãos da maioria», forçando-a a deliberar dentro do prazo máximo de 120 dias.

Com essas mudanças, o Executivo e sua maioria no Congresso deixam de contar com a possibilidade de impedir a votação de uma MP e mantê-la em vigência, reeditando-a por tempo indeterminado. Antes da emenda constitucional, o processo de decisão sobre MPs e suas reedições, inclusive as alterações de seu conteúdo a partir de acordos feitos em gabinetes entre a burocracia governamental e o relator da MP, mantinha-se nos bastidores. Ou seja, o processo de decisão sobre as Medidas Provisórias era muito mais favorável ao Executivo e à sua base parlamentar, facilitando seus acordos sobre políticas.

Ao serem determinados o trancamento da pauta e a proibição de mais de uma reedição, as MPs são necessariamente levadas ao plenário para apreciação e votação. O processo decisório ganha mais visibilidade, a oposição passa a ter mais oportunidades de utilizar os procedimentos disponíveis às minorias legislativas e, com isso, aumentar o seu papel junto aos eleitores. Dessa forma, a nova regulamentação aumenta o poder de barganha da oposição e, portanto, sua influência nos rumos das decisões.

No entanto, se as reedições cessaram a partir da Emenda 32, o número de Medidas Provisórias originais aumentou consideravelmente. A média mensal de MPs do governo FHC antes da emenda foi de 3,3, aumentando depois para 6,4 MPs ao mês. A média do primeiro governo Lula foi de 5,3, bem maior também do que a de FHC antes da emenda.

Há várias tentativas de explicações políticas para esse aumento. Mas parece possível também supor que a prorrogação do prazo para 120 dias pode prejudicar a introdução de projetos de lei ordinária. Se a pauta está trancada, e o governo precisa enviar novas propostas sobre questões administrativas ou orçamentárias que necessitam ser encaminhadas para o andamento do governo – passando com isso a serem urgentes – o presidente acaba por editar novas Medidas Provisórias. Alterações de MPs ainda em tramitação também podem levar à edição de novas MPs. Tudo isso pode gerar um círculo vicioso que resulta num número maior de MPs.

O que de fato muda, e radicalmente, com a nova regulamentação são os indicadores de participação do Congresso no processo de apreciação e aprovação das MPs. Como argumentado acima, a contínua edição e reedição dessas Medidas, com suas modificações, no governo FHC, não necessariamente exclui a participação ou o apoio, se não expresso, ao menos tácito, dos parlamentares. No entanto, a partir da nova regulamentação, a participação não é mais tácita, mas expressa, pois o Congresso tem que se manifestar no prazo requerido.

Isso fica claro nos indicadores de participação apresentados na Tabela 5. Em primeiro lugar, aumenta significativamente a proporção de Projetos de Lei de Conversão (PLVs), o que significa que aumentam as alterações do Legislativo nas MPs enviadas. As alterações, em si, não indicam um papel mais ativo da oposição. Muitas podem ser decorrentes de demandas do próprio Executivo à sua base, uma vez que ele próprio não pode alterar uma MP por meio de reedição. Mas não se pode ignorar que a mera apresentação de PLV, e de emendas ao PLV, torna público o processo de discussão e decisão sobre uma PM e abre caminho para a atuação da oposição. Essa proporção aumenta já nos dezesseis meses em que a emenda vigorou no final do governo FHC, e mais ainda no governo Lula.

O segundo indicador, esse sim implicando necessariamente maior ativismo da oposição, é a proporção de votações nominais no processo de apreciação de MPs. Votações nominais não são obrigatórias para MPs e, em geral, são requeridas pela oposição, visando forçar o posicionamento dos membros da bancada governista, especialmente em questões polêmicas e impopulares. Enquanto no governo FHC apenas 2,7% das MPs foram submetidas a votações nominais, no governo Lula essa porcentagem chega a 37,3%. As alterações do Legislativo e o maior número de votações nominais não deixam dúvidas de que as mudanças introduzidas pela emenda de 2001 produzem diferenças significativas no processo de apreciação das MPs.

Tabela 5: Medidas Provisórias e Participação do Congresso Antes e Depois da Emenda Constitucional – EC 32

	Média mensal		%			
	MPs originais	Reedições	Alteradas pelo CN (PLV)	Votações nominais	Aprovação texto original	Transformadas em Lei
Antes EC 32						
Outros*	4,7	16,3	40,4	11,2	58,7	83,9
FHC I e II	3,3	55,1	21,7	2,7	68,6	87,8
Depois EC 32						
FHC II	6,4	-	34,3	11,8	69,0	82,4
Lula I	5,3	-	61,9	37,3	43,2	90,9

*Outros = Sarney, Collor e Itamar.

As duas últimas colunas da Tabela 5 mostram os resultados desse processo. Nesse aspecto, os dois governos FHC mantêm a mais alta proporção de aprovação dos textos originais das MPs, e em taxas exatamente iguais antes e depois da emenda. A permanência dessa proporção após a Emenda 32, assim como a taxa mais baixa de votações nominais, poderia ser atribuída à menor efetividade da oposição de esquerda. No entanto, a despeito do processo mais conflituoso, o resultado final é bastante favorável ao governo Lula, que tem a mais alta taxa de aprovação de MPs. Esse resultado merece uma análise muito mais detida do que é possível fazer aqui, mas revela que a participação mais efetiva do Congresso, inclusive da oposição, não impede a aprovação das MPs. E isso ocorre porque, ao contrário do que se deu com Collor, por exemplo, não existia uma maioria contra o governo.

4. CONCLUSÕES

Do ponto de vista substantivo, os governos recentes lograram sucesso em fazer mudanças significativas nas políticas públicas vigentes. Aprovaram medidas de controle da inflação, redução dos gastos públicos, privatização de estatais, etc. Aprovaram ainda reformas constitucionais que alteraram o sistema previdenciário, público e privado, impondo perdas substanciais a amplos setores da população, incluindo setores altamente organizados. Alteraram o modelo e os objetivos das políticas sociais básicas, como educação e saúde, que completaram um amplo processo de universalização e descentralização, levando a uma redefinição ampla do papel dos governos locais em sua implementação. Por último, o avanço do programa de renda mínima no governo Lula, responsável direto pela retirada de um número considerável de famílias da pobreza e da indigência e com repercussões sensíveis sobre a distribuição de renda.

Em suma, o país conseguiu, de forma gradual, porém sólida, promover o ajuste das contas públicas, consolidar a estabilidade monetária, reencontrar o caminho para o crescimento econômico, crescimento este que mostrou sua vitalidade ao apresentar autonomia inédita frente à crise econômica internacional de 2008 e, ainda mais importante, aliviar a pobreza e melhorar a péssima distribuição de renda que caracteriza o país.

A despeito de tudo isso, vigora ainda o juízo de que as instituições políticas brasileiras são inadequadas e incapazes de dar respostas às demandas e reclamos da sociedade, sendo recorrente a defesa e a apresentação de projetos de reforma política no Congresso. Os argumentos e os dados apresentados aqui contestam a ideia de que o sistema político brasileiro requer reformas amplas. Certamente, não se trata de um sistema perfeito, ou sequer próximo do ideal, como, aliás, não é nenhuma outra democracia. Isto significa que pode ser aperfeiçoado e que medidas específicas para seu aprimoramento podem e devem ser discutidas. No entanto, para tanto, faz-se necessário identificar com clareza os nexos causais entre as instituições e os resultados políticos. Ou seja, ter um diagnóstico claro acerca dos problemas, identificando com rigor se e como as instituições adotadas contribuem para o estado de coisas indesejável.

Feito isto, é preciso saber se existem alternativas institucionais disponíveis capazes de nos levar a um estado superior. E aqui é preciso dar atenção aos efeitos não esperados.

O sistema político brasileiro se caracteriza pela sua complexidade e nem sempre é possível antecipar com o rigor analítico necessário quais serão as respostas de todos os atores envolvidos e/ou afetados pelas mudanças propostas. Para que o debate político nacional avance e possamos discutir alternativas institucionais de forma consequente, faz-se necessário afastar duas posições extremadas. A primeira delas é a de que o sistema político brasileiro personifica tudo que há de mau e de que toda e qualquer mudança necessariamente será benéfica. De outra parte, é preciso afastar a ideia de que existem fórmulas e ideias acabadas a adotar. No repertório das instituições realmente existentes não há fórmulas que possam indicar a combinação ideal de instituições políticas.

Como vimos aqui, o Brasil combina um sistema de representação política, de governo e de organização do estado que dispersa o poder entre diversos atores. Esse sistema fragmentado e centrífugo é em geral visto como produzindo atores políticos capazes de exercer vetos no sistema decisório, impedindo o governo de governar. Vimos aqui, no entanto, que a Constituição de 1988, assim como as mudanças no regimento interno que a acompanharam, geraram enorme centralização decisória de forma a neutralizar a atuação desses atores. Na realidade, a escolha dos constituintes e congressistas foi condicionada pelo temor que o poder legislativo viesse a constituir um obstáculo ao desempenho eficaz do governo. Predominava o diagnóstico de que a crise de 1964 havia sido decorrente da fraqueza do executivo que se tornou presa de um congresso conservador. Os dados aqui apresentados indicam que o objetivo dos constituintes de dotar o executivo de mecanismos institucionais que ampliem sua capacidade de aprovar sua agenda legislativa foi de fato alcançado. O desempenho legislativo dos governos nos dois períodos democráticos foi bastante diferente, como mostramos por meio da análise da produção legislativa e das votações nominais.

O contraste entre as duas experiências democráticas brasileiras tem implicações claras para o debate sobre reformas políticas e, também, para a discussão teórica sobre os efeitos de combinações específicas de instituições. Pelas evidências aqui apresentadas as escolhas dos constituintes parecem ter surtido o efeito desejado. Nesse sentido, seria desnecessário mudar o sistema de governo ou restringir ainda mais os direitos parlamentares em nome da «governabilidade» e, muito menos, restringir a entrada de demandas no sistema político. Não há razões para reduzir artificialmente o número de partidos e muito menos de conceder maiores poderes aos líderes partidários. O governo brasileiro não se encontra imobilizado pelo excesso de demandas da sociedade que se expressam sem filtros no sistema político.

O processo decisório centralizado aumenta significativamente a ação autônoma do executivo. No entanto, graças à legislação eleitoral, o Congresso brasileiro tem sido um canal efetivo por onde diferentes demandas – decorrentes de interesses locais e corporativos, mas também de setores mais amplos da população – têm acesso ao sistema político. Num contexto em que a agenda do executivo tem sido marcadamente econômica, o Congresso tem tido papel importante na formulação de políticas sociais. Nesta área, políticas particularistas têm sido exceções e não a regra. O Congresso aprovou uma importante legislação social garantindo direitos universais de cidadania, direitos dos consumidores, acesso gratuito à justiça e estabelecendo punições para práticas discriminatórias de raça e gênero, assim como diversas formas de proteção ao meio ambiente. Em um contexto de forte restrição orçamentária, garantiu recursos para as políticas sociais e aumentos reais para o salário mínimo. Dessa forma, o Congresso definiu uma agenda própria e contribuiu para diminuir a dissociação entre a agenda predominantemente econômica do governo e a agenda pública.

O leque de reformas propostas no sentido de aumentar o majoritarismo no sistema político brasileiro poderia bloquear a canalização de demandas sociais por meio do Congresso Nacional, ao contrário do que ocorre no sistema de representação vigente. Com isso reduziria o papel do Congresso na definição da agenda governamental e sua influência na formulação de políticas públicas. Não sei se esse é o caminho a se seguir.

9

CONSTITUIÇÃO, GOVERNO E GOVERNABILIDADE[1]

ROGÉRIO B. ARANTES e

CLÁUDIO G. COUTO

A questão da governabilidade marcou o debate da transição democrática no Brasil e ocupou lugar central na reflexão dos cientistas políticos sobre o sistema político adotado pela Constituição de 1988. Nossa pesquisa sobre as relações entre governo e constituição iniciou-se naquele contexto de grande preocupação em torno dos efeitos do texto constitucional sobre a governabilidade democrática.

O presente capítulo está dividido em três partes: na primeira, tratamos dos pressupostos teóricos da Metodologia de Análise Constitucional e das primeiras aplicações que fizemos dessa metodologia. Essa primeira parte é bastante importante, pois, como cientistas políticos, nós não nos obrigamos a olhar para a Constituição como algo «sagrado». Desconfiamos das coisas que os constituintes fazem e não as idealizamos. Não é porque elas se tornam constituições que elas devem atingir necessariamente a sagração, a ponto de não poderem ser olhadas de outra forma e, no limite, questionadas. O mesmo vale para legisladores ordinários, executivos e juízes. Na segunda parte, nós

---

1 Este capítulo retoma diversos de nossos trabalhos anteriores sobre o tema (COUTO e ARANTES, no prelo; COUTO e ARANTES, 2010, 2006 e 2003; ARANTES e COUTO, 2009 e 2008) e apresenta alguns resultados inéditos de pesquisa sobre a Constituição de 1988 e o emendamento constitucional no Brasil.

apresentamos os principais resultados da aplicação da metodologia à análise da Constituição de 1988 e fazemos comparações com alguns outros textos. Na terceira e última, nós discutimos a relação entre Constituição e Governo, o tema central deste capítulo, e a relação com a governabilidade. De que modo fazemos isso? Observando principalmente o fenômeno do emendamento constitucional no Brasil. Apresentaremos dados sobre emendamento e algumas ideias que temos a respeito.

PRESSUPOSTOS TEÓRICOS DE UMA METODOLOGIA DE ANÁLISE CONSTITUCIONAL

Como surgiu nosso interesse pelas relações entre governo e constituição? Nós passamos a considerar o problema constitucional brasileiro a partir da observação do processo decisório governamental no Brasil pós-1988, em grande medida marcado pelo frequente e contínuo emendamento constitucional. Notamos que a Constituição de 1988 não descansou, no sentido de adquirir um patamar de estabilidade que se espera das constituições quando são promulgadas, governando a partir desse ponto o país e suas instituições. O fato bastante conhecido, mas pouco explicado, é que a nossa constituição seguiu sendo objeto de emendamento constante desde 1988.

Em um dos primeiros textos escritos sobre esse problema, Couto (2000) desenvolveu a ideia de «agenda constituinte» para caracterizar o fato de que a agenda política do país, a despeito da promulgação da constituição, não se desenrolou no nível infraconstitucional e uma grande quantidade de medidas governamentais foi implementada em pleno marco constitucional, mediante sucessivas investidas sobre o texto promulgado em 1988.

Umas das observações feitas por Couto à época é que vivíamos um período de intensas reformas econômicas e de modelo de Estado. Porem, ao olharmos para o continente latino-americano, países que enfrentavam o mesmo tipo de agenda não necessariamente mexiam nas suas constituições para realizar essas reformas. No caso brasileiro, havia essa coincidência: a reforma econômica vinha acompanhada de reformas constitucionais.

Isso despertou o interesse em investigar o motivo pelo qual esses processos estavam ocorrendo conjuntamente no caso brasileiro. De lá para cá, o resultado global de 20 anos de vida constitucional se expressa nas 73 emendas constitucionais aprovadas pelo Congresso, totalizando nada menos do que 1042 dispositivos (explicamos adiante o que são dispositivos). Em média, estamos falando de 57 dispositivos por ano que, somados aos 1.855 dispositivos da constituição original (incluído o ADCT) conformam nada menos que 2.898 dispositivos constitucionais criados desde 1988. Costumamos dizer que temos 2.898 aspectos da realidade social, política, econômica, cultural, familiar, esportiva, religiosa, artística etc. da vida brasileira constitucionalizados. A última emenda que contabilizamos para o presente estudo é de dezembro de 2010 – mas esse é um tipo de dado que deve ser atualizado quase semanalmente no Brasil.

Um exemplo da ordem da caricatura, porém real, é o art. 42 do ADCT, cuja versão original dizia que durante 15 anos a União aplicaria 20% dos recursos destinados à irrigação na região centro-oeste e 50% na região nordeste, preferencialmente no semiárido. A Constituição tivera a pretensão de criar uma política pública para combater a seca nessas regiões. Como a seca não acabou em 15 anos, a Constituição precisou ser atualizada e um novo prazo lhe foi concedido: a Emenda Constitucional 43 tratou de mudar de 15 para 25 anos o prazo de duração da política, contados desde 1988. Mas é provável que assim que a constituição completar 25 anos o artigo terá que ser revisto novamente. A questão, obviamente, não é de prazo, mas a seguinte: o que uma política pública (de tipo orçamentário) de combate à seca está fazendo na Constituição?

Desde o início, suspeitamos que a Constituição de 1988 tinha a peculiaridade de abrigar elementos que nós poderíamos classificar como não propriamente constitucionais. Para poder avançar com essa ideia, precisávamos desenvolver um modelo de análise constitucional que não dispúnhamos nem no direito nem na ciência política, por razões que escapam aos limites desta apresentação. O fato é que não dispúnhamos de um modelo de análise constitucional com aplicabilidade prática para a contagem de dispositivos constitucionais que nos permitisse distinguir esses dispositivos de uma maneira sistemática. Portanto, uma nova metodologia precisava ser criada.

Quadro I. Natureza das dimensões ideais do processo político democrático

Dimensão	Natureza	Denominação	Característica Formal	Característica Substantiva
Normatividade Constitucional	Parâmetros Gerais do Jogo Político (Estrutura)	*Polity*	Pacto entre os diversos atores políticos	Generalidade, relativa neutralidade
Embates e Coalizões Políticas	Jogo Político	*Politics*	Relacionamento dinâmico entre os atores	Conflito e/ou Cooperação
Normatividade Governamental	Resultados do Jogo Político (Conjuntura)	*Policy*	Vitória/Derrota de diferentes atores políticos	Especificidade, controvérsia

O quadro I apresenta os fundamentos de nossa metodologia de análise de textos constitucionais. O modelo tem como intuito inferir as consequências de um determinado tipo de texto constitucional para seu próprio emendamento e no processo de formulação de agendas legislativas e de governo, subsequentes à edição da própria constituição.

Fizemos uma divisão do processo político e tudo aquilo que pode ser considerado como parte de uma política em torno da Constituição, distinguindo três dimensões desse processo.

Em razão da inexistência de palavras específicas em português capazes de dar conta dessas dimensões de modo econômico, adotamos três nomes em inglês que nos pareceram bastante apropriados: *polity, politics e policy.* A dimensão intermediária é a da *politics*, aquela que normalmente descrevemos como relacionamento dinâmico entre os atores políticos, e que pode variar do conflito à cooperação entre eles.

Acima e abaixo da *politics* existem duas dimensões do processo político democrático que são normativas, isto é, representam a geração de normas. Uma no plano propriamente constitucional, que definimos como normatividade constitucional, conformada pelos parâmetros gerais do jogo e da estrutura do processo político, que formalmente pode ser descrito como tendendo a se assemelhar a um pacto entre os atores, importando menos se formal ou informal. De qualquer modo, a referência principal é a existência de certo grau de consenso entre eles. E como decorrência desse princípio, uma vez que é pouco provável encontrar um consenso capaz de abarcar todos os detalhes da vida em uma sociedade, espera-se que esse nível da normatividade democrática seja marcado por relativa neutralidade e uma certa generalidade. A neutralidade é relativa, pois mesmo quando se faz um pacto se é obrigado a aceitar certas condições e promover certos acordos. A título de exemplo, um ator comunista pode ser levado a aceitar a constitucionalização do direito de propriedade como parte do jogo que estabelecerá um regime democrático, em que pese capitalista. Ainda que ele pretenda mudar isso no longo prazo, no curto prazo o estabelecimento de uma ordem democrática pode ser mais prioritário para ele mesmo. Ou seja, jogar o jogo e participar das eleições implica aceitação do direito de propriedade – e isso confere relativa neutralidade às normas gerais.

Há um nível mais básico dessa normatividade que definimos como normatividade governamental, ou seja, as normas que tendem a ser geradas pelo processo de governo propriamente dito. Entendamos esse processo em seu sentido mais amplo, na relação entre Executivo e Legislativo, nas produções de políticas públicas pelo Parlamento etc. Definimos essa dimensão do processo político democrático como *policy,* isto é, os resultados do jogo político que se definem conjunturalmente.

Embora essas dimensões não sejam estanques no processo democrático e até convirjam em algum grau e em diversas situações, buscamos separá-las analiticamente a fim de obter uma visão sistêmica mais acurada. Distinguimos analiticamente cada um dos subsistemas, mas sabemos que no mundo concreto eles estão em conexão. São comuns as situações que não podem ser reduzidas claramente a um único campo.

Embora os dois planos normativos possam ser pensados como um contínuo, fronteiras analíticas entre eles precisam ser definidas de alguma forma. Do ponto de vista do processo político democrático, entendemos que a produção de políticas públicas na dinâmica governamental deve ser balizada pela normatividade constitucional. Esse processo é em grande medida dialético: produzem-se políticas públicas que alteram a realidade circundante e isso pode afetar a própria normatividade constitucional no longo prazo. E isso mesmo se a tomarmos no sentido puro que estabelecemos: normas consensuais que operam no sentido de um pacto e fornecem as estruturas do sistema.

Por outro lado, quando falamos de política pública falamos de algo que corresponde à vitória ou derrota entre atores políticos. Isso não quer dizer que não existam políticas públicas consensuais, que se perenizam e, ao se perenizarem, criam o que a literatura chama de regime de políticas públicas. Mas mesmo regimes de políticas públicas não têm o mesmo estatuto de normas constitucionais, eles são passíveis de mudança mais fácil e estão sujeitos à alternância de governos e aos fatores intervenientes da conjuntura. Eles podem mudar por legislação infraconstitucional, mas são vistos pelos atores como algo que, mesmo mudando, não altera as condições estruturais do jogo democrático e da competição política. Se é objeto de vitória ou derrota e não afeta a estrutura constitucional, pode muito bem ser especifico e até mesmo controverso: o que um partido entende como correto não é necessariamente o que o outro entende como correto, mas ambos não estão disputando uma regra fundamental do jogo democrático. No processo político cotidiano, o objeto principal do embate entre os atores diz respeito à direção da *policy* e não à reformulação da *polity*.

Adiantando uma importante consequência desse quadro, o que nos parece evidente é que se uma constituição reflete de fato a primeira dessas três dimensões, ou seja, se ela caracteriza a referida estrutura do regime e ela contém normas que são marcadas pela generalidade e relativa neutralidade, esses são os ingredientes que nos permitem vislumbrar que uma constituição deve durar muito tempo. Ou seja, porque ela tem essas características é que ela deve durar. Não se espera de constituições que contenham elementos conjunturais ou que constitucionalizaram políticas públicas (que são por natureza específicas e controversas) que durem no tempo e deixem de ser objeto de disputa entre os atores somente porque são formalmente constituições. Assim, essa imagem de que constituições são feitas para durar depende muito de como essas vieram ao mundo e quais são suas características principais.

Os dispositivos constitucionais que estão no nível da *polity* estabelecem a estrutura do regime democrático, operam no âmbito do acordo entre os atores, colocam limiares e limites para aquilo que deve ou pode ser feito pela política ordinária. Falamos em limiares (*thresholds*) e limites porque em geral o marco constitucional contém igualmente parâmetros do mínimo que deve ser assegurado a todos e do máximo que não deve ser ultrapassado por ações de legisladores e governantes em geral. Tais normas definem a soberania do Estado ao mesmo tempo que seu controle.

A partir desse modelo teórico, a análise de textos constitucionais requer o estabelecimento de critérios que nos permitam identificar e contabilizar seus dispositivos. O quadro II apresenta os critérios, substantivos e operacionais, utilizados para discernir os aspectos que devem ser considerados propriamente constitucionais ou integrantes da *polity* democrática.

Quadro II. Critérios de distinção de matérias constitucionais e não-constitucionais

	Minimalista (liberal clássico)	Maximalista (social)
Critérios substantivos	Definições de Estado e Nação	Definições de Estado e Nação
	2. Direitos individuais fundamentais	2. Direitos individuais fundamentais
	3. Regras do Jogo	3. Regras do Jogo
		4. Direitos materiais e funções estatais correlatas
Critérios formais/ operacionais	5. Generalidade	5. Generalidade
	6. Controvérsia	6. Controvérsia

Tendo em vista os fins desta análise, para uma norma ser classificada como propriamente constitucional ela deve expressar um dos quatro critérios substantivos apresentados no quadro II. Ela deve definir algum aspecto fundamental do Estado-Nação, ou então algo relacionado a direitos individuais de liberdade e de participação política, ou estipular regras do jogo, ou estipular direitos materiais e funções estatais correlatas, sobretudo direitos sociais.

Consideramos que esses elementos expressam bem a natureza das constituições modernas e contemporâneas. Os três primeiros cobrem a experiência das constituições liberais do século XIX e o quarto elemento representa as constituições que no século XX adentraram o campo dos direitos sociais, na esteira do *welfare*. Estabelecemos uma distinção entre modelos minimalistas e maximalistas de constituições, mas é importante destacar que quando absorvemos a ideia de direitos sociais constitucionais não estamos nos referindo a políticas públicas constitucionalizadas. Para serem constitucionais, os direitos materiais ou sociais devem ser básicos e de feição geral, não devem conter políticas específicas que visem sua implementação, por mais bem intencionadas que sejam.

Em resumo e a título de exemplo, não adotamos a constituição americana como um modelo a ser seguido para definir o que é constitucional, embora os americanos estejam acostumados a fazer isso. Seu minimalismo não é mais a regra há muito tempo. Entre as constituições existentes no mundo contemporâneo, a americana é uma absoluta exceção. Direitos sociais e funções estatais correlatas têm de ser considerados na análise dos textos existentes atualmente.

É preciso enfrentar algumas questões adicionais. Citamos no início desta exposição o exemplo da constitucionalização da política orçamentária relativa aos programas de combate à seca. Outro exemplo que poderia ser lembrado é o dispositivo constitucional que obriga os entes a um gasto mínimo da receita tributaria com educação: 25% para Estados e Municípios e 18% para a União. Não cabe dúvida de que elevar o direito à Educação ao plano constitucional reflete bem a ideia de que direitos materiais devem ser constitucionalizados, mas a forma detalhada de fazê-lo – fixando percentuais – pré-define parte significativa da política orçamentária. Trata-se de algo que tem evidentemente a ver com um direito social e funções estatais correlatas. Porém, ao especificar o percentual de recursos a serem gastos, o dispositivo acaba transgredindo um critério formal de generalidade e, portanto, é possível que ela gere também controvérsia em diferentes governos. Se ocorrer a algum governo municipal a desnecessidade de gastar 25% em educação, por achar que 20% é suficiente e que deve alocar o restante em saúde, cultura ou segurança, ele terá que pedir primeiro que emendem a Constituição Federal. Ou seja, ao definirmos um critério orçamentário para garantir o direito social, engessamos a administração do governo e aumentamos o custo de transição de uma política a outra.

É importante considerar esses dois lados da questão. O dispositivo que trata do mínimo de recursos a serem aplicados em educação remete a um direito social, mas justamente pelo fato de não ser genérico e de ser potencialmente controverso nos leva a considerar que se trata não de um direito fundamental, mas de uma política pública constitucionalizada. Não entramos no mérito se ela é boa ou má, mas ela é uma política pública.

Passemos agora à forma pela qual contabilizamos dispositivos constitucionais. Nosso método se distingue bastante do utilizado pela literatura que estuda constituições e emendamento constitucional na ciência política.

Nós levamos em conta a organização formal do texto, que no caso da Constituição brasileira se divide em artigo, parágrafo, alínea, item etc., mas na leitura verificamos como a combinação desses elementos forma de fato um dispositivo com integridade própria. Assim, se o *caput* de um artigo qualquer encerra em si mesmo um dispositivo completo, nós o contabilizamos como um dispositivo. Se, todavia, ele requer o parágrafo que vem em seguida para se completar, então unimos essas duas partes até formar um dispositivo; e se o parágrafo requer a alínea, e assim por diante, vamos seguindo até formar um dispositivo pleno de sentido. Em outras palavras, a dimensão formal orienta nossa primeira leitura, mas ela não é suficiente para definirmos a unidade básica que compõe o texto constitucional. Nossa contabilidade não é simplesmente somar artigos ou parágrafos. Ela passa por uma interpretação.

Por essa razão, nosso método mostrou-se bastante original em comparação com o que foi feito por outros cientistas políticos que estudam textos constitucionais, que medem o tamanho das constituições pelo número de palavras.

E o argumento que oferecemos para criticar esse método é que as culturas variam. A própria língua varia, de forma que algumas são mais assertivas enquanto outras são mais rebuscadas e isso se reflete diretamente no estilo literário das cartas constitucionais. Desse modo, contar palavras e dar tratamento estatístico e comparativo a elas pode enviesar por completo a análise. Para completar o rol de imprecisões, as mesmas análises que medem constituições pelo número de palavras não o fazem da mesma forma quando examinam emendamento constitucional. Em geral, essas análises tomam emendas como unidades e criam taxas de emendamento na forma de número de emendas por ano. Seria mais correto se, ao fazer essa contagem, essas análises contassem emendas também por seu número de palavras. Ou seja, deveriam comparar as mesmas coisas dos dois lados.

Ao aplicar nossa metodologia, os 245 artigos do texto principal de 1988 se desdobraram em 1.627 dispositivos constitucionais. O Ato das Disposições Constitucionais Transitórias têm 70 artigos que se desdobram em 228 dispositivos. Somados os dois textos e seus 315 artigos, temos 1.855 dispositivos constitucionais.

Quando tomamos uma Constituição como a brasileira, organizada em parágrafos, incisos, alíneas etc. é muito mais fácil do que uma constituição como a argentina ou americana que são de texto corrido. Nesses casos somos obrigados a criar algum critério de divisão. Um deles é a pontuação. Quando se consegue fazer isso pela pontuação, e normalmente os redatores constitucionais são cuidadosos com isso, chega-se facilmente a uma norma distinta da próxima. A pontuação normalmente indica que se fechou uma norma. Todavia, quando se observa um parágrafo muito longo, por exemplo, tem-se a necessidade de se fazer essa repartição do texto constitucional usando algum critério minimamente objetivo, ao lado da pontuação. Do contrário, ficaria totalmente arbitrário. Esse critério seria a identificação de uma norma individualizável e distinguível das demais que, eventualmente, estão contidas num mesmo parágrafo.

Encerramos aqui a apresentação da primeira parte do projeto que chamamos de pressupostos teóricos de uma metodologia de análise constitucional. Antes de passarmos à parte seguinte, vale consolidar alguns pontos que podem parecer controversos: assumimos como pressuposto teórico que a democracia funciona com base numa normatividade constitucional geral, que se distingue da normatividade governamental. Essa última é necessariamente mais suscetível a mudança e transformação, pois diz respeito a políticas públicas, ao passo que a normatividade constitucional deve durar mais tempo, porque dotada de generalidade, baixo grau de controvérsia e relativa à estrutura do jogo político.

Vale destacar nessa mesma linha que não fazemos uma análise histórica de como determinada norma constitucional foi gerada – a análise é textual. Portanto, não buscamos na história se houve ou não um consenso para formular aquela regra, mas se aquela regra tem as características de uma norma que opera segundo princípios consensuais. Veja o caso, por exemplo, do direito de portar armas nos EUA. Quando aquele direito é instituído no final século XVIII, ele está ligado ao direito de rebelião. Esse era o seu fundamento. Os indivíduos tinham o direito de portar armas para eventualmente se defender da tirania do Estado. Já em pleno século XXI, embora muita gente recorra àquele argumento para manter o direito de portar armas, podemos dizer que essa norma se tornou fundamentalmente um problema de segurança pública. Um problema muito mais de política pública do que um problema fundamental vinculado à questão da soberania popular e ao direito de rebelião. Sendo essa norma hoje muito mais uma *policy*, é bastante provável que ela chame o emendamento constitucional. Então, a própria história que explica por que essa norma foi *polity* no passado deixa de ser útil na nossa análise. Se estivéssemos analisando a chance de essa norma ser emendada no final do século XVIII ou XIX, diríamos ser baixíssima. Porque naquele contexto ela era claramente uma norma do tipo regra do jogo, de regra geral, de direito fundamental e, portanto, ela refletia algo minimamente consensual na sociedade, nos termos que definimos consenso. Hoje, a mesma norma careceria desse entendimento.

Além da dimensão histórica, há uma propriamente política da investigação que é considerar ou assumir que uma constituição pode ser a qualquer momento abandonada pelos atores. Não há motivos razoáveis para que atores políticos organizados permaneçam sob a constituição indefinidamente. Nosso pressuposto é que as constituições só sobrevivem se, de fato, forem marcadas por isso que chamamos de consenso, mas que poderíamos chamar de um arranjo institucional que impõe custos e benefícios aos atores de modo a produzir uma situação de equilíbrio em que qualquer solução fora desse equilíbrio é pior para eles. Nesse caso a constituição pode durar. Do contrário, cai como qualquer outra coisa que perde sustentação diante da força da gravidade.

Se, como argumentamos, uma constituição desce ao detalhe de distribuir ou redistribuir recursos para políticas, que é algo que faz parte do cotidiano da luta entre partidos ou da disputa no interior da própria sociedade, o mesmo não parece ocorrer, por exemplo, com o arranjo federativo. O arranjo federativo é um tipo de acordo que se faz para presidir o jogo político entre os atores no futuro. Entra-se em acordo com relação a uma regra do jogo, mas não se pré-definem os resultados desse jogo. Se no interior do arranjo federativo estabelecem-se percentuais para políticas específicas, compromete-se a generalidade da regra e chamam-se os atores o tempo todo a se digladiarem em torno dela porque esse não é um acordo para durar, mas para ser revisto de tempos em tempos. Logo, colocá-lo na constituição é chamar os atores ao permanente jogo de uma política constitucional, de uma política ordinária alçada ao nível da *polity*.

A CONSTITUIÇÃO DE 1988 À LUZ DA METODOLOGIA DE ANÁLISE CONSTITUCIONAL

Contabilizamos 1.627 dispositivos do texto principal da Constituição de 1988 e encontramos 496 dispositivos de *policy*, ou seja, 30,5%. Em termos absolutos, podemos dizer que se trata de um valor bastante elevado. Mas em termos relativos, comparativamente a outras constituições, o que esse número poderia significar? Passamos então a analisar as constituições brasileiras anteriores a 1988 e textos constitucionais de outros países, ampliando nosso desafio de contextualizar comparativamente o resultado encontrado.

Tabela 1. Distribuição comparativa de *polity* e *policy* e taxa anual de emendamento constitucional em Constituições selecionadas[2]

País	*Polity* (%)	*Policy* (%)	Quantidade de dispositivos *policy*
Brasil (1988)	69,5	30,5	496
México (1917)	83,0	17,0	103
Venezuela (1999)	91,6	8,4	93
Portugal (1976)	95,5	4,5	42
Argentina (1860)	98,3	1,7	4
Alemanha (1949)	99,2	0,8	4
Itália (1948)	99,5	0,5	2
Espanha (1978)	99,7	0,3	2
Estados Unidos (1787)	99,2%	0,8	1
Rússia (1993)	100,0%	0,0	0

Na tabela 1, observa-se inicialmente o número absoluto de dispositivo *policy*, porque não é só o percentual que importa, Em termos percentuais a segunda colocada no ranking é a constituição mexicana, que chega a dispor de

[2] Contamos com Lincoln Narcélio Noronha para a classificação das constituições estrangeiras, no âmbito do Projeto Constitucionalismo e Democracia em Perspectiva Comparada.

17% de dispositivos *policy*, enquanto a nossa tem 30,5%. Entretanto, a nossa constituição tem 5 vezes mais políticas públicas do que a do México.

Além da distinção *polity* e *policy*, a comparação com outras constituições mostrou-se também interessante por nos permitir verificar a existência de diferentes gerações de textos constitucionais. A Constituição americana é, como diz a literatura, enxuta e constituída quase exclusivamente de *polity*. As constituições do pós-guerra – Alemanha e Itália – que inauguram o constitucionalismo democrático não chegam a ser socialmente programáticas. Elas contêm muito poucas políticas públicas e não se notabilizaram por isso. Mas quando se observa o tamanho dessas cartas, nota-se que elas já são bem maiores do que o padrão liberal anterior. Nelas já se encontra uma preocupação em detalhar mais o edifício constitucional democrático, em regular mais o funcionamento dos Poderes. Na Alemanha, que é um país federativo, há uma preocupação maior em regular a relação entre os entes da federação, por exemplo.

Quando observamos as constituições dos anos 1970 – a portuguesa de 1976 e a espanhola de 1978 – notamos que são cartas muito extensas, mas na comparação *polity*/*policy*, os percentuais encontrados não se comparam à brasileira de 1988 (e é interessante lembrar que muitos analistas consideram a Constituição brasileira tributária da Constituição de Portugal).

Curiosamente, a constituição que mais se aproxima da brasileira é a mexicana de 1917, por razões que escapam à sequência mais conhecida dessas gerações de constituições: liberais no séc. XIX, mais democráticas em meados do séc. XX, e social-democratas ao fim do séc. XX. A mexicana, na verdade, contém vários dispositivos de políticas públicas por sua inspiração socialista. É uma Constituição bastante original para o seu tempo.

Gráfico 1. Constituições brasileiras comparadas (1824-1988)

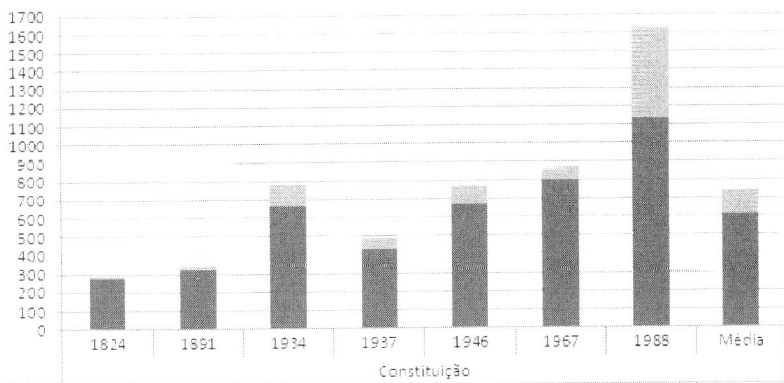

	1824	1891	1934	1937	1946	1967	1988	Média
Count Policy	10	9	119	65	97	75	496	124,4
Count Polity	277	326	663	427	670	798	1131	613,1

Fizemos também uma comparação das constituições brasileiras anteriores a 1988, conforme mostra o gráfico 1. Também é notável como nossas cartas variam em função de seu tempo, tanto as liberais democráticas quanto as autoritárias instituídas por regimes de força. As do séc. XIX – seja a primeira imperial da independência, seja a republicana – são pequenas, com pouco mais de 300 dispositivos e pouquíssimas políticas públicas. A de 1934 é a nossa primeira constituição liberal democrática, inaugurando um novo tempo. É interessante notar que ela vai a quase 800 dispositivos. Inaugura, de certo modo, essa prática de constitucionalizar *policies,* mas quando ela é substituída, três anos depois, o novo marco constitucional cai a quase metade do número de dispositivos, de cerca de 800 a 500.

Poderia ser argumentado que, na medida em que o tempo passa, as funções do estado tornam-se necessariamente mais complexas e quem legisla se ocupa dessa complexidade produzindo mais dispositivos. Porém, não foi isso o que aconteceu de 1934 a 1937, e a simples passagem do tempo não explica a variação constitucional negativa que houve naquela época. Fosse assim, deveria ter-se observado um crescimento e não uma diminuição na passagem de um regime a outro. Isso levanta um problema interessante: será que isso tem a ver com a natureza do regime? Será que regimes iniciados democraticamente ou que visem a iniciar democracias produzem constituições diferentes de regimes que introduzem constituições em situação autoritária?

Observe-se pelo gráfico que a constituição de 1946 volta ao patamar da carta de 1934, tanto no tamanho, quanto na proporção, aproximadamente. A de 1967 mereceria considerações também específicas. Ela herda toda a complexidade do regime de 46, embora obviamente não no caráter democrático, pois era uma constituição autoritária. Entretanto, sem dúvida se assemelha à sua antecessora na tarefa de organizar o Estado, a federação e mesmo as relações entre os poderes que foram mantidos em funcionamento pelo regime autoritário.

O gráfico 1 também ajuda a perceber a peculiaridade da constituição de 1988, que não se assemelha a nenhuma das anteriores. Ela é bem maior do que todas elas – foi a mais de 1.600 dispositivos – e encerra uma incomparável proporção entre *polity* e *policy*. Comparada com experiências anteriores, ela se distingue muito da média do constitucionalismo brasileiro.

Realizamos um cruzamento estatístico dos dispositivos introduzidos por assembleias ou congressos constituintes, genericamente denominados de democráticos, com dispositivos introduzidos por constituições outorgadas. O que se observa é que a proporção de *policy* para *polity* nas constituições democráticas é muito maior do que nas constituições outorgadas ou impostas pelo Executivo. O teste estatístico revela que essa correlação é significativa. As constituições democráticas introduzem mais *policies* do que as constituições autoritárias. Claro que esse resultado é afetado pelo tamanho do texto de 1988 e por isso talvez não deva ser generalizado. Se utilizarmos uma amostra comparativa maior, capaz de confirmar esse resultado, a seguinte questão poderia ser suscitada: por que regimes autoritários se ocupariam menos em constitucionalizar o mundo futuro, em comparação com regimes democráticos?

O ponto que interessa ao cientista político aqui é o seguinte: a assembleia que introduz uma constituição democrática constitucionaliza mais o mundo porque ela é mais inclusiva e participativa, enquanto a autoritária – porque elaborada por poucas ou apenas uma cabeça – resulta mais enxuta? Ou, na verdade, é uma decisão *pro tempore*, isto é, voltada para o futuro: justamente porque é uma assembleia democrática, sem ter a certeza de quem será a maioria governista futura, preocupa-se mais em constitucionalizar o futuro do que as introduzidas autoritariamente? Essas são perguntas que a pesquisa nessa área deveria tentar responder.

GOVERNANDO COM A CONSTITUIÇÃO

Passemos agora à terceira parte do capítulo, relativa ao emendamento constitucional pós-1988 ou o que chamamos «governando com a constituição» – parodiando um texto de Stone-Sweet (2000) intitulado «governando com juízes». Como o sistema político se relaciona com a constituição e em que medida ela afeta a dinâmica política?

Em geral, quando uma constituição é modificada, atribui-se as causas dessa modificação ao mundo exterior a ela, ao fato de que as circunstâncias e vontades mudaram, afetando a constituição. Ou então que os políticos são malvados, não gostam da constituição e ficam modificando seu conteúdo sempre que podem. A constituição, em si, nunca é tomada como causa ou fonte ela mesma do emendamento constitucional que ela suscita.

O autor que primeiramente inverteu esse modo de pensar a constituição e o emendamento constitucional foi Donald Lutz (1994), que formulou quatro proposições que tomam a constituição como, usando a linguagem da ciência política, variável independente no processo de emendamento.

Ele formulou hipóteses para a mudança que residem no interior da constituição – dizem respeito a características do próprio texto constitucional. A primeira proposição é: quanto mais longa é uma constituição, maior será sua taxa de emendamento. Quanto mais curta a constituição, menor será a sua taxa de emendamento. A explicação é simples: a constituição será alvo de emendamento por conta dos muitos detalhes e estes são suscetíveis à mudança.

A segunda proposição: quanto mais difícil o processo de emendamento, menor a taxa de emendamento; quanto mais fácil o processo, maior a taxa de emendamento. As constituições guardam cláusulas de emendamento e elas podem impor maiores ou menores dificuldades em termos do tipo de maioria exigida (se simples ou qualificada), prazos, procedimentos e número de atores institucionais envolvidos. Um exemplo de constituição pouco suscetível a emendamento é a dos Estados Unidos, tida como uma das constituições mais difíceis de emendar por conta das exigências que a constituição faz para que uma emenda constitucional seja aprovada. Por outro lado, há países nos quais as constituições são mais flexíveis e o processo de emendamento é mais fácil.

Em terceiro, quanto mais funções governamentais tratadas pela constituição, maior ela será e maior a taxa de emendamento. Talvez este seja o ponto que mais se aproxima da nossa investigação aqui, porque ele chega a falar em funções governamentais. Ele aponta para a ideia de que se uma constituição traz para si políticas governamentais, ela, então, estaria atraindo o processo de emendamento. Ele, contudo, não aprofunda esse ponto e aproxima, na verdade, a terceira proposição da primeira: quanto mais coisas incorporadas à constituição maior ela será, e quanto maior, como vimos, maior a chance de ser emendada. Em suma, ele reduz tudo a uma questão de quantidade: quanto mais coisas na constituição, mais suscetível ela é à mudança. Não há, todavia, uma distinção qualitativa entre dispositivos, como fizemos em nossa metodologia.

A quarta e última proposição assume que quanto mais distante da taxa média de emendamento, seja numa direção ou noutra (isto é, baixo ou excessivo emendamento), maior a probabilidade de uma constituição ser inteiramente substituída e mais curta será a sua duração. Quanto mais próxima dessa média ideal de emendamento, menor a probabilidade de uma constituição ser substituída por outra e mais longa tenderá a ser sua vida útil.

Recentemente deparamo-nos com um trabalho muito próximo ao que estamos buscando realizar a partir da experiência brasileira. Trata-se da pesquisa de Hammons (1999) sobre as constituições estaduais americanas. Utilizando uma abordagem bastante similar à nossa, este autor chegou a três importantes conclusões: 1) quanto maiores as constituições estaduais nos EUA, mais elas duram; 2) quanto maiores, mais políticas publicas elas têm e mais emendadas elas tendem a ser; 3) quanto mais políticas públicas elas tendem a ter, mais emendadas elas tendem a ser, e mais elas duram, pelo menos até certo ponto. Fala-se em «até certo ponto» porque há um limiar superior da taxa de emendamento a partir do qual as constituições começam a ser substituídas por novas.

Uma possível explicação para esses resultados é a seguinte: quando constituições são muito detalhadas e emendadas, elas acabam durando mais porque os atores percebem que podem mudar as coisas sem a necessidade de uma carta nova. Portanto, não se precisa criar uma constituição nova. Por outro lado, quando elas são excessivamente rígidas, a tendência se inverte: os atores querem mudá-la, mas não conseguem e partem, então, para uma nova, ao seu feitio. Porém, quando um texto mais flexível é excessivamente modificado, atingindo aquele nível superior da taxa de emendamento, os atores podem ser igualmente levados a consolidar as tantas alterações numa nova carta.

O nível ótimo de emendamento parece indicar um patamar de acomodação das preferências dos atores, que vão se ajustando ao longo do tempo e das necessidades conjunturais, desde que a constituição seja suficientemente flexível para incorporá-las. Isso é o que o estudo de Hammons sobre as constituições americanas estaduais revelou.

Há um outro trabalho, de Elkins, Ginsburg e Melton (2009), que constitui hoje a principal referência desse campo de estudos. Eles fizeram um trabalho hercúleo ao compor um banco de dados com todas as constituições de todos os países do mundo existentes desde 1787. Trata-se, portanto, de um censo constitucional.

O que esses autores demonstram vai muito ao encontro dos achados de Hammons (1999): constituições que são maiores duram mais. Por quê? A hipótese é a seguinte: mesmo que bastante modificada, a constituição tende a durar mais justamente porque é capaz de absorver mudanças. Enquanto isso, constituições pouco propensas à mudança tendem a ser substituídas por completo. Em conclusão, a tendência é que uma constituição que muda pouco, dura pouco; uma constituição que muda muito, dura muito, pelo menos até não ultrapassar um limite muito elevado, quando também tenderá a ser substituída por uma nova.

Voltamos, assim, a considerar o modelo da constituição federal americana como algo atípico, de uma carta que raramente é emendada, mantendo-se bastante enxuta, mas de longuíssima longevidade. Embora ela seja tomada, inclusive no debate americano, como modelo para os estados, o que esses estudos demonstram é que as constituições – estaduais americanas ou de outros países – que duram mais são justamente as menos enxutas e mais flexíveis.

Elkins e colaboradores fazem, inclusive, uma loa à constituição brasileira em seu estudo comparativo. Ela reuniria os principais atributos da teoria desses autores sobre a longevidade constitucional: é detalhada, flexível e inclusiva. Realmente, para os padrões democráticos brasileiros, ela já durou razoavelmente, não deixa de ser emendada e, pelo menos por enquanto, não parece ter atingido aquele patamar superior de emendamento que enseja a substituição por uma nova. Vale destacar que o censo constitucional elaborado por Elkins *et alii* revelou que a mediana de vida das constituições é 19 anos. Merece atenção também o fato de a constituição brasileira já ter ultrapassado os 20 anos e estar, portanto, acima da mediana de vigência das constituições. Seguindo o mesmo raciocínio, deve ser considerado positivo também o fato de que ela é muito emendada. Isso é, de acordo com a literatura da análise comparada ora discutida, um fator de durabilidade.

Neste ponto, há uma crítica metodológica importante a registrar. O estudo pioneiro de Lutz, no qual muitos outros se apoiam, apresenta um problema grave. Ele aplicou suas proposições às constituições estaduais nos EUA e depois estendeu a análise a outras constituições nacionais. Na primeira etapa do estudo, ele encontrou uma taxa média de emendamento constitucional das cartas estaduais. De fato, quanto Lutz compara as extremidades da distribuição dessas taxas, ele percebe que aquelas constituições muito pouco emendadas e aquelas muito emendadas eram igualmente suscetíveis a serem substituídas completamente de tempos em tempos. Ao passo que aquelas que estavam em torno da média, ou seja, não pareciam rígidas demais e nem foram submetidas a muito emendamento, duravam mais no tempo (a taxa ideal girava em torno de 0,70 a 0,80 emendas por ano). Qual o problema do estudo de Lutz, que legou um tremendo equívoco à literatura? É que das taxas de emendamento ele derivou o grau de dificuldade das regras de emendamento constitucional que as presidiram, elaborando a partir daí uma tabela de pesos e medidas que passou a ser utilizada amplamente pelos pesquisadores. Ou seja, tomando a causa pela consequência, Lutz concluiu que uma regra de emendamento impunha mais dificuldade do que outra com base na taxa de emendamento gerada por ela mesma, desconsiderando por completo outros fatores que podem influenciar esse mesmo emendamento. E os estudos comparativos seguintes passaram a utilizar largamente essa tabela sem, contudo, produzir resultados consistentes que fossem capazes de manter a relação de causalidade entre regras e taxas de emendamento. Por regras, referimo-nos aqui às exigências relativas ao tamanho da maioria parlamentar necessária para aprovar uma emenda (se de 2/3, 3/5 etc.), em várias votações consecutivas, se há Senado e Câmara como instâncias legislativas, se há intervalo entre uma legislatura e outra para confirmar e ratificar uma emenda, se o povo tem a oportunidade de intervir no processo por meio de plebiscitos e referendos etc. Ora, quando se fala em maiorias de 2/3 ou de 3/5, até podemos ordená-las segundo o grau de dificuldade que impõem, mas um referendo seria necessariamente mais difícil do que a aprovação por duas legislaturas? Alguém chegaria a uma conclusão acerca de qual é mais ou menos difícil para a aprovação de uma emenda? Como Lutz resolveu essa questão? Ele tomou as taxas de emendamento constitucional nos estados americanos e delas inferiu graus de dificuldades das regras, estendendo depois a aplicação do método a outras constituições nacionais, mas neste caso usando aquelas regras pré-classificadas como causas da maior ou menor taxa de emendamento encontrada.

Ainda hoje, pesquisadores desavisados tomam a tabela de Lutz como ponto de partida de suas análises, inclusive para exame do caso brasileiro. Além do problema metodológico apontado acima, a estratégia comparativa de Lutz desconsidera uma série de outros elementos externos à regra como, por exemplo, a do perfil do sistema partidário que atua sob a regra de emendamento. Sistemas bipartidários ou multipartidários funcionarão de modo diferente para formar maiorias qualificadas de 2/3 ou 3/5 e aprovar uma emenda constitucional. O grau de polarização do sistema partidário também importará, assim como o grau de predominância do Executivo no processo legislativo.

Caso se esteja diante de um presidente institucionalmente forte, com capacidade de influenciar o processo de emendamento constitucional, isso deverá ter impacto relevante. Em suma, olhar apenas para a regra e atribuir-lhe um peso que derivou do resultado previamente encontrado é um erro metodológico básico que precisa ser corrigido.

Diferentemente de autores como Elkins *et alii*, Hammons e Lutz, preocupados com o quanto o emendamento contribui para a longevidade constitucional, nossa preocupação sempre residiu muito mais na questão do custo que uma constituição que requer emendamento frequente acarreta para o processo político e judicial. A questão não é tanto sobre a governabilidade do presidencialismo de coalizão no Brasil, mas sim a que custo esse sistema político opera[3]. Qual é o tamanho da coalizão que se precisa formar para aprovar emendas constitucionais e que tipo de dinâmica política o processo de emendamento engendra na relação entre partidos e destes com o governo?

Voltemos, então, ao nosso modelo de análise constitucional. Para nós, a relevância de um dado dispositivo constitucional que encerra uma política pública é justamente o custo da alteração com que o sistema político terá de arcar para a sua modificação. O ponto é que o custo de alteração, em regra, é muito maior do que seria se aquele dispositivo estivesse presente numa lei ordinária. Por essa razão, nossa discussão aqui tem muito a ver com o tema da governabilidade.

Para fazê-la avançar, precisamos considerar a constituição como variável independente do processo político, isto é, como causa ela mesma da dinâmica política que se instala para a formulação e implementação de políticas públicas. Como vimos, Lutz foi pioneiro em tomar a constituição como ponto de partida, e suas características intrínsecas como causas importantes de sua duração e da taxa de emendamento a que é sujeita. Todavia, e esse é o nosso ponto, essa teoria não dispõe de uma explicação sobre o motivo que leva políticos a emendarem a constituição. Falar apenas em tamanho da constituição e dificuldade da regra de emendamento não resolve esse problema. Não há uma explicação de por que em determinados Estados americanos ou em determinados países constituições são objeto de disputa política e políticos se interessam em modificá-las.

Nossa hipótese é a de que a constitucionalização de políticas públicas (*policies*) é efetivamente um ponto de partida muito forte para explicar por que políticos se engajam em reformas constitucionais, sobretudo em países que não estão conflagrados do ponto de vista estrutural. Não é uma questão estrutural que está sendo discutida e disputada entre os atores, mas são políticas públicas.

---

[3] Sobre a governabilidade do presidencialismo de coalizão, ver o capítulo de Argelina Cheibub Figueiredo, neste volume, à p. 177.

Nossas proposições são as seguintes:

Cartas constitucionais que contêm um grande número de políticas públicas para além de princípios fundamentais, que normalmente são sua razão de ser, encerram um permanente processo de emendamento constitucional.

Legislaturas ordinárias são incentivadas a promover mudanças na constituição, não apenas por razões exógenas, mas endógenas ao arcabouço constitucional.

A constitucionalização da agenda governamental leva os governos a atuar no marco constitucional.

Governar por meio de mudanças constitucionais não seria sinal de permanente modificação estrutural da *polity* democrática, mas decorrência do fato de que a constituição atraiu para seu bojo a política governamental.

Se as nossas proposições estiverem corretas, podemos antever certos fenômenos ou tendências no mundo empírico, inclusive contrárias àquelas previstas pela literatura sobre reformas no Brasil contemporâneo. Para essa literatura, ou pelo menos uma parte dela, o grande número de emendas constitucionais aprovadas no Brasil nos anos 1990 seria resultado de um contexto específico, particularmente do governo FHC, que liderou um processo de reforma do Estado e de modelo econômico. Facilitada pela regra relativamente fácil de emendamento da Constituição de 1988 – apenas 3/5 das duas casas legislativas, por duas votações consecutivas – a coalizão governista sob FHC teria inclusive desfigurado a carta cidadã.

Segundo alguns analistas, graças a essa regra relativamente fácil e a um contexto favorável a mudanças, tivemos um amplo número de emendas constitucionais aprovadas. Com a mudança de governo, incluindo uma alternância ideológica – de FHC a Lula – a expectativa desses analistas é que a taxa de emendamento cairia significativamente, seja porque o contexto mudou, seja porque a nova administração não tinha entre seus compromissos modificar a constituição. Não haveria mais incentivos para mexer no texto constitucional.

A nossa teoria sugeria o contrário: ao constitucionalizar políticas públicas, a carta de 1988 levaria quaisquer governos, seja de esquerda, de direita ou de centro, a mexer e a ter que governar com a constituição. Antes de apresentar os dados que confirmam nossas proposições, cabe discutir como trabalhamos teoricamente a questão do emendamento. Consideramos que a taxa de emendamento constitucional variará em função de três elementos principais e um quarto interveniente: 1) o grau de rigidez constitucional (tomado pelo peso que a regra de emendamento tem, e guardada a controvérsia que existe sobre essa metodologia), 2) a existência e extensão da revisão judicial ou controle constitucional das leis; 3) o grau de constitucionalização de políticas públicas no texto e 4) de natureza interveniente, o número de *veto players* e ao grau de fragmentação do sistema partidário.

Já discutimos o primeiro elemento e apontamos, inclusive, a necessidade de uma revisão metodológica em torno de sua composição. Quanto ao segundo, vale dizer que a literatura já o incorporou razoavelmente bem, sobretudo a partir e em função da experiência americana. Afirmamos anteriormente, com base em Elkins *et alii*, que de fato a constituição dos EUA não é um bom exemplo, a despeito de sua longevidade. Por qualquer critério que se examine, não deveria durar tanto tempo. Uma das explicações para sua durabilidade é a presença de uma forte revisão constitucional nos EUA. Ou seja, especialmente nos momentos mais cruciais da história constitucional americana a Suprema Corte se encarregou de dar interpretação e sobrevida ao texto, garantindo sua continuidade.

Como pensamos o problema do emendamento constitucional levando em conta o sistema político mais amplo, o número de veto *players* e o grau de fragmentação do sistema partidário constituem uma variável interveniente inescapável à análise. Ou seja, as regras de emendamento não operam no vazio político. É necessário considerar a configuração do sistema político para verificar o impacto que determinadas regras podem ter, e dessa combinação de elementos, avaliar seus resultados.

A ideia de que o emendamento constitucional no Brasil seria resultado de uma época ou de um único governo reformista cai por terra quando se vê, pelo gráfico 2, que a alternância no governo presidencial em 2002 e a substituição de uma agenda política por outra bastante diferente do ponto de vista da orientação ideológica, das políticas de governo e da sua relação com a constituição, não significaram um declínio do emendamento constitucional no Brasil.

Gráfico 2. Dispositivos de emendas constitucionais por ano (1992/2010). Alguns exemplos destacados nos boxes

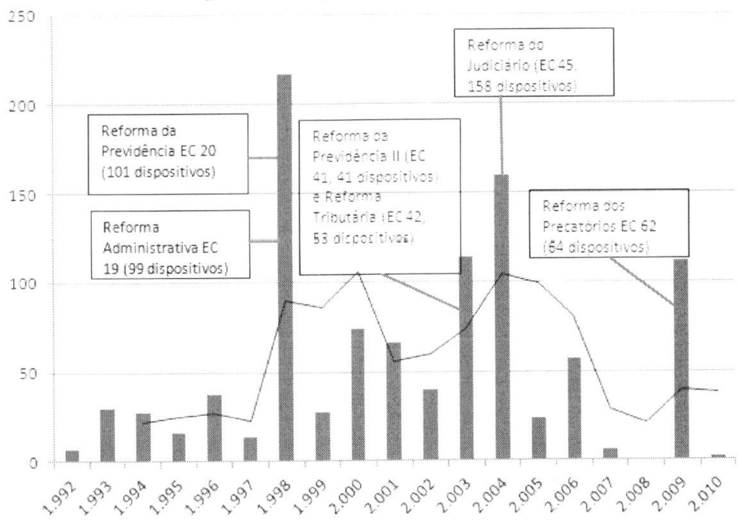

O gráfico 2 é igualmente útil para mostrar o efeito de uma contabilidade por número de dispositivos e não simplesmente por número de emendas/ano. Observem os exemplos destacados nos boxes, de emendas que chegaram a 100 dispositivos ou mais. Se tomássemos apenas o número de emendas naquele ano, teríamos uma imagem bem mais modesta e, portanto, distorcida do processo de mudança constitucional no Brasil pós-1988.

A distinção entre *polity* e *policy* também se aplica para os dispositivos de emendas. Pode-se encontrar, por exemplo, a Emenda 32, relativa ao uso de medidas provisórias, que só lidou com regras do jogo e na qual não há nenhum dispositivo de *policy*. Igualmente, pode-se verificar que a emenda da reforma do Judiciário, a maior de todas as emendas, foi majoritariamente composta de regras do jogo e de princípios fundamentais de organização do Estado – pela própria natureza da reforma de um poder de Estado –, mas que incluiu também muitos dispositivos que desceram a tal nível de especificidade que foram classificados como *policy*. Vale citar, ainda, o exemplo da Emenda 62 – relativa aos precatórios – com mais de 60 dispositivos, todos eles classificados como política pública.

Se compararmos o emendamento constitucional por governos presidenciais, como faz o gráfico 3, verificamos que há um empate técnico entre os governos FHC e Lula, deitando por terra a tese de que governar por meio de emendas era uma especificidade do primeiro destes dois governos e de seu contexto.

Gráfico 3. Dispositivos de emendas constitucionais por governos presidenciais e na Revisão Constitucional

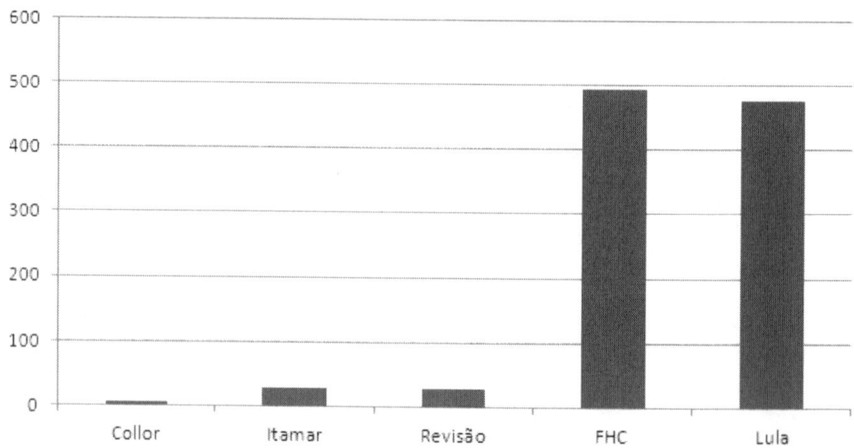

Testamos também a outra hipótese relacionada com a origem do projeto: se o emendamento constitucional ocorre em função das *policies* constitucionalizadas, ele deverá incidir mais sobre *policy* do que *polity* no texto original.

E foi isso o que nós encontramos como resultado final. Também supúnhamos que haveria uma variação em função da origem da PEC, considerando seus proponentes institucionais: Câmara dos Deputados, Senado Federal ou Executivo. Ao comparamos as ECs por seus proponentes institucionais, verificamos que a proporção, quando a emenda é sugerida pelo Executivo, é 3,4 *policies* para cada *polity*, enquanto para a Câmara essa proporção é de 1,12 e para o Senado é de 1,87. Nesse último caso, a proporção *policy/polity* viu-se inflacionada pela emenda dos precatórios, que teve origem no Senado e era composta integralmente de dispositivos de *policy*. Não fosse ela, a relação *policy/polity* para emendas propostas pelos senadores seria inversa à encontrada.

Esses resultados confirmam nossa hipótese. São políticas públicas constitucionalizadas que chamam à atividade constitucional o Poder Executivo, mais do que as casas legislativas do Congresso Nacional. É o Presidente o maior interessado em modificar o *status quo* das políticas públicas e ele sabe que esse *status quo* está definido constitucionalmente. Para que ele possa operar políticas, precisa mudar a constituição.

Diante desse quadro, poder-se-ia perguntar se a melhor estratégia para o próprio Executivo não seria investir na desconstitucionalização dessas políticas, diminuindo o custo futuro de governabilidade? Idealmente sim. O problema é a viabilidade disso.

A teoria diz o seguinte: a grande vantagem – se há alguma vantagem em uma constituição como essa – é a flexibilidade da mudança por emendamento constitucional. Ou seja, ela não acarreta uma crise de paralisia decisória e de governabilidade para os atores. Todavia, chamá-los a um processo amplo de desconstitucionalização é abrir por demais o jogo político em torno da constituição e os atores têm receio em jogar esse tipo de jogo. Pode-se até se dispor a entrar em um jogo parlamentar para decidir o que fazer com os precatórios, por exemplo. Mas chamar os atores a uma revisão geral do pacto constitucional para desconstitucionalizar dispositivos significa introduzi-los num grau de insegurança política a que poucos estão dispostos. Essa proposta de desconstitucionalização aparece de tempos em tempos nos jornais, mas morre tão rápido quanto apareceu. Por outro lado, não podemos desconsiderar o achado da literatura sobre durabilidade das constituições ao qual já fizemos referência: se com o passar do tempo o emendamento constitucional chega a um grau muito elevado, não podemos descartar a hipótese de uma revisão constitucional para, no mínimo, consolidar a constituição e suas tantas emendas. Todavia, enquanto não se chegar esse ponto de exaustão é muito difícil reunir os atores políticos, sobretudo em um sistema como o brasileiro, em torno dessa ideia. O custo e o risco de fazê-lo são muito grandes.

É notável como somente uma das 63 emendas, a emenda 40 de 2003 (que acabou com o tabelamento dos 12% dos juros, dentre outras alterações), mais tirou do que acrescentou dispositivos à carta. Todas as outras emendas fizeram o oposto. Esse fato parece estar associado ao processo de negociação de emendas que tem curso no parlamento, cujo resultado de equilíbrio depende da possibilidade de incluir no texto as demandas de atores específicos necessários para formar a maioria qualificada.

Outra objeção frequentemente levantada é a de que políticas públicas constitucionalizadas podem, na verdade, assegurar a governabilidade e não o contrário, como argumentamos. Mais precisamente, um governo poderia não ser capaz de sustentar determinada política justamente se ela não estivesse constitucionalizada. Portanto, constitucionaliza-se uma política para que uma maioria ordinária não seja capaz de removê-la. O problema desse argumento é que quando um novo governo herda essa política, ele precisará construir uma maioria qualificada de 3/5, que muito provavelmente distorcerá os termos da competição eleitoral que levou aquele mesmo governo ao poder.

O presidencialismo de coalizão brasileiro sempre requer 70% ou mais do parlamento brasileiro, caso o contrário não se tem garantidos os 60% dos votos requeridos para emendar a constituição. Isso significa o seguinte: aumenta-se o custo de partilha de cargos no governo e de concessão de benefícios para a base parlamentar. O custo de formulação de uma coalizão no Brasil é maior do que o custo em lugares onde é necessária a chamada coalizão mínima – 50% mais 1. No nosso caso, são necessários mais 10 pontos percentuais de saída. É por essa razão que a coalizão governista que emerge das urnas nunca é a mesma do primeiro dia de mandato presidencial, embora os eleitores não sejam consultados entre um momento e outro.

Embora nossa regra de emendamento seja razoavelmente flexível, não devemos desprezar os custos impostos à formação da maioria necessária para operar com ela. Corrupção, ineficiência do gasto público e politização da burocracia são medidas aproximadas do que estamos considerando aqui por «custos». O próprio *logrolling* em torno do emendamento constitucional pode acarretar custos de tempo, de inconsistência jurídica do marco constitucional e de substituição da constituição como um todo num futuro não muito longínquo.

Até lá, pelo menos o que se pode dizer é que a constituição contém o germe do seu próprio crescimento. O balanço final de dispositivos que retiram e que acrescentam elementos à carta é flagrantemente positivo: a constituição brasileira é 33% maior hoje do que era em 1988. E 70,5% desse crescimento diz respeito a políticas públicas constitucionalizadas.

Uma boa parte desse crescimento se dá no Ato das Disposições Constitucionais Transitórias, o que é muito interessante. Se uma constituição cresce tanto e, sobretudo no que é transitório, mas o que é transitório incide sobre partes não transitórias do texto principal, passado um tempo aquela norma cai e o texto volta a vigorar na sua fórmula original, obrigando o legislador a uma nova rodada de emendamento constitucional. Tome-se o exemplo da Desvinculação de Receitas da União (DRU), que libera receitas vinculadas pelo texto principal, mas o faz apenas por um determinado período de vigência. Ou seja, na realidade estamos fazendo política pública transitória e conjuntural em pleno marco constitucional. O mesmo vale para a CMPF e outras emendas que incidiram sobre o ADCT. A tendência é que isso continue enquanto governos precisarem manejar orçamentos, aumentando suas receitas e fazendo outras coisas *pro tempore*.

Para uma constituição que já foi adjetivada de tantas coisas por exemplo, «constituição cidadã», na célebre formulação de Ulysses Guimarães – nós trazemos mais um adjetivo: aos poucos, ela parece se converter numa espécie de grande lei ordinária do país ou numa lei geral das políticas públicas constitucionalizadas.

Em conclusão, nossa crítica a esse modelo constitucional é que ele compromete a eficiência do sistema político e eleva os custos de transação e da eficácia governamental, na medida em que também representa uma dificul dade de implementação de políticas públicas. O aspecto normativo central de nossa crítica reside na ideia de que a maioria política eleita não é a que governa efetivamente. Essa é manufaturada por partidos, Presidência e Congresso, e o controle mínimo exercido pelas eleições se perde até a posse e durante o novo governo. É curioso concluir que a maioria politicamente eleita não é aquela que governa no Brasil e isso se dá graças à Constituição. A Constituição exige que a maioria politicamente eleita se transforme, no Congresso, em uma outra maioria superior a ela, qualificada de outro modo, cujo modo de construção foge ao eleitor e se dá no interior do sistema político, onde predominam os mecanismos do presidencialismo de coalizão.

BIBLIOGRAFIA

ARANTES, R. B. e COUTO, C. G. «Constitutionalizing policy: The Brazilian Constitution of 1988 and its impact on governance», in Detlef NOLTE e Almut SCHILLING-VACAFLOR (orgs). *New Constitutionalism of Latin America: Towards Good Governance?*. Ashgate, no prelo.

_____, 2008: «A constituição sem fim», in S. DINIZ e S. PRAÇA (orgs). *Vinte anos de constituição*, São Paulo: Paulus.

_____, 2009: «Uma constituição incomum», in M.A.R. CARVALHO, C. ARAUJO e J.A. Simões (orgs.). *A Constituição de 1988. Passado e futuro*, São Paulo: Hucitec, Anpocs.

COUTO, C. G. e ARANTES, R. B., 2006: «Constituição, governo e democracia no Brasil». *Revista Brasileira de Ciências Sociais*, 21 (61), 41-62.

_____, 2003: «¿Constitución o políticas públicas? Una evaluación de los años FHC», in V. PALERMO (Ed.). *Política brasileña contemporánea: de Collor a Lula en años de transformación*, Buenos Aires: Siglo Veintiuno.

_____, 2008: «Constitution, Government and Democracy in Brazil». *World Political Science Review*, 4 (2), Article 3, 2008.

COUTO, Cláudio G., 1997: «A agenda constituinte e a difícil governabilidade». *Lua Nova: revista de cultura e política*, 39: 33-52.

_____, 2000: «Os mecanismos do ajuste: instituições e agendas na política econômica». *Estudios Sociales (Santa Fe)*, Santa Fe – Argentina, vol. X, n. 19, p. 169-195.

ELKINS, Zachary; GINSBURG, Tom; MELTON, James, 2009: *The endurance of national constitutions*. Cambridge: Cambridge University Press.

HAMMONS, Christopher W., 1999: «Was James Madison wrong? Rethinking the American preference for short, framework-oriented constitutions». *The American Political Science Review*, vol. 93, n. 4, p. 837-49.

LUTZ, Donald, 1994: «Toward a theory of constitutional amendment». *The American Political Science Review*, vol. 88, n. 2, p. 355-370, jun. 1994.

STONE-SWEET A., 2000: *Governing with Judges: Constitutional Politics in Europe*. Oxford, UK: Oxford Univ. Press, 2000.

10

FEDERALISMO E POLÍTICAS PÚBLICAS: INTERAÇÕES E SUAS CONSEQUÊNCIAS

VANESSA ELIAS DE OLIVEIRA

DISTINGUINDO FEDERALISMO DE DESCENTRALIZAÇÃO

Esse capítulo trata do debate sobre centralização *versus* descentralização, federalismo *versus* sistema unitário de governo e tentará responder às seguintes questões: o que é federação e por que os países decidem adotar a forma federativa? Se é possível descentralizar em países unitários, então por que adotar a opção pelo federalismo? Por que descentralizar? Seria o Brasil um caso de federalismo com forte centralização de poder na esfera federal? Por fim, quais as implicações da adoção do federalismo e da descentralização para as políticas públicas?

O federalismo é um tema recorrente nos estudos de Ciência Política e de Direito Constitucional. No entanto, o entendimento sobre o sentido do termo nem sempre é muito claro.

Federalismo é, em primeiro lugar, diferente de descentralização. Embora a descentralização faça parte de ideia de federalismo, trata-se de dois conceitos distintos e que não podem ser usados como equivalentes. Assim como existem países unitários que são muito descentralizados, como é o caso da Itália, há federações com forte centralização do poder nas mãos do governo federal.

Como definir uma federação? Stepan (1999) apresenta uma definição capaz de abarcar os aspectos mais relevantes do federalismo: «federalismo é um sistema em que algumas matérias são de exclusiva competência de determinadas unidades locais (cantões, estados ou províncias – aí o nome pode variar) e estão constitucionalmente além do âmbito de autoridade da União, enquanto outras estão fora da esfera de competência das unidades menores». Ou seja, algumas matérias são de competência exclusiva dos estados e outras são de competência exclusiva da União.

Na federação o governo central trata de questões que são de interesse comum de todas as regiões, estados, provinciais etc. Ao mesmo tempo, essas regiões têm autonomia para decidir sobre outros assuntos, que são de interesse local, regional e sob os quais possuem autonomia decisória. No federalismo, portanto, *os níveis de governo estão coordenados e não subordinados,* e essa é uma distinção importante quando se compara federalismo com descentralização.

Em que isso se diferencia de um estado unitário fortemente descentralizado? Conforme apontou Silva (2010), em um estado unitário, ainda que políticas possam ser implementadas localmente, a decisão autônoma acerca dessa política é matéria reservada ao poder central. Isso significa que, ao contrário do que ocorre numa federação, as regiões não têm autonomia para legislar sobre nenhuma matéria, sendo essa competência exclusiva do poder central.

Nos casos de países unitários fortemente descentralizados há a transferência de responsabilidades para estados e/ou municípios em relação a algumas políticas. Contudo, a autoridade sobre as mesmas continua sendo do governo central, que pode com maior facilidade retomar o poder decisório, mesmo quando esse foi transferido para os governos sub-regionais. Um claro exemplo da facilidade com que governos unitários «recentralizam» seu poder decisório encontra-se numa situação recente enfrentada pela Itália, que deverá «diminuir o número de municípios», *por meio da unificação de unidades municipais, como medida para conter os gastos públicos (Correio Braziliense*, 15.09.2011).

Nas federações, por outro lado, a responsabilidade e a competência de cada ente de legislar e decidir está estabelecida geralmente em uma Constituição escrita, tornando muito mais complexa e custosa a reversão. O princípio federativo, então, é o princípio da *coordenação mais independência dos níveis de governo.*

E o que é uma confederação? Nesta, o governo central está subordinado aos governos estaduais e, portanto, apenas estes atuam diretamente sobre a vida dos cidadãos. A ideia é oposta à de federação. A confederação é uma união de estados, mas quem decide sobre a vida dos cidadãos continua sendo os estados. Essa união é apenas formal e o governo central não tem poder sobre a vida dos cidadãos e ele não decide sobre as políticas de cada estado.

Resumidamente, podemos dizer que numa federação o governo central decide sobre algumas questões centrais para todas as unidades, e repassa responsabilidades para os governos estaduais sobre outros assuntos, que decidem autonomamente sobre eles, inclusive com competência legislativa. Quem decide sobre a vida dos cidadãos? Tanto o governo federal quanto os governos estaduais (e, no caso do Brasil, também os governos municipais). Na confederação, por sua vez, estados se unem, mas quem decide sobre a vida dos cidadãos são apenas os estados que fazem parte daquela confederação. E, por fim, numa descentralização em estado unitário quem decide sobre a vida dos cidadãos é o governo central. As unidades subnacionais podem até decidir, mas indiretamente, em função das responsabilidades repassadas para essas unidades, que podem ser retomadas pelo governo central, e para a execução de políticas públicas que são determinadas pelo governo unitário.

O federalismo brasileiro possui algumas especificidades que merecem ser exploradas. Há a transferência de poder e competências não apenas para os estados, mas também para os municípios. O que significa que não apenas a união e os governos estaduais influenciam sobre o rumo das políticas publicas e a vida dos cidadãos, mas também os governos municipais. Também eles estão decidindo sobre o rumo dessas políticas. E qual é a implicação do «federalismo trino» brasileiro? Em federações em que os municípios não são entes federados, cabe ao governo federal repassar algumas competências para os estados. Estes, por sua vez, lidam com seus municípios como os países unitários lidam com seus entes subnacionais. Ou seja, eles determinam para os municípios o que eles têm que fazer, já que estes não possuem autonomia decisória.

No federalismo brasileiro, os estados não possuem tal poder sobre os municípios, já que, assim como os estados, os municípios também têm autonomia para, por exemplo, decidir sobre a vida dos cidadãos, sobre as políticas publicas que vão ser implementadas e sobre a aplicação dos recursos públicos.

CAUSAS DA DESCENTRALIZAÇÃO E DO FEDERALISMO

Uma das causas mais frequentemente apontadas como explicação para a adoção da descentralização seria levar o governo mais próximo aos cidadãos. A ideia é de que, ao descentralizar, os cidadãos estariam mais próximos dos seus governantes e das decisões que esses governantes tomam em termos de políticas publicas. Portanto, haveria uma associação entre descentralização e uma gestão mais democrática das políticas públicas. Se, no período do regime autoritário, havia a centralização de poder nas mãos do governo federal, a descentralização pós-1988 significou também um aspecto democratização. Ao chegar mais perto das necessidades dos cidadãos, o governo estaria, portanto, ouvindo mais essas necessidades, essas demandas, e haveria uma gestão mais democrática dos recursos públicos.

Do ponto de vista do governante, tal proximidade proporcionaria aos políticos uma maior sensibilidade às demandas dos cidadãos, uma vez que, estando mais próximos dos seus eleitores, teriam facilidade para o diálogo, bem como entender melhor quais são as demandas e as necessidades de cada região.

Outra razão para a descentralização seria a busca por um aumento da eficiência na provisão dos serviços públicos. Com 5.560 municípios, como no caso brasileiro, seria mais eficiente uma gestão descentralizada dos recursos, uma vez que cada município seria responsável pela compra do seu material, dos seus insumos e pela gestão dos seus próprios recursos.

O exemplo das merendas escolares ilumina bem como a descentralização pode trazer ganhos de eficiência na gestão pública. No passado, o governo federal comprava merenda para todos os cinco mil municípios e depois distribuía, com todos os custos de logística que isso implicava. Isso é claramente menos eficiente e racional do que se cada município se responsabilizasse pela compra da sua merenda. Em síntese, quer-se apontar para o fato de que o governo federal não tem como lidar com as políticas e as necessidades de todos os municípios de cada região do país. Portanto, ao descentralizar, seria possível dar uma atenção mais específica e mais eficiente para as necessidades dos cidadãos das diferentes regiões do país.

E quais as razões levam os países a adotarem o federalismo? Talvez seja possível agregar as principais causas apontadas pela literatura existente (Watts, 1999) sobre o tema nos seguintes grupos:

Heterogeneidades socioculturais (linguísticas, religiosas, culturais) das diferentes regiões de governo.

Grande dimensão territorial, que dificultaria um governo central lidando com as necessidades e as especificidades de cada uma das regiões, distantes entre si.

Tendências separatistas, que seriam evitadas ao se criar uma federação respeitando as demandas de cada região, mantendo a sua autonomia e, concomitantemente, garantindo a unidade.

Questão de segurança nacional, com base na concepção de que ao se criar uma federação, todos os membros juntos seriam mais fortes do que separados frente a uma ameaça externa, conseguindo, assim, manter a unidade.

A distinção feita por Alfred Stepan (1999) consegue abarcar os diferentes aspectos elencados para explicar a adoção do federalismo em duas possibilidades, o que as tornou uma referência praticamente obrigatória para quem busca compreender tais razões. Segundo o autor, existem basicamente duas razões para se instituir uma federação: para unir e para manter a união. O que elas significam?

Federação para unir seria o modelo americano. Em 1787, na Convenção de Filadélfia, os estados decidiram formar um pacto federativo, combinando as suas soberanias num poder central e deixando poderes residuais aos estados. Dessa maneira, cada estado manteve sua autonomia e a federação surgiu como uma união desses estados, criando algo que era diferente do que antes vigia. A percepção era a de que a União traria vantagens, inclusive em relação a uma ameaça externa e que, portanto, era interessante unir para criar algo diferente e mais forte.

A outra possibilidade é a da *federação para manter a união*, que difere do primeiro caso por servir para evitar a separação. Configura-se em estados que eram unitários, como os casos da Índia, da Bélgica e da Espanha, mas com grandes clivagens socioculturais, étnicas e/ou religiosas, com forte potencial separatista, o que os leva para a opção pela união, por meio da criação de uma federação.

Portanto, trata-se de lógicas opostas: no primeiro caso, a ideia é unir em uma federação estados que eram separados e mais fracos isoladamente do que unidos; no segundo caso, as federações surgem como uma forma de manter a união em troca de maior autonomia para cada região e impedir, assim, a separação.

AUTONOMIA E COMPETÊNCIA DECISÓRIA NAS FEDERAÇÕES

De acordo com Silva (2010), existem três tipos de competências que as esferas de governo assumem nas federações. Uma é a *competência legislativa* que, segundo o autor, só está presente para os entes subnacionais nas federações. Ou seja, em estados unitários os entes locais não são dotados de competência legislativa para a tomada de decisões acerca das políticas públicas, competência essa exclusiva do governo federal. Mesmo que fortemente descentralizados, estados unitários não descentralizam a competência legislativa, ainda que descentralizem a competência administrativa.

A *competência administrativa*, ou seja, a gestão das políticas públicas, pode se verificar tanto em países federados quanto em países unitários, que optam por descentralizar a competência administrativa em relação a algumas ou várias áreas de políticas públicas. No caso dos estados unitários, quem decide, por meio da legislação, é o governo central, mas ele pode descentralizar a implementação das políticas, tal como ocorre no exemplo da Itália anteriormente citado.

Por fim, a *competência fiscal*, que é a competência sobre a arrecadação e utilização de recursos fiscais, pode ser descentralizada em ambos os sistemas (unitários ou federativos), variando o nível de controle do governo central sobre esses recursos.

No caso específico da federação brasileira pós Constituição de 1988, houve a descentralização política, com a elevação dos estados e municípios (e é essa que é a inovação da Carta de 1988) a entes federados com competência legislativa. Ademais, foi constitucionalmente garantida a competência administrativa, com o repasse de responsabilidades sobre a prestação de serviços sociais para os governos subnacionais, isto é, estados e municípios. Foi garantida também a competência fiscal, com União, estados e municípios responsáveis pela arrecadação de impostos. Ou seja, os municípios passaram não apenas a implementar políticas públicas, mas a ter recursos próprios para decidir sobre como gastar, em quais políticas públicas e com base em prioridades localmente decididas.

Nesse cenário, as primeiras análises sobre o federalismo brasileiro diziam que a Constituição de 88 criou no Brasil um federalismo robusto. Fernando Abrucio (1996) desenvolveu a tese dos «barões da federação», embasado num diagnóstico que via os governadores como atores fortes dentro do jogo político, com grande poder sobre a política local e também nacional.

Estudos subsequentes, no entanto, analisaram empiricamente as transformações ocorridas ao longo dos anos 90 e no início do novo século e, com base na determinação constitucional de que os estados possuem apenas competências residuais, ou seja, decidem apenas sobre questões que não são de competência de outros entes federados, afirmaram que os estados são os entes menos expressivos na federação pós-1988, não em termos de *politics* (política), mas de *policies* (*policies*). A União, ao contrário, possui uma série de competências exclusivas. Ou seja, temos no federalismo brasileiro a descentralização da implementação de algumas políticas públicas, mas a União mantém um conjunto de questões que são de sua competência exclusiva, como, por exemplo, matérias de ordem internacional ou questões de competência concorrente entre os três níveis de governo, como energia elétrica, transporte, mineração e educação (Souza, 2005).

Maria Hermínia Tavares de Almeida (2005) demonstrou que o grau de descentralização de algumas áreas de políticas públicas foi se alterando ao longo anos 90. A Constituição promove massiva descentralização de competências e recursos, se comparamos com a distribuição de recursos fiscais e tributários no período autoritário, os quais eram muito mais centralizados nas mãos do governo federal. Após a nova Constituição, os municípios passam a ter autonomia decisória sobre uma série de políticas e a comandar uma porcentagem significativa de recursos fiscais arrecadados.

Todavia, aponta Almeida (2005), ao longo dos anos 90 o padrão de descentralização de um conjunto de políticas vai se alterando, gerando um desenho de políticas públicas muito mais complexo do que a simples dicotomia centralização *versus* descentralização é capaz de medir. O governo federal foi ampliando ao longo dos anos 90 e na primeira década do novo século o seu poder decisório, «carimbando» uma série de recursos que repassa aos governos municipais. Como exemplo, podemos citar a Lei de Responsabilidade Fiscal, que limita os gastos públicos, impedindo os governos de endividarem-se para além da sua capacidade de pagamento. Outro exemplo é o do caso da saúde, a aprovação da Emenda Constitucional 29/2000, que impõe gastos mínimos para os estados (12% de recursos próprios) e para os municípios (15% de recursos próprios) com a política de saúde pública. Voltaremos a esse processo de recentralização a seguir, ao tratarmos dos impactos do federalismo na condução das políticas públicas no Brasil.

FEDERALISMO, MUNICIPALISMO E POLÍTICAS PÚBLICAS NO BRASIL

A forte ênfase descentralizadora do federalismo adotado no Brasil apresenta alguns efeitos perversos, os quais foram elencados por Melo (1996), que os lista de maneira a apontar os principais problemas e desafios do federalismo e da descentralização. São eles:

1. Burocracias locais de baixa qualificação, com o argumento de que existe um hiato, especialmente na América Latina, entre a qualificação das burocracias centrais e locais. «O argumento frequentemente utilizado é que as transferências de funções e atribuições da esfera federal para os níveis subnacionais significaram, em muitos casos, perda de eficiência gerencial. Os efeitos da descentralização seriam perversos à medida que as burocracias locais não têm capacidade institucional de prover adequadamente bens e serviços sociais» (Melo, 1996: 14).

2. Transferência de receitas públicas sem a responsabilização de geração de receitas, rompendo o vínculo entre custo e benefício, representando uma forma de «desincentivo» ao esforço fiscal local.

3. Indefinição e ambiguidades quanto à divisão de competências entre níveis de governo, gerando paralisia institucional, dada a falta ou incapacidade de ação dos mecanismos de responsabilização (podemos exemplificar esse ponto com o caso do mosquito da dengue no Rio de Janeiro, quando houve uma epidemia de dengue no estado e surgiu a discussão acerca do ente governamental responsável pelo alastramento; questionava-se então, sarcasticamente, se o «mosquito» era federal, estadual ou municipal).

4. Perda de capacidade regulatória e de formulação de políticas pelo governo federal em função do desmonte das burocracias centralizadas e rela-

tivamente insuladas da competição política. Cumpre-nos aqui salientar que esse fato é grave no Brasil, onde as burocracias locais são recrutadas, majoritariamente, por critérios políticos, e, portanto, são substituídas a cada troca de governo, impossibilitando a criação de uma «memória técnica em política pública.

5. «Porosidade» dos governos locais em relação às suas elites, acarretando maior corrupção e clientelismo, com risco de captura do Estado pelas elites locais. Somado a isso, os atores centrais nos processos de responsabilização política – como a imprensa, o Legislativo e o Judiciário – são menos independentes no nível local do que no nacional.

6. Por fim, a fragmentação institucional, através da proliferação de municípios, cujos efeitos discutiremos a seguir.

Para além dos problemas internos para os próprios entes municipais gerados pela fragmentação territorial – já que cada município passa a ter, como ente federado autônomo, responsabilidades com as quais nem sempre consegue lidar – o municipalismo criado no contexto da redemocratização impôs um problema em termos de gestão das políticas públicas com impactos também para o contexto nacional. Qual seja, a existência de um grande número de pequenos municípios com imensas disparidades em termos de capacidade técnica e administrativa para a gestão dessas políticas municipais.

Analisando a distribuição da capacidade de autofinanciamento dos municípios brasileiros, percebe-se claramente que quanto menor o município, maior a dificuldade dele de se manter financeiramente, conforme demonstram os dados do gráfico abaixo.

Gráfico 1: Porcentagem dos componentes das receitas municipais, por grupo populacional, para 3.722 municipalidades, 2002

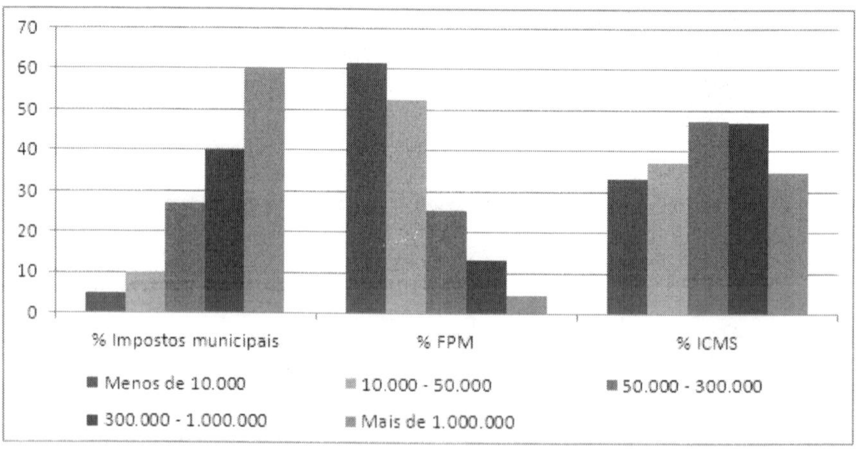

Fonte: Ministério da Fazenda, 2005 (*apud* Oliveira, 2007).

Observando a participação dos impostos municipais nos municípios muito pequenos – com menos de dez mil habitantes –, percebe-se que essa porcentagem é muito baixa se comparada com os recursos totais disponíveis aos municípios, ao passo que a porcentagem de repasses pelo fundo de participação aos municípios é muito alta. Na medida em que o tamanho populacional do município cresce, essa relação se inverte: quanto maior o município, maior a participação dos impostos municipais nas receitas municipais e, por outro lado, menor a dependência municipal ao Fundo de Participação dos Municípios (FPM). A variação em relação ao ICMS é bem menor, passando de 35% a 50%, independente do tamanho do município. Os dados acima demonstram, portanto, que os municípios pequenos dependem muito mais do repasse do Fundo de Participação dos Municípios.

O problema colocado pela forte dependência dos municípios pequenos ao FPM encontra-se no fato que este não é suficiente para a produção das políticas públicas que são de responsabilidade dos governos municipais, causando uma relação perversa, portanto, entre o chamado «municipalismo autárquico», nos termos de Celso Daniel (2001), e as políticas públicas, com perdas que recaem sobre os cidadãos.

Outro problema, tão complexo quanto esse, é a ausência de capacidade técnica na maioria dos pequenos (e FPM-dependentes) municípios. Muitos não contam com os profissionais necessários para estruturarem serviços básicos de saúde ou para elaborarem planos municipais de habitação, que são requisitos para a obtenção dos recursos do Programa Minha Casa Minha Vida, por exemplo.

Apenas a título de exemplo, o município de Borá, no estado de São Paulo, é o menor município do país. Tem pouco mais de 800 habitantes. Apesar de seu tamanho, o município de Borá é tão responsável pela atençao básica de saúde quanto o município de São Paulo. Como ele vai prover atenção básica de saúde se ele não tem sequer médicos residentes na cidade em número suficiente?

Logo, um dos maiores problemas enfrentados pelo município pequeno não é só a sua capacidade de financiamento das políticas ou de manutenção da sua máquina burocrática, mas também é a sua capacidade técnica e administrativa para prover serviços públicos, pensar e desenhar as políticas, elaborar planos e cumprir as exigências legais necessárias para a obtenção de recursos estaduais ou federais.

Segundo Wheare (1964), a (inter)dependência é inerente ao federalismo. Os governos subnacionais recebem recursos do governo central e, assim, aceitam algum grau de subordinação econômica porque precisam dessa ajuda para conseguir prover serviços sociais, cujo custo é elevado e tende cada vez mais a crescer. Isso implica uma cooperação entre entes federados, o que é a base de qualquer sistema federativo. Retomando o que foi explicitado anteriormente, uma federação é um modelo em que se tem a combinação de cooperação com independência.

Para Wheare, esse tipo de cooperação deve existir em federações, desde que esteja garantida a *não uniformidade da política*. Isso porque a principal vantagem da federação é justamente a possibilidade de não uniformidade nas políticas públicas em contextos socioeconômicos, culturais e políticos também não uniformes dentro de um mesmo território nacional. Portanto, para este autor, o problema não é o grau de «subordinação econômica», visto como mais uma forma de cooperação dentre tantas outras que devem estar presentes nas federações.

No entanto, o autor chama a atenção para um aspecto adicional: embora a dependência financeira entre entes federados seja inerente, a federação exige um grande contingente de atores com capacidade técnica para colocar os entes autônomos de governo em funcionamento, o que aumenta o grau de complexidade da gestão das políticas públicas em federações. Segundo ele,

> «*Tamanho [do governo] reflete um aspecto adicional.* Para um governo federativo funcionar deve haver disponibilidade de homens com capacidade para governar, disponibilidade não apenas para um governo, mas para muitos. Governos federativos apresentam uma grande demanda de recursos humanos. Via de regra, pequenas comunidades não conseguem disponibilizar tantos homens capazes e treinados como as grandes comunidades. Nesse sentido, o tamanho do estado irá afetar a sua capacidade de formar parte do governo federativo.» (Wheare, 1964: 53)

Wheare cita o tamanho dos estados, e não dos municípios, pois trata das federações em que apenas governo federal e estados são entes federados. No caso brasileiro a situação torna-se ainda mais grave, já que não apenas estes, mas também os 5.560 municípios devem possuir pessoal capacitado para a condução das políticas que são de responsabilidade municipal.

Portanto, pode-se dizer que um dos principais problemas do federalismo brasileiro não é o numero de municípios, mas sim a falta de capacidade de entes federados autônomos (financeira, administrativa e tecnicamente) assumirem as políticas públicas sob sua alçada. A título de exemplo podemos citar o caso de outras federações: a Alemanha possui cerca de 14.500 municípios (Krell, 2003), a Espanha conta com cerca de 8.000 municipalidades (Almendral, 2002) e os Estados Unidos com mais de 85.000 governos locais (*Census of Government*, 2002). No entanto, em todos esses casos os municípios não são entes federados autônomos, o que lhes tira a obrigatoriedade de possuírem um aparato administrativo e técnico tal como o necessário para o funcionamento do federalismo municipalista brasileiro.

A consequência dessa ausência de capacidade técnica no nível municipal é a dificuldade enfrentada pelos municípios de garantirem a provisão das políticas sociais básicas, nos moldes estipulados pela Constituição de 1988.

A resposta a essa dificuldade foi o processo de recentralização de algumas políticas e programas sociais, nos termos de Almeida (2005), gerando o que Oliveira (2008b) denominou de «fases do processo de descentralização» das políticas sociais no Brasil. Conforme a autora, na primeira fase, a da *«descentralização autonomista»*, estados e municípios decidiam livremente sobre como e em que gastar os recursos repassados para as políticas subnacionais. Num segundo momento, o da *«descentralização dirigida»*, o governo federal passou a definir em quais políticas e sob quais critérios os governos estaduais e locais deveriam aplicar os recursos repassados – os quais, aliás, só são repassados para serem gastos nas políticas específicas, desenhadas pelo próprio governo federal. Podemos citar como exemplos de descentralização dirigida: o PAB Variável, que repassa recursos federais para municípios que adotarem os programas específicos de saúde (PSF, programa de combate à desnutrição infantil, programa de atendimento ao indígena etc.) criados pelo Ministério da Saúde; o Programa Bolsa Família, que repassa recursos para a área de assistência social; o Programa Minha Casa Minha Vida, que também repassa recursos federais para municípios que implementarem uma política habitacional dentro dos critérios, parâmetros e exigências estabelecidos pelo Ministério das Cidades.

Essas fases não podem ser todas identificadas num mesmo momento histórico, já que algumas políticas fizeram a transição de uma fase para outra em momentos distintos, de acordo com o grau de institucionalização da política, do peso dos movimentos sociais envolvidos no processo decisório em cada dessas políticas públicas, ou da priorização dada a cada uma delas pelo governo federal.

No entanto, pode-se dizer que parece estar em curso uma tendência de ampliação da participação do governo federal no desenho e no estabelecimento de regras para as políticas sociais a serem implementadas localmente, carimbando o repasse de recursos para estados e principalmente municípios a partir da fase da «descentralização dirigida».

Isso não significa, entretanto, que este processo termine com essa fase. Novas poderão surgir, já que é possível compreender o processo de descentralização como um processo dinâmico, que visa a dar respostas satisfatórias à sociedade em termos de produção de políticas públicas, e não como um modelo estanque, que deve ser adotado ou extinto, dicotomicamente. Trata-se, enfim, de um processo de interação entre o federalismo e as políticas públicas, sendo a descentralização um meio de se atingir os resultados esperados, e não um fim em si mesmo.

CONSEQUÊNCIAS DA INTERAÇÃO ENTRE FEDERALISMO E POLÍTICAS PÚBLICAS NO BRASIL

Foram abordados, até aqui, alguns problemas gerais gerados pela interação entre o federalismo brasileiro e a gestão local das políticas públicas. Neste item serão abordados alguns problemas específicos que afetam as políticas das diferentes áreas, devendo ser equacionados para a adequada condução das políticas públicas em contextos federativos.

O primeiro deles refere-se à questão da *coordenação federativa via instrumentos de associativismo territorial,* nos termos de Abrucio *et alii* (2010). Dadas as dificuldades impostas pelo municipalismo brasileiro, conforme visto, uma das possíveis soluções para a dificuldade de alguns municípios em gerirem suas políticas públicas seria a adoção de novos formatos institucionais, como os consórcios públicos, que vêm sendo crescentemente utilizado no país (Abrucio *et alii*, 2010). Este mecanismo, além de ser um instrumento de superação das falhas em termos de capacidade institucional municipal[1], é eficiente para a transposição de alguns problemas que são de natureza intermunicipal ou, ainda, interestadual, como, por exemplo, o acesso a serviços mais complexos de saúde, a disponibilização de transporte metropolitano, a coleta e tratamento de resíduos sólidos e a gestão dos recursos hídricos.

Nesse sentido, Oliveira (2008a) demonstrou que a cooperação via consorciamento pode ser muito profícua para os municípios ao dotá-los de novos serviços para a provisão das políticas sociais, como é o caso dos equipamentos de média complexidade para atendimentos na saúde. Além do mais, os municípios consorciados ganham também maior poder de barganha junto ao governo estadual, já que passam a reivindicar investimentos estaduais não apenas para um município, mas para uma região ou conjunto de municípios. Portanto, os municípios, em conjunto, têm maiores chances de alcançar bons resultados nas políticas desenvolvidas conjuntamente do que se o fizessem de maneira isolada.

Todavia, há também importantes incentivos contrários ao associativismo, conforme apontou Machado (2009 *apud* Abrucio *et alii*, 2010). Nem sempre as estratégias cooperativas são as melhores opções para as carreiras dos prefeitos ou mesmo para as suas cidades. A cooperação entre prefeitos de diferentes partidos pode não ser viável ou eleitoralmente desejável, e a competição pode ser mais vantajosa que a cooperação em termos de alcance de resultados a curto prazo. Exemplos são os casos da «carona», comum na

---

[1] Nesse sentido, esse mecanismo também pode ser lido como uma das respostas dadas pelos governos municipais à superação das dificuldades colocadas pelo municipalismo brasileiro, para além da questão da recentralização. Todavia, considerando a dificuldade de criação de instrumentos de coordenação federativa, nem sempre essa resposta está presente como uma possibilidade real de atuação dos entes federados na superação dos problemas de cooperação.

«política de ambulâncias»[2] para utilização dos serviços de saúde de municípios maiores e vizinhos, ou da corrida injusta por investimentos, por meio da guerra fiscal. Esse quadro não é de fácil reversão, segundo Abrucio *et alii* (2010):

> «Nesta situação federativa o comportamento cooperativo somente será preponderante se ocorrerem, de forma isolada ou simultaneamente, três coisas: a existência de uma forte identidade regional (para além da municipal), que será mais sólida se alicerçada em instituições duradouras, sejam estatais ou societárias; uma atuação indutiva do governo estadual ou federal, oferecendo incentivos para a colaboração ou garantindo recursos apenas se houver parcerias; e, ainda, caso haja fóruns ou árbitros federativos que tomem decisões em prol da cooperação.» (*op. cit.*, p. 24)

Assim, apontam os autores, embora novas formas de cooperação venham surgindo, demonstrando que os avanços podem existir, elas devem ser estruturadas localmente e conforme as necessidades da região e da política pública envolvida. Além do mais, a cooperação não é fácil de ser obtida, dadas as dificuldades institucionais e políticas impostas pelo sistema político.

Ainda na questão da coordenação federativa, vale mencionar a dificuldade de cooperação nas regiões metropolitanas. Embora enfrentem problemas comuns – como transporte metropolitano, saneamento básico e segurança pública – elas encontram dificuldades de cooperação num contexto federativo em que os municípios não encontram incentivos para a ação coordenada, pelas mesmas razões que dificultam a adoção de formas de associativismo territorial acima apontadas (Machado, 2009; Garson, 2009).

Um segundo problema, de certa forma decorrente do acima apontado, diz respeito à *migração de usuários de serviços*. Tal migração, que pode ser tanto *intra* quanto *inter*-regional e, ainda, internacional, decorre da possibilidade de municípios com poucos serviços públicos incentivarem seus munícipes a utilizarem serviços providos por cidades vizinhas, gerando o «efeito carona». Para além do efeito carona gerado pela «política de ambulâncias», prática muito comum entre pequenos municípios, há ainda a carona de pacientes de países vizinhos ao Brasil, que cruzam a fronteira para utilizarem os serviços públicos de saúde do Sistema Único de Saúde – SUS, conforme apontam os trabalhos de Giovanella *et alii* (2007) e de Viana *et alii* (2007).

---

2 Denomino «política de ambulâncias» uma prática muito comum nos municípios brasileiros, especialmente os pequenos, em que as prefeituras investem na compra de ambulâncias como a principal ação no setor saúde, «exportando» os seus munícipes-pacientes para municípios vizinhos que possuem uma rede de serviços de saúde já instalada e que atende às necessidades de saúde nos níveis mais complexos de atenção. Serviços como, por exemplo, o de atendimentos médicos especializados, exames sofisticados e procedimentos cirúrgicos, não disponíveis nos pequenos municípios, são utilizados pelos municípios «caroneiros», nos termos de Olson (1999), por meio da «política de ambulâncias».

As consequências da migração de usuários são, obviamente, deletérias. Além da utilização de recursos internos com munícipes externos, existe a possibilidade de gerar aquilo que Peterson (1995) denominou por «*race to the bottom*». Isto é, os estados (e municípios) mais ricos, visando a evitar a entrada de cidadãos de localidades mais pobres, tendem a diminuir os investimentos nas áreas sociais de forma a não atrair aqueles indivíduos que dependem da ação governamental para a obtenção de serviços básicos. Sua população interna, em geral menos dependente dos serviços públicos, não irá pressionar por um aumento dos gastos públicos nas áreas sociais, viabilizando gastos mínimos nas mesmas.

Uma terceira questão que merece atenção quando tratamos da relação entre federalismo e políticas públicas é a *tendência a maiores desigualdades em sistemas federativos*, quando comparado com sistemas unitários. De acordo com alguns estudiosos do federalismo (Peterson, 1995; Linz e Stepan, 2000), sistemas unitários tendem a ser menos desiguais do que federações, pois teriam condições para impor políticas equalizadoras para minorar as desigualdades regionais. A possibilidade de o governo central redistribuir recursos conforme as necessidades de cada região é maior nos estados unitários do que nas federações, onde as regras para a distribuição de recursos públicos são pré-acordadas.

Entretanto, conforme visto, as federações possuem mecanismos para «recentralizar» a capacidade decisória em relação a algumas políticas e gerar, por exemplo, uma ação equalizadora por meio de políticas focadas em áreas e públicos muito específicos e mais carentes.

Um exemplo deste processo de recentralização é a política de Incentivo à Estratégia Saúde da Família – QUALIS, desenvolvida pelo governo do estado de São Paulo. No ano de 2000 a Secretaria Estadual de Saúde implantou o Projeto QUALIS Interior em municípios considerados prioritários em função do baixo IDH (Índice de Desenvolvimento Humano), com populações remanescentes de Quilombos e assentamentos rurais. Os 94 municípios abrangidos pelo projeto QUALIS recebem do governo estadual recursos financeiros, em complemento aos valores repassados pelo Ministério da Saúde, para ser destinado à Estratégia de Saúde da Família – ESF. Ainda assim, alguns problemas ainda não foram superados, conforme relatos do próprio órgão: um exemplo citado foi a dificuldade de fixação de profissionais médicos em localidades mais pobres e distantes dos polos econômicos.[3] Isso demonstra como estratégias focalizadas para a diminuição das desigualdades intrarregionais são difíceis de serem exitosas mesmo em contextos socioeconômicos das regiões mais desenvolvidas do país, como é o caso do estado de São Paulo.

---

3 Conferir http://www.saude.sp.gov.br/ses/acoes/incentivo-a-estrategia-saude-da-familia-qualis.

Por fim, o quarto aspecto a ser considerado como uma das consequências da interação entre federalismo e as políticas públicas é a questão da *responsabilização dos entes governamentais pela condução das políticas públicas.* O fato de haver um conjunto de políticas que estão definidas na Constituição como de competência concorrente, ou seja, de mais de um ente federado, dificulta a responsabilização dos entes pelos resultados (positivos ou negativos) alcançados pelo seu desenvolvimento. Um exemplo é o caso da saúde. De acordo com as normas que regulamentam o funcionamento do SUS, o sistema público de saúde deve funcionar de maneira hierarquizada, ainda que seja baseado na ideia de sistema – e, portanto, de cooperação. No entanto, é preciso salientar que cooperação é distinto de corresponsabilização. Assim, como não está claro para a população de qual nível de governo é a responsabilidade pela provisão de serviços de hemodiálise, por exemplo, ele tenderá a culpar o município pela ausência do serviço em seu território. Todavia, compete ao governo estadual, quando o município não possui capacidade para tal provisão, disponibilizar o serviço na região, mas com o auxílio do governo federal, por meio do repasse de recursos. Enfim, a complexidade de algumas políticas, somada a variedade de atores envolvidos na sua provisão, dificultam a responsabilização dos entes, gerando como resultado uma «política do empurra», ou seja, o estado diz que a responsabilidade é do município, este diz que depende do auxílio do estado, que por sua vez também reclama auxílio do governo federal, e assim por diante.

Essa dificuldade de responsabilização não é um problema que afeta apenas a população, mas os próprios órgãos públicos por vezes não conseguem ter clareza do papel de cada instituição na provisão de determinadas políticas. O Poder Judiciário, por exemplo, é acionado por indivíduos que visam garantir judicialmente o direito a medicamentos de alto custo. Com frequência, o Judiciário impõe ao poder público municipal o custo de comprar medicamentos que, dada a divisão de competências do SUS, deveriam ficar a cargo do governo federal. Assim, conforme relatou o Secretário Estadual de Saúde de São Paulo (Oliveira e Noronha, 2011), há casos em que uma única ação judicial impõe ao município o ônus de comprar um medicamento que compromete até 20% do seu orçamento mensal para todo o setor saúde. Assim como a população, o Judiciário tem dificuldade de compreender os limites e a divisão de competências entre os entes federados no SUS.

CONCLUSÃO

O presente capítulo buscou demonstrar que o federalismo tem um impacto significativo sobre a condução e os resultados das políticas públicas. Nesse sentido, apresentou-se aqui uma visão oposta à de Riker (1964), para quem as instituições federativas não fazem diferença para o processo democrático e para os resultados obtidos em termos de políticas públicas, uma vez que a vontade da maioria pode facilmente mudar as instituições – e, portanto, as preferências dos atores importariam mais do que instituições. Contrariamente, defendeu-se a posição de que não apenas o federalismo impacta as políticas públicas, mas é ele mesmo impactado pelo processo de desenvolvimento e aprimoramento dessas políticas.

Assim, podemos dizer que o arranjo federativo hoje vigente no Brasil é muito distinto daquele que foi desenhado na Constituição de 1988. Se há 20 anos era muito mais descentralizado, com grande ênfase no papel dos governos municipais na condução das políticas sociais, agora pode ser visto como um federalismo mais centralizador, concentrador de autonomia decisória sobre uma série de modelos e formatos institucionais de políticas públicas nas mãos do governo federal, condicionando a atuação municipal ao seguimento de regras por ele desenhadas.

Nesse contexto, pode-se dizer que o federalismo brasileiro vigente pode ser caracterizado como um híbrido que soma características de um «federalismo centralizado» com as de um «federalismo cooperativo», conforme a descrição apresentada por Almeida (2005):

> «O primeiro é o federalismo centralizado, quando estados e governos locais quase se transformam em agentes administrativos de um governo nacional com grande envolvimento nos assuntos subnacionais, predomínio nos processos de decisão e no controle dos recursos financeiros. O segundo é o federalismo cooperativo, caracterizado por formas de ação conjunta entre esferas de governo, em que as unidades subnacionais mantêm significativa autonomia decisória e capacidade de autofinanciamento (Almeida, 2005: 31).

A autonomia decisória do federalismo cooperativo está presente, mas nem sempre com capacidade de autofinanciamento; por outro lado, também se encontra presente a participação do governo nacional nos assuntos subnacionais, típica do federalismo centralizado.

Isso significa que não se pode falar na existência de uma «pseudo-federação» no Brasil. A descentralização é uma realidade e uma característica essencial do federalismo brasileiro, cuja reversão não parece viável no curto ou médio prazo, dentro do contexto democrático brasileiro. Por outro lado, também não se pode falar na existência de um modelo estático de federalismo e descentralização. Pensando em termos da abordagem do *incrementalismo*[4] (Lindblom, 1979), podemos dizer que a descentralização que caracteriza a divisão de competências na gestão de políticas públicas no Brasil vem passando por uma série de pequenas e incrementais mudanças, que vão sendo implementadas pouco a pouco, em alguns programas e em algumas áreas de

---

[4] O incrementalismo baseia-se na ideia de que as políticas públicas são alteradas por meio de pequenas mudanças, incrementais, mas que no longo prazo produzem alterações significativas nas políticas e estruturas institucionais «originais».

políticas, mas que vão, paulatinamente, alterando o formato do federalismo extremamente descentralizador construído na Constituição de 1988.

Novas mudanças certamente surgirão, centralizando ou descentralizando a competência pela gestão das políticas públicas. Contudo, contrariamente ao que ocorre nos países unitários descentralizados, estas mudanças em uma federação estarão sempre institucionalmente constrangidas pela garantia constitucional de autonomia decisória (legislativa, administrativa e fiscal) dos entes federados.

BIBLIOGRAFIA

Abrucio, F. L.; Sano, H.; Sydow, C. T., 2010: «Radiografia do associativismo territorial brasileiro: tendências, desafios e impactos sobre as regiões metropolitanas». In: Kilnk, J. (Org.). *Governança das metrópoles: conceitos, experiências, perspectivas»*. São Paulo: Annablume, 2010.

Almeida, M. H., 2005: «Recentralizando a federação?» *Revista de Sociologia e Política*, vol. 24, jun. 2005.

Almendral, V., 2002: «More power for Spain's municipalities?», *Federations*, vol. 2, n. 5, nov. 2002.

Arretche, M., 2004: «Federalismo e políticas sociais no Brasil: problemas de coordenação e autonomia». *São Paulo em Perspectiva*, vol. 18(2): 17-26.

Census of Government, 2002: Site oficial do governo norte-americano. http://www.census.gov/govs/www/cog2002.html.

Correio Braziliense. «Itália fará arrocho de 54 bilhões de euros em busca de equilíbrio fiscal». Publicado em 15.09.2011. http://www.correiobraziliense.com.br/app/noticia/politica-brasil-economia/33,65,33,3/2011/09/15/internas_economia,269933/italia-fara-arrocho-de-54-bihoes-de-euros-em-busca-de-equilibrio-fiscal.shtml

Daniel, C., 2001: «Autonomia municipal e as relações com os estados e a União». *In*: Hofmeister, W. e Carneiro, J. M. B. (orgs.). *Federalismo na Alemanha e no Brasil*. São Paulo: Fundação Konrad Adenauer

Garson, S., 2009: *Regiões Metropolitanas: Por que não cooperam?* Editora Letra Capital.

Giovanella, L.; Guimarães, L.; Nogueira, V.; Lobato, L.; Damacena, G., 2007: «Saúde nas fronteiras: acesso e demandas de estrangeiros e brasileiros não residentes ao SUS nas cidades de fronteira com países do Mercosul na perspectiva dos secretários municipais de saúde». *Cadernos de Saúde Pública*, Rio de Janeiro, 23 Supl. 2: S251-S266, 2007.

Krell, A. J., 2003: *O Município no Brasil e na Alemanha – Direito e Administração Pública comparados*. São Paulo: Oficina Municipal.

Lindblom, Charles E., 1979: «Still Muddling, Not Yet Through», *Public Administration Review* 39: 517-526.

LINZ, J.; STEPAN, A., 2000: «Inequality Inducing and Inequality Reducing Federalism: with special reference to the classical outlier, the U.S.A.». *Paper* apresentado no XVIII World Congress of International Political Science Association, de 1 a 05.08.2000, Quebec, Canadá.

MELO, M. A., 1996: «Crise federativa, guerra fiscal e «hobbesianismo municipal»: Efeitos perversos da descentralização?». *São Paulo em Perspectiva*, vol. 10 (3): 11-20.

OLIVEIRA, V.E., 2008a: «Municípios cooperando com municípios: relações federativas e consórcios intermunicipais de saúde no estado de São Paulo». São Paulo em Perspectiva, vol. 22 (1): 107-122, jan.-jun. 2008.

_____ (2008b). «A descentralização inconclusa: a Constituição de 1988 e as fases do processo de descentralização da saúde no Brasil». In: PRAÇA, S.; DINIZ, S. *Vinte anos de Constituição.* São Paulo: Paulus.

_____; e NORONHA, L., 2011: «Judiciary-Executive relations in policy making: the case of drug distribution in the state of São Paulo». *Brazilian Political Science Review* (no prelo).

OLSON, M., 1999: *A lógica da ação coletiva.* São Paulo: Edusp.

PETERSON, P., 1995: *The Price of Federalism.* NY: Twentieth Century Fund.

RIKER, W. H., 1964: *Federalism: Origin, Operation, Significance.* Boston: Little, Brown and Company.

SILVA, V.A., 2011: «Federalismo e articulação de competências no Brasil». In: PETERS, G.; PIERRE, J. *Administração Pública – Coletânea.* Editora Unesp, ENAP.

SOUZA, C., 2005: «Federalismo, desenho constitucional e instituições federativas no Brasil pós-1988». *Revista de Sociologia e Política*, 24: 105-121, Curitiba.

STEPAN, A., 1999: «Para uma nova análise comparativa do federalismo e da democracia: federações que restringem ou ampliam o poder do demos». *Dados – Revista de Ciências Sociais,* [online], 1999, vol. 42, n. 2. Disponível no site: www.scielo.br.

VIANA, A.L. *et alii*, 2007: «Sistema de saúde universal e território: desafios de uma política regional para a Amazônia Legal». *Cadernos de Saúde Pública*, Rio de Janeiro, 23 Supl. 2: S117-S131, 2007.

WATTS, R., 1999: *Comparing Federal Systems.* 2. ed. Kingston: McGill-Queen's University Press.

WHEARE, K. C., 1964: *Federal Government.* 4. ed. New York, Oxford University Press.

11

DESOBEDIÊNCIA CIVIL EM UM ESTADO DEMOCRÁTICO DE DIREITO

DANIEL WEI LIANG WANG

1. INTRODUÇÃO

O estudo da relação entre Direito e Política é normalmente focado nas instituições. O Direito estabelece as regras do jogo e os atores políticos e sociais atuam de acordo com os constrangimentos e oportunidades que essas regras estabelecem para produzir as decisões políticas. Essa relação, claro, não é de mão única. A Política também afeta o Direito na medida em que decisões políticas estabelecem e mudam as regras do jogo político. Esse é, de forma bastante simplificada, o circuito em que normalmente se dá a relação entre Direito e Política dentro de um Estado de Direito.

Contudo, este capítulo busca mostrar que a Política em um estado democrático de direito também pode ocorrer, de forma legítima, em oposição às instituições. Esse é o caso da desobediência civil.

Uma das dificuldades de se estudar a desobediência civil é a sua pluralidade de sentidos. Este conceito, por ter sido muito utilizado por pensadores e militantes políticos, acabou abarcando um conjunto muito grande de fenômenos. A atribuição de um mesmo rótulo a diferentes fenômenos não permite que se façam diferenciações muito importantes entre eles.

Apenas para ficar em três dos exemplos mais citados quando se pensa em desobediência civil: a recusa de David Henry Thoureau a pagar seus impostos para não financiar um governo cujas políticas ele considerava imorais; o movimento por direitos civis dos negros nos EUA liderado por Martin Luther King; e a luta pacífica de Mahatma Gandhi contra o colonialismo inglês. Quando se chamam os três casos de «desobediência civil», acaba-se focando o que têm em comum – a ação contrária à lei e a não violência – e não o que têm de diferente – a motivação e o objetivo.

Essas diferenças são fundamentais para a análise que esse capítulo se propõe a fazer, pois é a motivação e o objetivo que determina, em grande medida, a legitimidade de uma ação contrária à lei. E o grau de legitimidade de uma ação, por sua vez, motiva diferentes reações por parte do Direito.

Se um dos pressupostos para o progresso do conhecimento é dar nomes iguais para fenômenos iguais e nomes diferentes para fenômenos diferentes, então é importante que um estudo explicite de forma bastante clara o que se entende por desobediência civil para que se saiba a que conjunto de fenômenos está-se fazendo referência.

Neste capítulo será trabalhada a desobediência civil na perspectiva do liberalismo político de John Rawls. Esta opção se deve primeiramente em razão da importância de John Rawls, o pensador mais citado na teoria política contemporânea (Katzelson e Milner, 2002), que ainda é insuficientemente estudado no Brasil, especialmente entre estudantes de Direito. Ainda que não seja escopo deste capítulo estudar em detalhes o pensamento de John Rawls, ele tem a pretensão de incentivar nos leitores uma curiosidade por conhecer mais a sua obra.

Em segundo lugar, a desobediência civil de John Rawls está inserida dentro de sua teoria da justiça. Rawls não está simplesmente analisando casos concretos e tentando teorizar sobre fenômenos circunstanciais, mas busca entender o papel da desobediência civil como constitutiva daquilo que ele considera uma sociedade justa. Por essa razão, a análise de Rawls possui rigor conceitual, coerência e amplitude para abranger um número grande de fenômenos de forma precisa. Isso faz de sua teoria da desobediência uma boa referência para o estudo proposto por esse artigo.

Por fim, desobediência civil em John Rawls é pensada dentro de «sociedades quase justas» (*nearly just societies*), isto é, onde haja um sistema democrático cuja constituição possui princípios de justiça aceitos por seus cidadãos (Rawls, 2005: 363). Portanto, não é uma teoria pensada para justificar a resistência a regimes autoritários ou totalitários. Sociedades com um sistema democrático, garantia de direitos e constituição legítima é o contexto da maior parte dos países no mundo ocidental contemporâneo, onde movimentos revolucionários perdem força e o sistema democrático, apesar de ser ainda visto com alguma desconfiança, parece se afirmar (Moisés, 2010). Por essa razão entendo que a teoria da desobediência civil de Rawls é a que mais ajuda a refletir sobre os problemas atuais, embora esteja sujeita a críticas, que também serão discutidas.

Justificada a premissa teórica deste capítulo, a seção 2 apresentará a concepção de desobediência civil em John Rawls para identificar o tipo de fenômenos que é abarcado por esse conceito. Em seguida, na seção 3, passa-se à discussão sobre quando a desobediência civil é justificada dentro da teoria de Rawls. Neste item será feito também referência ao trabalho de Ronald Dworkin sobre desobediência civil, que parte de premissas parecidas com a de Rawls, mas traz algumas nuances importantes para a análise. Na seção 4 serão mostradas críticas que se pode fazer à concepção de Rawls no que tange à legitimidade da desobediência civil e serão discutidas algumas teorias que buscam outros fundamentos para sua legitimação. Na seção 5 será feito um estudo de caso sobre o debate na opinião pública e nos tribunais a respeito da desobediência civil promovida por movimentos sociais em defesa da reforma agrária no Brasil. Por fim, no item 6 serão apresentadas as conclusões.

2. A DESOBEDIÊNCIA CIVIL EM JOHN RAWLS

2.1 O contexto da desobediência civil

Conforme visto na Introdução, John Rawls afirma que sua teoria da desobediência civil aplica-se a «sociedades quase justas», isto é, com um regime democrático legítimo em funcionamento e princípios de justiça publicamente compartilhados – elementos que normalmente aparece em uma Constituição (Rawls, 2005: 386). Rawls também parte da premissa de que quanto mais justa uma sociedade, maior o dever de obedecer às suas instituições e suas leis.

Em governos democráticos funciona a regra da maioria, eleições regulares, legislativo representativo e garantia de liberdades políticas – liberdade de expressão e reunião, liberdade para participar em assuntos públicos e influenciar por meios constitucionais o processo de criação de normas (Rawls, 2005: 356; Cohen, 2002: 92). Essa é a forma de governo que deriva da aceitação da ideia de que a sociedade deve ser um esquema de cooperação entre homens livres e iguais.

Por regra da maioria entende-se que todos concordam que a maioria decide e a minoria deve obedecer, ainda que discorde da decisão. Sem esse tipo de acordo não há democracia, pois ninguém racionalmente irá se submeter a um procedimento sabendo que se perder, pode não obedecer e, se ganhar, os outros não vão aceitar. Por isso, em respeito à regra democrática, mesmo quando consideramos que algumas leis são injustas existe um dever de obedecê-las, desde que não ultrapassem alguns limites de injustiça (Rawls, 2005: 351). Portanto, aceitar as decisões de um procedimento justo está na base da regra da maioria e, consequentemente, do princípio democrático.

Contudo, afirma Rawls (2005: 356), nada garante que um procedimento justo – sistema democrático e garantia de direitos políticos – não possa gerar resultados gravemente injustos. A democracia é um procedimento justo (trata todos como livres e iguais), porém imperfeito, pois, assim como todos os procedimentos, pode chegar a resultados injustos.

A maioria pode estar errada, seja por falta de conhecimento ou por visão parcial e preconceituosa. Essa é a razão de existência de sistemas de controle das decisões majoritárias, cujo exemplo mais conhecido é o controle por Cortes Constitucionais, que possuem, dentro da teoria de Rawls, função de proteção dos direitos e liberdades individuais (Cohen, 2003: 116-117; Rawls, 1993, cap. IV).

Entretanto, quando os sistemas de controle de decisões majoritárias também falham em impedir uma grave injustiça, então se abre a possibilidade para o apelo à desobediência civil.

Embora a desobediência civil vá de encontro a decisões democraticamente tomadas, Rawls tenta inseri-la dentro de sua teoria de uma sociedade justa ao considerar que a desobediência civil é um instrumento estabilizador do sistema constitucional, pois impede que injustiças graves e permanentes deteriorem o funcionamento das instituições (Rawls, 2005: 383). Além do mais, conforme veremos, dentro da teoria de Rawls a desobediência civil não tira o direito da maioria de decidir, é apenas um discurso público para que os outros cidadãos coloquem-se na posição dos desobedientes civis e reavaliem um determinado ato tido como injusto (Rawls, 2005: 366). Para ele, o último recurso para corrigir uma injustiça não é a corte constitucional, executivo e nem legislativo, mas o eleitorado como um todo. E é a esse eleitorado a quem o desobediente civil se dirige (Rawls, 2005: 390).

Contudo, não se pode deixar de ressaltar que a desobediência civil é uma medida de exceção dentro de um governo democrático. Por isso, a sua caracterização deve obedecer a critérios bem restritos, assim como a sua legitimação tem um ônus muito grande. Esses dois temas serão tratados nos itens seguintes.

2.2 O que é desobediência civil

John Rawls define desobediência civil como um ato ilegal, deliberado e consciente, público, político, que apela ao senso de justiça da maioria, não violento e com aceitação da punição

Por *ilegal* entende-se que o ato é contrário à lei. Portanto, não se confunde necessariamente com greves e manifestações, embora estes possam se tornar atos de desobediência civil quando deliberadamente saem dos parâmetros legais. Um exemplo recente foi a ocupação da praça «Puerto Del Sol», em

Madri, na Espanha, para protestar contra o governo espanhol em razão da crise econômica. O ato começa como um protesto legal protegido pelo direito de reunião e manifestação. Contudo, houve uma determinação do governo para que a praça fosse desocupada, que os manifestantes decidiram não acatar, passando a agir ilegalmente e desafiando a ordem das autoridades.[1]

Deliberado e *consciente* significa que desobedientes civis sabem aonde querem chegar com seus atos – a mudança de uma lei ou política considerada injusta – e não estão agindo por impulso, medo, raiva, loucura ou desespero. Existe, portanto, um aspecto estratégico da desobediência civil.

O ato é *público* porque o desobediente civil, ao contrário de um criminoso comum, não tenta ocultar o seu ato ilegal ou agir de forma furtiva. Ao contrário, por meio do ato ele quer chamar o máximo de atenção possível para si.

O ato é *político* no sentido de que o desobediente civil apela para princípios políticos de justiça. John Rawls parte do pressuposto de que as sociedades contemporâneas devem aceitar o «pluralismo razoável» (*reasonable pluralism*). Os indivíduos são livres para escolherem suas doutrinas amplas do bem (*comprehensive doctrines*). Essas escolhas manifestam-se em diferentes religiões, filosofias ou morais (Rawls, 1993, cap. 1). A filosofia de Rawls não pretende responder à pergunta «o que é uma boa vida» ou «o que é uma vida digna». É um direito do indivíduo, de achar respostas a essa pergunta em meio a diferentes doutrinas amplas do bem.

Isso gera o problema de como criar uma sociedade bem ordenada, unida e estável quando indivíduos possuem diferentes concepções amplas do bem. A resposta de Rawls é que diferentes concepções de bem, apesar de todas suas diferenças, podem chegar a alguns valores de consenso (consenso sobreposto – *overlapping consensus*) ao quais indivíduos livres, razoáveis e racionais, em condições ideais, dariam seu consentimento (Rawls, 2003: 41; Rawls, 1993, cap. 4).

Esses valores, normalmente positivados em uma constituição escrita, formam uma concepção compartilhada de justiça e que permite criar uma ordem política que viabiliza a vida em sociedade, cooperação e solução de conflitos de forma ordenada. Esses valores de consenso aplicam-se às instituições políticas apenas e não invadem outras esferas da vida do indivíduo, o que permite o convívio entre diferentes doutrinas amplas do bem em um mesmo espaço público (Rawls, 1993, cap. 1). Essa multiplicidade de doutrinas dife-

---

[1] Sobre as manifestações ver *Folha de S. Paulo*, «Manifestantes desafiam proibição e seguem acampados em Madri». 21.05.2011. Acesso em: http://www1.folha.uol.com.br/bbc/918997-manifestantes-desafiam-proibicao-e-seguem-acampados-em-madri.shtml.

rentes, mas que podem chegar a um denominador comum, é o que Rawls chama de «pluralismo razoável».

Um estudo mais detalhado sobre esses princípios será feito posteriormente neste capítulo (ver item 3), mas o importante no momento é ressaltar que para Rawls a desobediência civil deve estar fundada em princípios públicos de justiça, aqueles que a sociedade compartilha, independentemente das concepções amplas do bem de cada cidadão.

O requisito de que a desobediência civil deve estar fundada em princípios públicos de justiça justifica-se dentro da teoria de Rawls pelo fato de que o desobediente civil busca *apelar para o senso de justiça da maioria* com o intuito de que se mude a lei ou política governamental causadora de injustiça. O ato de desobediência é uma forma de chamar a atenção da maioria e sensibilizá-la para uma lei ou política que viola princípios de justiça compartilhados por todos (Rawls, 2005: 366). Esta é uma forma que Rawls encontrou para justificar a desobediência civil dentro de um estado democrático, pois não haveria a sobreposição de uma vontade da minoria sobre a maioria, mas a provocação para a reflexão e reavaliação da maioria. A decisão, no final, ainda é democrática.

Por fim, a desobediência civil, para ser qualificada como tal, precisa ser *não violenta*, evitando especialmente violência contra pessoas (Rawls, 2005: 366), e o desobediente precisa *aceitar a punição*. A não violência e a aceitação da punição são dois requisitos altamente controversos, mesmo entre autores que admitem a desobediência civil (ver, por exemplo, Arendt, 1999; Morreal, 1976). Contudo, para Rawls eles são importantes porque mostram a sinceridade e a civilidade do ato de desobediência. Importa ressaltar que aceitar a punição não significa que o desobediente deva necessariamente ser punido. Rawls acredita que a motivação do desobediente deve ser levada em consideração na hora de julgar seu ato, talvez dando uma punição mais branda, ou mesmo não o punindo (Rawls, 2005: 387). A desobediência civil guarda em si o paradoxo de ser um ato ilegal, mas dentro dos limites do Direito. Portanto, a desobediência civil é um radicalismo (ultrapassa formas legais de manifestação) autocontido (coloca-se dentro de limites). Rawls tenta lidar com esse paradoxo ao ressaltar o aspecto não violento do ato – para que direitos alheios não sejam violados – e a aceitação das consequências legais de sua conduta, como forma de mostrar sua «fidelidade às leis» (Rawls, 2005: 366).

2.3 O que não é desobediência civil

Na seção anterior houve um esforço para mostrar o que é desobediência civil. Para tornar claro o que é, às vezes é preciso mostrar o que não é. Diferenciar a desobediência de outros fenômenos, restringindo o alcance do conceito, ajuda a tornar sua definição mais precisa.

Já foi apontado que desobediência civil não se confunde com uma *manifestação legal,* visto que o desobediente age de forma publicamente e deliberadamente ilegal. Também não se confunde com um *crime comum,* pois o criminoso comum age o mais furtivamente possível e buscando o seu interesse privado, enquanto que o desobediente age de forma pública e buscando objetivos políticos (mudar uma lei ou uma política) e legitimidade para seus atos perante os outros cidadãos. Isso é razoavelmente claro.

Contudo, diferenciar a desobediência civil de alguns outros fenômenos demanda um pouco mais de atenção. Ela pode facilmente se confundir com teste de constitucionalidade, resistência e objeção de consciência.

A desobediência civil é diferente dos casos em que se desobedece à lei para *testar sua constitucionalidade.* Nestes casos, viola-se a lei com a intenção de eventualmente ser levado aos tribunais para, assim, conseguir provocar as instituições judiciárias a se manifestar sobre a constitucionalidade da lei no momento em que julgar sua violação.[2] Rawls não inclui o teste de constitucionalidade como um ato de desobediência civil porque, em sua conceituação, o desobediente civil não está disposto a ceder mesmo se os tribunais reconhecerem a constitucionalidade da lei questionada (Rawls, 2006: 365). Desobediência civil é um passo além do mero teste de constitucionalidade.

A desobediência civil em Rawls também não inclui movimentos de *resistência* (rebelião ou revolução) a governos opressores e profundamente injustos (autoritários ou totalitários). Com isso não se quer dizer que movimentos de resistência sejam mais ou menos justificáveis que a desobediência civil, mas apenas não entram na delimitação do conceito de desobediência civil feita por Rawls.

Se um regime é opressor, então as justificativas para afrontar suas leis, inclusive por meios mais agressivos, são mais facilmente encontradas. Se um regime é democrático e razoavelmente justo, então o ônus do desobediente é maior e seus métodos devem ser mais contidos. Por isso é tão importante diferenciar a desobediência civil e a resistência, pois cabem em contextos diferentes e as bases de sua justificativa não são as mesmas.

Dentro do conceito de resistência cabem revoluções e rebeliões contra uma autoridade estabelecida vista pelos resistentes como injusta e opressora. Isso é um aspecto básico que diferencia resistência de desobediência civil. A mudança que movimentos de resistência propõe é muito mais profunda e vai contra todo o sistema político-jurídico em vigor.

---

2 Ronald Dworkin (1977, cap. 8) considera casos de desobediência para teste de constitucionalidade como ato de desobediência civil. Contudo, neste capítulo preferiu-se adotar a interpretação mais restrita de desobediência civil de John Rawls.

O desobediente civil acredita que uma lei ou política é injusta, mas que as instituições que criam o ordenamento não o são. Ele aceita a sociedade como razoavelmente justa e reconhece a legitimidade da autoridade e da ordem legal. Contudo, discorda seriamente de uma determinada medida produzida por essa sociedade. O resistente, por sua vez, age em contestação ao sistema político existente, à ordem jurídica ou ao senso de justiça prevalecente na sociedade, pois não as aceita como justas ou sequer razoavelmente justas (Rawls, 2005: 367). Também não está preocupado em sensibilizar as instituições existentes para a sua injustiça, pois para o resistente todo sistema é injusto. Enquanto o desobediente civil aceita sua eventual punição, o resistente não reconhece qualquer direito da autoridade, que ele considera ilegítima, de lhe impor uma sanção.

Por esta razão, o movimento de Mahatma Gandhi contra a metrópole britânica não entra na definição de desobediência civil proposta por Rawls. Gandhi liderou um movimento que defendia a independência da Índia contra uma autoridade que ele considerava injusta e ilegítima. Embora seus meios tenham sido pacíficos – valia-se da não cooperação e da desobediência às leis para tentar inviabilizar a administração britânica – seus fins eram de subversão de uma autoridade estabelecida. A Índia não poderia ser classificada como uma «sociedade quase justa» nos termos de Rawls e, portanto, o que Gandhi fez foi mais próximo de uma resistência do que uma desobediência civil, da forma como está sendo entendida neste capítulo.

A desobediência civil também não se confunde com a *objeção de consciência*. Objeção de consciência, diferentemente da desobediência civil, não é uma forma de se dirigir ao senso de justiça da maioria da sociedade para que uma lei ou política seja mudada (Rawls, 2005: 369). Também não se fundamenta necessariamente em princípios políticos de justiça compartilhados por toda a sociedade, mas em outros princípios religiosos, filosóficos ou de uma doutrina moral. O objetor de consciência também não pretende que, com sua violação, a lei contra a qual ele age seja mudada (ainda que acredite que isso seria algo bom). Sua ação não é política, mas busca apenas manter a sua integridade de consciência.

Por exemplo, quando uma testemunha de Jeová se recusa a servir as forças armadas porque é contrário às suas convicções religiosas, ele não o faz baseado em princípios do qual todos na sociedade compartilham, mas em um princípio religioso compartilhado por apenas aqueles que têm nesta religião uma «doutrina ampla do bem». Também não espera que sua atitude leve seus cocidadãos a refletirem sobre a obrigação de servir as forças armadas. Não é relevante se os outros cidadãos não compartilham deste valor religioso. O dever da testemunha de Jeová neste caso é com relação a Deus e sua consciência, e não com os outros cidadãos.

Outro exemplo de objeção de consciência é o que levou Henry Thoureau à cadeia, um acontecimento descrito por ele mesmo em um texto hodiernamente chamado de «Desobediência Civil», embora tenha sido originalmente publicado em 1849 com o título «Resistência ao governo civil [Resistance to Civil Government]».

Thoureau foi preso por se negar a pagar seus impostos. Seu argumento era de que os Estados Unidos era um país escravista e estava em guerra contra o México. Portanto, pagar os impostos seria colaborar com a escravidão e com uma guerra que ele considerava injusta.

Embora esse ato seja comumente citado como uma desobediência civil – atribui-se a Thoureau a cunhagem do próprio termo «desobediência civil» –, dentro da tipologia de John Rawls ele se aproxima muito mais das características de uma objeção de consciência.

Primeiramente porque Thoureau nega valor à regra da maioria. Para ele a maioria governa não porque isso é mais justo, mas porque a maioria é fisicamente mais forte. O homem, segundo ele, deve ser sujeito não de leis, mas da sua consciência: «o único dever que eu tenho direito de assumir é fazer a qualquer momento o que eu acho certo» (Thoureau, 1991 [1848]: 29).

Além do mais, a ação de Thoureau, na interpretação de Hannah Arendt (1999), é baseada em um apelo à consciência moral individual, um dever do indivíduo de não apoiar algo que considera imoral. Nas palavras do próprio autor: «Não é dever de um homem devotar-se à erradicação de qualquer mal (...) mas é seu dever (...) não dar o seu apoio». O gesto de Thoureau, portanto, não tinha por intenção «tornar o mundo bom», mas de não tornar a si mesmo um instrumento de injustiça (Arendt, 1999).

Portanto, existe uma diferença entre a postura de Thoureau de não querer ser um «instrumento de injustiça» e o desobediente civil de Rawls, que intenciona, por meio de seu ato, convencer a maioria a mudar uma lei ou uma política considerada injusta.

3. LEGITIMIDADE DA DESOBEDIÊNCIA CIVIL EM RAWLS E DWORKIN

No item 2 foi apresentada a definição de desobediência civil de John Rawls. Neste item, será discutido em que circunstâncias a desobediência civil é legítima.

Conforme visto, a desobediência civil é uma exceção, sendo a regra o respeito às decisões tomadas por instituições aceitas como justas ou razoavelmente justas. Se não fosse uma exceção, a própria democracia seria inviabilizada.

Por essa razão, a desobediência civil é justificada, em regra, apenas quando recursos a canais políticos legais mostraram-se ineficazes para corrigir uma grave injustiça. Por exemplo, se partidos políticos são indiferentes a demandas e protestos e demonstrações legais não sensibilizaram a opinião pública, então se tem um caso em que pode ser justificada a desobediência civil.

Contudo, não são todos os casos de injustiças não corrigidas pelas instituições que podem ser objetos de desobediência civil. A desobediência civil deve estar restrita a casos de injustiça clara e substancial e, preferencialmente, quando obstrui o caminho para remover outras injustiças (Rawls, 2005: 372).

Conforme visto no item 2, a desobediência civil, para ser qualificada como tal, precisa estar fundamentada em princípios públicos de justiça, isto é, aqueles princípios criados por um consenso sobreposto e com os quais todos podem racionalmente concordar. Embora não caiba no escopo deste capítulo uma discussão sobre como Rawls chega a esses princípios e como os fundamenta (sobre isso ver Rawls, 2003; Rawls, 2005, parte 1), é preciso uma breve discussão sobre eles para entendermos a teoria da justificação da desobediência civil em Rawls.

Os princípios básicos de justiça para Ralws são dois:

(i) Cada indivíduo deve ter igual direito ao máximo de liberdades básicas – direito de votar e de se eleger para cargos públicos, liberdade de consciência e pensamento, direito de associação, integridade física, e direito ao devido processo legal – desde que seja compatível com a mesma liberdade de outros (Rawls, 2003: 44);

(ii) Cargos e posições devem estar abertos a todos em condição de igualdade de oportunidade (ii.i) e diferenças sociais devem existir para beneficiar os menos privilegiados na sociedade (ii.ii) (Rawls, 2005: 60-61).

Para facilitar a leitura, e usando a terminologia do próprio Rawls, o primeiro princípio será chamado de (i) «princípio de igualdade de liberdade», e o segundo será dividido em (ii.i) «princípio de igualdade de oportunidade» e (ii.ii) «princípio da diferença».

Rawls admite a desobediência civil para casos em que há violação ao princípio da igualdade de liberdade e escancarado desrespeito princípio da igualdade de oportunidade (Rawls, 2005: 372).

Primeiramente porque a violação a esses princípios é mais clara de se identificar. O respeito ou não a esses princípios aparece traduzido nas instituições. Se um grupo é proibido de votar ou é vítima de regras discriminatórias (como leis segregacionistas que existiam nos EUA e na África do Sul), essas injustiças aparecem de forma óbvia, pois são publicamente incorporadas na prática e nas próprias regras dos arranjos sociais (Rawls, 2005: 372).

Por outro lado, infrações ao «princípio da diferença» são mais difíceis de identificar. Isso porque o princípio se aplica a instituições sociais e econômicas sobre as quais haverá sempre um amplo debate de opiniões conflitantes, porém razoáveis. A grave violação a este princípio depende de crenças teóricas e especulativas, bem como de farta estatística e outras informações (Rawls, 2005: 372). Nesses casos, o apelo à concepção pública de justiça é menos claro e, salvo em raras ocasiões, não deve ser usado como fundamento para desobediência civil, mas deve ser um tema deixado para o processo político, desde que princípio de igual liberdade seja assegurado (Rawls, 2005: 372).

Foge ao escopo deste capítulo uma discussão detalhada sobre o princípio da diferença, provavelmente o mais complexo e polêmico princípio básico de justiça em Rawls (ver Rawls, 1974; Van Parijs, 2003; Harsanyi, 1975). Mas o que é importante extrair dessa tipologia de princípios é que, em Rawls, questões de justiça distributiva não são, em regra, objeto apropriado de desobediência civil por envolver questões especulativas e de alta complexidade técnica.

Para aprofundar a discussão sobre a legitimidade da desobediência civil vale a pena fazer referência a Ronald Dworkin e à diferenciação que ele faz entre questões políticas e questões de princípios para avaliar a legitimidade de uma desobediência civil.

Dworkin, também um pensador do liberalismo político, compartilha de uma concepção de desobediência civil semelhante à de Rawls, embora seja menos minucioso em sua definição. Em Dworkin, desobediência civil é um comportamento contrário à lei, mas que não desafia a autoridade de forma fundamental. O desobediente civil não quer romper com a organização constitucional básica da sociedade e aceita a legitimidade fundamental do governo e da comunidade, porém discorda de maneira profunda a respeito de questões muito sérias (Dworkin, 2005: 155-156). Dworkin também parte da ideia de que o governo da maioria é essencial em uma democracia, e isto implica que a minoria, em regra, deve aceitar o veredito da maioria. Portanto, admite-se uma relação «tempestuosa e complexa» entre desobediência civil e governo da maioria, sendo aquela uma exceção a esta. E, por ser exceção, exige uma reflexão sobre os tipos e estratégias de desobediência civil para saber se sua prática é coerente em uma democracia (Dworkin, 2005: 163).

Dworkin identifica três tipos de desobediência civil:

i) Baseada na integridade: desobedece-se a lei por razões de consciência, porque a lei contraria sua integridade pessoal. Este desobediente está mais preocupado com a consequência do seu ato para si que para com os outros e a comunidade. O exemplo usado por Dworkin são as testemunhas de Jeová que se negavam a saudar a bandeira dos Estados Unidos.

ii) Baseada em justiça: cidadão age de forma ilegal para protestar contra uma lei que considera injusta, pois viola direitos, e busca mudá-la. Possui um caráter instrumental e estratégico, pois tem como objetivo mudar um programa político considerado imoral. Dworkin dá como exemplo o movimento por direitos civis dos negros nos Estados Unidos.

iii) Baseada em políticas (*policy*): viola-se a lei para protestar contra uma política não porque seja injusta, mas porque se acredita ser «insensata, estúpida e perigosa» (Dworkin, 2005: 155-158). Dworkin oferece como um exemplo desse tipo de desobediência à ocupação de bases militares por civis com o intuito de protestar contra a colocação de mísseis norte-americanos na Europa.

A desobediência baseada na integridade é o que Rawls chama de objeção de consciência. Portanto, este capítulo não fará uma discussão sobre a legitimidade deste tipo de ato, embora tanto Rawls (2005: 377-385) quanto Dworkin (1977, cap. 8) tenham escrito sobre isso.

Já a distinção entre desobediência baseada em justiça e em políticas (*policy*) será a mais importante para esta seção do capítulo. Ela segue a distinção feita pelo próprio Dworkin entre princípios e políticas, que ele mesmo considera as principais formas de justificação de decisões políticas (*political decisions*) (Dworkin, 1977: 83).

Por políticas (*policy*) Dworkin entende um «padrão (*standard*) que estabelece um objetivo a ser alcançado, geralmente uma melhora em algum aspecto econômico, político ou social da comunidade» (1977: 22). Ou seja, busca-se proteger interesses da comunidade como um tudo (1977: 83).

Já os princípios são um tipo de «norma a ser observado não porque melhorará ou assegurará uma situação economia, política ou social considerada desejável, mas porque é uma demanda de justiça» (1977: 22). E argumentos de princípios são argumentos de direitos individuais ou de um grupo específico (1977: 83), e que são trunfos contra decisões majoritárias que violem direitos.

Além de diferenciar os diferentes tipos de desobediência, Dworkin também diferencia dois tipos de estratégias que os desobedientes podem utilizar: persuasivas e não-persuasivas. Estratégias persuasivas são aquelas que buscam fazer a maioria a ouvir argumentos contra sua decisão, na expectativa de que ela mude de ideia.

Estratégias não persuasivas são aquelas que buscam elevar os custos de dar prosseguimento ao programa que a maioria prefere (Dworkin, 2005: 161). A maioria abandona sua política ou lei não porque foi convencida de que ela é injusta, mas porque o desobediente civil tornou tão cara a sua manutenção que não vale a pena mantê-la, ainda que a maioria ainda acredite que ela seja a melhor.

As estratégias persuasivas, em geral, são as mais legítimas. Tentar persuadir a maioria a mudar de ideia, usando argumentos que acredita serem sensatos, não desafia o princípio majoritário de maneira fundamental (Dworkin, 2005: 163). Afinal, é a vontade da maioria que deve prevalecer, ainda que tivesse sido forçada a considerar argumentos apresentados pelo desobediente civil. Já as estratégias não persuasivas não podem contar com este argumento e, portanto, tendem a ser menos legítimas.

Embora as estratégias persuasivas baseadas em justiças sejam as mais legítimas, elas são apenas justificadas se as possibilidades do processo político normal já estão esgotadas e não oferecem mais esperança de sucesso (Dworkin, 2005: 160). O exemplo de estratégia persuasiva baseada em justiça usada por Dworkin é novamente o movimento de direitos civis dos negros nos Estados Unidos. As violações às leis racistas obrigavam a maioria a olhar suas próprias leis e se questionar se queriam mantê-las (Dworkin, 2005: 162).

As estratégias não persuasivas baseadas em justiça são menos justificáveis. Elas devem ser usadas apenas quando uma lei ou política é profundamente injusta; o processo político não oferece nenhuma esperança; os métodos de desobediência persuasiva são ineficazes; e restam apenas métodos não-persuasivos, desde que não violentos e não contraproducentes. Dworkin entende que embora seja uma exceção mais grave ao princípio democrático, elas se justificam porque «a maioria não tem nenhum direito de agir injustamente, de abusar do poder que detém servindo a seus próprios interesses à custa dos direitos de uma minoria» (Dworkin, 2005: 164). Dworkin chega a comparar a legitimidade da desobediência civil nestes casos com a do controle de constitucionalidade feita pelo Poder Judiciário.

Na desobediência civil baseada em políticas, por sua vez, a diferença entre estratégias persuasivas e não persuasivas é ainda mais importante. Para Dworkin, é «problemático» o uso de estratégias não-persuasivas para desobediência baseada em políticas. As políticas referem-se àquilo que é de interesse comum de toda a comunidade e, desde que não viole direitos, deve ser deixado para a decisão da maioria. Tentar mudar uma política que a minoria considera insensata, estúpida ou perigosa, por meio de contra-argumentos e convencimento, inclusive por meio de desobediência civil, é justificável. Porém, para fazer a maioria pagar um preço tão alto por sua política a ponto de fazê-la desistir sem se convencer, a minoria deve «recorrer a alguma forma de elitismo ou paternalismo» e isso ataca de forma fundamental a raízes do princípio democrático (Dworkin, 2005: 164). Além do mais, questões de políticas são notavelmente complexas – Dworkin dá como exemplo uma política econômica e monetária – e não se pode ter muita certeza quanto a suas consequências.

O fato de acreditarmos que uma política é errada (embora não viole direitos) não justifica atos ilegais que imponham custo tão alto a ponto de levar a uma mudança na política que a maioria considerou a melhor (DWORKIN, 2005: 166). Portanto, desobediência civil não-persuasiva para desobediência fundada em políticas é a que tem menos chance de encontrar justificação em uma teoria geral da desobediência civil em um estado democrático de direito.

Em conclusão, tanto Rawls quanto Dworkin entendem que, em regra, deve-se respeitar a regra da maioria por ser essencial à ideia de democracia. Contudo, o procedimento democrático pode levar a resultados injustos, em especial quando violam direitos individuais (civis e políticos) dos cidadãos. Nestes casos, se nenhuma instituição formal foi capaz de se opor a uma medida injusta, o liberalismo político de Rawls e Dworkin admite a desobediência civil. Contudo, questões de justiça distributiva e de políticas (policies) devem ficar a cargo dos poderes políticos por razões democráticas e por serem mais complexas.

Essa concepção liberal de desobediência civil consegue guardar coerência com os princípios de um estado democrático de Direito e dá respostas teoricamente satisfatórias ao paradoxo da desobediência civil de ser um ato ilegal, mas legitimado democraticamente. Porém, possui algumas limitações que serão discutidas no próximo item.

4. CRÍTICAS À CONCEPÇÃO LIBERAL DE DESOBEDIÊNCIA CIVIL

O pensamento liberal de Rawls (bem como de Dworkin) aceita a desobediência civil como uma forma não institucional de proteção quase exclusiva de direitos individuais em um contexto em que as instituições são razoavelmente justas.

Contudo, se olharmos para atos de desobediência civil nas democracias contemporâneas, vemos muitos casos que envolvem, usando respectivamente a linguagem de Rawls e Dworkin, questões de justiça distributiva e de políticas. Apenas para citar alguns exemplos muito recentes: tomada de quartel por bombeiros no Rio de Janeiro para exigir melhor salário; ocupação de reitoria de universidade pública para protestar contra a política universitária; ocupação de propriedades por movimentos sociais que demandam moradia e terra; protestos de ambientalistas para interromper construções que podem causar danos ao meio ambiente; movimentos antiglobalização como em Seattle (Estados Unidos); e protestos na Europa e nos Estados Unidos contra reformas econômicas (ou a ausência delas) em face a uma crise econômica.

São movimentos que poderíamos classificar como de desobediência civil, mas que, dentro da teoria liberal, provavelmente teriam dificuldade de se legitimar. Embora seja difícil de avaliar no caso concreto se as estratégias são persuasivas ou não (muitos movimentos possuem ambas estratégias), esses são exemplos de movimentos que não reclamam a violação de direitos civis e políticos. Eles estão demandando recursos e políticas públicas, ou se colocando de forma contrária a opções políticas tomadas (ou em vias de ser tomadas) que eles acreditam trazer consequências ruins.

Em face dessa constatação, pode-se admitir esses movimentos como pouco legítimos, ou buscar novas formas de entender a legitimidade da desobediência civil em um estado democrático de direito. Opta-se, neste capítulo, pela segunda via.

4.1 Desobediência para aprofundamento da democracia

Jean Cohen e Andrew Arato (1995) fazem uma crítica à concepção liberal de desobediência civil (seus alvos são exatamente as teorias de Ralws e Dworkin) por ter como preocupação principal a proteção dos direitos e negligenciar a desobediência civil como uma forma de questionamento aos próprios procedimentos da democracia (Cohen e Arato, 1995: 569). Se a democracia funciona regularmente de acordo com as regras constitucionais e os direitos civis e políticos dos cidadãos são universalizados e respeitados, então, para o pensamento liberal, há poucas razões para atos de desobediência civil (Cohen e Arato, 1995: 569).

Para Cohen e Arato, essa é uma visão «defensiva» da desobediência civil, pois a sua legitimidade fica restrita a casos de violação a direitos, mas não é vista como uma forma de levar demandas aos governantes. É uma proteção do indivíduo contra governos, mas não uma forma de aprofundar a participação nas decisões públicas (ou apenas uma forma negativa de participação, de vetar decisões injustas).

Rawls e Dworkin, na leitura de Arato e Cohen, estão mais preocupados com garantia de direitos que com democracia. Nenhum deles pensa desobediência civil como uma resposta às deficiências de um regime democrático (Cohen e Arato, 1995: 569). Embora aceitem a democracia como procedimento imperfeito, pois podem levar a resultados injustos, não pensam a desobediência civil para questionar as limitações das próprias instituições e procedimentos do sistema democrático. Não são abordadas questões como qualidade da participação, sub-representação da vontade popular, representação inadequada da opinião pública ou consideração insuficiente de temas relevantes.

Por que desobediência civil não pode ser usada para levar demandas em situação em que há, na prática, desigualdade de participação? Ou quando poderes políticos não são suficientemente representativos? Direitos são tão importantes quanto a democracia e não há por que restringir a desobediência civil meramente à proteção de direitos e não à melhora da qualidade da democracia (Cohen e Arato, 1995: 587). A teoria liberal, portanto, coloca aquele que considera justas as instituições e procedimentos de uma democracia, porém insuficientes, em um difícil dilema: ou trabalha dentro das instituições que ele considera inadequada ou se revolta (Cohen e Arato, 1995: 574).

Em contraponto à visão liberal, Cohen e Arato propõem uma visão «ofensiva» da desobediência civil, que não apenas defende cidadãos contra abusos de seus direitos civis e políticos existentes, mas também demanda novos direitos e novas formas de participação.

Uma outra teoria da desobediência civil nesta perspectiva é a de Habermas. A definição de desobediência civil em Habermas é semelhante à de Rawls: ato ilegal, não violento, simbólico com a intenção de apelar às instituições formais e ao senso de justiça da maioria da comunidade contra decisões que, embora legalmente vinculantes, violam princípios constitucionais (Habermas, 1985: 99).

A diferença é que Habermas vê a desobediência civil não só como uma forma de proteger direitos básicos, mas também como a última chance para se corrigir erros no processo de realização da ordem legal.

A teoria da desobediência civil em Habermas está ligada a sua concepção de democracia deliberativa (Smith, 2008: 78). Embora não seja escopo deste capítulo entrar em detalhes sobre a teoria da democracia deliberativa em Habermas, é preciso lembrar que para ele democracia deve ser pensada além da institucionalização e universalização do direito de votar e ser votado. Uma norma possui validade apenas se aqueles que são afetados por sua observância puderem consenti-la após participar em um discurso racional. Portanto, a regra da maioria só faz sentido quando respeita direitos das minorias e, também, permite um processo de deliberação pública tanto na sociedade civil quanto na esfera da política (Habermas, 1985: 102).

Consequentemente, uma decisão, ainda que tomada conforme procedimento formalmente legal, pode ter sido produzida por um processo pouco democrático, ou seja, de maneira insuficientemente ou inadequadamente deliberativa. Para esses casos a desobediência civil também estaria legitimada dentro da teoria de Habermas.

Contudo, a teoria de Habermas não traçou com maior detalhamento os casos em que as falhas no processo democrático poderiam legitimar a desobediência civil. Enquanto é relativamente claro quando se viola um direito individual, é muito menos claro quando um processo deliberativo foi inadequado ou insuficiente (Smith, 2008). Se tomarmos como referência um processo deliberativo ideal, então será inevitável que todas as decisões reais sejam insuficientemente democráticas (Smith, 2008: 80).

Smith, baseado na análise de Habermas, sugere que a desobediência civil é justificada quando a disparidade de poder social – o que inclui riqueza e outros recursos como acesso à mídia e poder simbólico – entre os interesses envolvidos é tão grande a ponto de inibir a parte mais fraca nos processos institucionais e solapa possibilidade de livre e ampla deliberação (Smith, 2008; 2004). Então, se uma lei é criada por meio de um procedimento influenciado pela circulação de poder social ao invés de uma forma não distorcida de comunicação pública, então esta lei é ilegítima e pode ser objeto de desobediência civil (Smith, 2008: 84).

Smith afirma que essa justificação para a desobediência civil está por trás de movimentos recentes, em que cidadãos violam leis para protestar contra políticas lideradas pelas elites econômicas e políticas do país, mas cujos custos são suportados por toda a população, em especial os grupos menos favorecidos. Neste grupo poderíamos inserir movimentos antiglobalização, protestos contra reformas econômicas e pela proteção ao meio ambiente.

O problema com a linha de argumentação de Smith é similar ao que ele apontou em Habermas. Comparar um procedimento ideal com o real. Diferença de poder social é um fato em qualquer sociedade, inclusive no processo de tomada de decisão, seja na forma de lobby, financiamento privado de propaganda eleitoral, prestígio pessoal, poder simbólico e cultural, acesso a mídia e outras inúmeras formas em que diferenças sociais se manifestam no momento de tomada de decisão.

Se admitirmos o princípio de que diferença de poder social (ou qualquer outro problema no processo democrático) pode ser usada para justificar a não observância de uma lei, ainda que não viole direitos individuais, no limite, esse argumento poderia tornar inviável o sistema democrático. Aqueles com pouco poder social não se sentiriam vinculados a obedecer a decisões majoritárias – visto que não participaram em pé de igualdade no processo deliberativo –; e aqueles com maior poder social não teriam incentivos em aceitar as regras do jogo democrático, pois não aceitariam o risco de sofrer derrotas sabendo que, ainda que consigam maioria, não possuem garantia que decisões tomadas no procedimento democrático serão vinculantes.

Rawls faz a advertência de que «se deve evitar invocar as falhas inevitáveis dos arranjos sociais como um pretexto pronto para não cumprir com suas regras (...) sem esse reconhecimento a confiança mútua corre o risco de se romper» (Rawls, 2005: 355).

Por mais problemas que tenha o sistema democrático de eleições representativas, importa ressaltar que em comparação com outros modelos de democracia (deliberativa ou participativa, por exemplo) o modelo representativo é o procedimento de tomada de decisão que possui o maior alcance (todos os cidadão tem o direito ou mesmo o dever de participar tendo cada um o mesmo peso no resultado) e possui os custos mais baixos de participação. Foi esse modelo de democracia que permitiu a democratização em sociedades de massa, por meio da inclusão de grande parcela da população (Urbinati e Warren, 2008; Arato, 2002). Portanto, por mais críticas que se faça a esse modelo, existe um ônus argumentativo significativo para reverter as decisões por elas geradas.

Não se está defendendo que a desobediência civil não possa ser defendida na linha proposta por Smith/Habermas, mas apenas mostrando que a teoria tem um ônus argumentativo maior para justificar a desobediência civil em um estado democrático quando não se está lidando com violação de direitos. Seria preciso ter mais claro em que casos a diferença de poder social, que é um fato inescapável, é tão grande a ponto de impedir a deliberação adequada e suficiente e, portanto, justificar a desobediência civil; e em que casos essa diferença é tolerável e a decisão da maioria deve ser respeitada.

4.2 Desobediência civil para casos de severas privações

Outra crítica que pode ser feita à posição liberal sobre desobediência civil é que ela se restringe a direitos individuais – civis e políticos – e não abrange questões igualmente importantes como a miséria e exclusão social, que podem ser traduzidos na linguagem de direitos sociais e difusos. Assim como direitos individuais, os direitos sociais e difusos são reconhecidos como direitos humanos fundamentais em diversos tratados internacionais de direitos humanos e também em ordenamentos jurídicos nacionais, como é o caso da Constituição brasileira de 1988.

Cohen e Arato (1995: 582), por exemplo, afirmam que Rawls e Dworkin não dão à desobediência civil o papel de ser instrumento de criação de novos direitos, mas apenas o de defender direitos que pessoas já têm. Contudo, a desobediência civil foi historicamente usada para criar direitos, como é o caso do direito de greve, que começa como um ato de desobediência para se tornar um direito do trabalhador.

Direitos sociais e difusos não estão no centro da preocupação teórica de Rawls, Dworkin e Habermas. Portanto, não seria de se esperar que suas teorias sobre desobediência civil olhassem para eles.

A primeira edição da Teoria da Justiça de John Rawls é de 1971 e provavelmente sua teoria da desobediência civil foi muito influenciada pelos movimentos de direitos civis dos negros nos EUA. Não por acaso essa teoria – os critérios para caracterização e legitimação da desobediência civil – encaixem-se tão bem para explicar e justificar o movimento liderado por Martin Luther King. O primeiro texto de Dworkin sobre o tema é de 1968 e também está fortemente influenciado por esse mesmo contexto. Ambos também fazem parte de um contexto político em que a luta pela igual cidadania foi uma luta por igualdade de direitos civis.

Habermas, por sua vez, que começa sua carreira acadêmica em meio ao movimento estudantil contestatório de 1968 na Europa, tem sua obra marcada pela crítica à democracia de massa, receio do autoritarismo legalista, do poder econômico e da dominação tecnocrática do então crescente *welfare state* na Europa (SPECTER, 2010). Portanto, também não é por acaso que sua teoria da desobediência civil esteja mais preocupada com uma efetiva participação da sociedade no controle dos assuntos públicos.

Não se tenta aqui fazer uma sociologia do pensamento desses autores, mas apenas mostrar que eles buscam responder, em alguma medida, a questões relevantes em uma certa conjuntura. Desta forma, talvez seja preciso ser mais cauteloso ao tentar aplicar as teorias até aqui discutidas para o contexto das jovens democracias de países em desenvolvimento que, embora possam ter inúmeros problemas para se consolidarem como democracias e apresentam casos de violação de direitos civis, tem como característica o alto índice de pobreza e desigualdade social de grande parte da população.

Roberto Gargarella (2007), um autor argentino que escreve em meio aos protestos contra a crise econômica em seu país, propõe um olhar diferenciado para a desobediência civil e sua legitimidade. Gargarella defende a tese de que aqueles que vivem em extrema miséria não têm o dever de obedecer a lei porque para estes a lei não é instrumento de liberdade e autogoverno, mas, ao contrário, contribui para sua opressão.

Primeiramente, é preciso ressaltar que Gargarella não usa o termo «desobediência civil», mas «direito à resistência». Gargarella afirma explicitamente que sua teoria não se aplica a casos em que há discordância com uma lei, o que seria desobediência civil, mas com todo o ordenamento jurídico, o que seria o caso da resistência. Ele defende que o conceito de desobediência civil é incapaz de cobrir alguns eventos mais dramáticos em sociedades contemporâneas, em que alguns grupos têm problemas com «o direito como um todo» e, por isso, desobediência civil é «significativamente diferente» daquilo que ele chama de resistência (GARGARELLA, 2007a: 367).

Contudo, minha interpretação é que o conjunto de fenômenos sobre o qual ele escreve e a forma como ele busca justificar a oposição à autoridade é mais próximo de uma desobediência civil como a de Rawls do que de uma resistência, divergindo profundamente apenas no tipo de injustiça contra a qual a desobediência civil é aceita como legítima.

Gargarella argumenta que a resistência é defensável em situações de alienação legal, em que a lei começa a servir a propósitos contrários àqueles que justificam sua existência. Portanto, quando as normas que deveriam garantir a liberdade e o bem-estar das pessoas começam a funcionar de forma contrária ao interesse fundamental delas, tem-se a justificativa para a resistência (GARGARELLA, 2007a: 362).

São casos de alienação legal as situações em que as pessoas sofrem de severas privações: têm problemas para satisfazer necessidades básicas, ter seu ponto de vista apresentado a outros, e demandar mudanças na legislação ou ações do poder público (Gargarella, 2007a: 367). Onde houver pessoas nesta condição, existe descumprimento de direitos econômicos e sociais, além dos direitos associados ao governo democrático e ao estado de direito (Gargarella, 2007a: 368). Situações de extrema pobreza são indício de problemas institucionais graves, pois determinados grupos não estão sendo capazes de transmitir suas demandas e nem de fazer governantes *accountable*.

Neste caso é difícil não culpar a lei pelo que acontece a elas, de forma que, por isso, as instituições são claramente injustas. Nas palavras de Gargarella, «a lei é cega quanto às privações sofridas por essas pessoas, surda quanto aos seus reclamos, ou sem disposição de corrigir a situação humilhante em que vivem» (Gargarella, 2007: 369). A lei não só não lhes oferece proteção contra violação de seus direitos como também sanciona a violação dos mesmos. Este grupo, portanto, está em situação de alienação legal e «não possui um dever geral de obedecer a lei» (Gargarella, 2007a: 369).

A crítica aos limites do sistema democrático aparece em um livro sobre manifestações políticas que contrariam as limitações legais (como bloqueio de estradas e ocupações de propriedades). Gargarella defende que essas manifestações devem ser toleradas, desde que não violentas, porque os métodos convencionais, incluindo o voto, podem ser inacessíveis ou ineficientes para grupos muito amplos da população acessarem os governantes, sendo preciso uma ampliação da democracia (Gargarella, 2007b: 44 e 146).

Pode-se perceber que a teoria de Gargarella aproxima-se, neste ponto, da crítica feita por Cohen e Arato (1995) à teoria liberal. Gargarella está falando da falta de efetividade de governos democráticos de serem sensíveis a demandas de grupos menos favorecidos e, neste ponto, se aproxima também de Smith, que defende legitimidade da violação à lei em situações em que a diferença de poder os atores sociais é tão grande a ponto de inibir a parte mais fraca nos processos institucionais e solapa a possibilidade de livre e ampla deliberação (Smith, 2008).

Gargarella, porém, dá um passo interessante. Enquanto Smith e Habermas não oferecem critérios suficientemente claros para avaliar o que é um procedimento insuficientemente democrático e quando ele ocorre, Gargarella entende que o simples fato de existir pessoas em situação de séria privação já é um sinal muito forte de que há um problema neste procedimento. Se essas pessoas tivessem oportunidade de se manifestar, seguramente não estariam de acordo com decisões que as rebaixem ou que não as retirem deste estado de severa privação. Portanto, não seria necessário olhar para dentro do processo decisório para avaliar se algo está errado, o que seria custoso e com resultados controversos, mas bastaria olhar os resultados que ele produz para saber que ele alijou uma parte da população e ignorou pontos de vistas relevantes durante a deliberação.

A teoria de Gargarella, da forma como apresentada até o momento, tem um caráter muito mais radical e se aproxima, de fato, de uma resistência. Contudo, Gargarella coloca algumas ressalvas que tornam sua resistência muito mais próxima do conceito de desobediência civil.

Gargarella, assim como Ralws, afirma expressamente que sua teoria busca apenas tratar de casos relacionados a regimes democráticos e não de governos autoritários (Gargarella, 2007a: 365). E isso impõe ônus de autocontenção para aqueles que desafiam uma lei.

Os oprimidos devem ter o direito de desafiar proibições legais apenas quando estes desafios puderem razoavelmente por fim a seu extremo sofrimento (Gargarella, 2007a: 370). Ele dá como exemplo a possibilidade de grupos desprivilegiados de ocupar propriedades improdutivas ou de realizar protestos para forçar o estado a atender seus interesses fundamentais como trabalho e comida, que têm sido ignorados por seus governos (Gargarella, 2007a: 370). Deve haver uma relação de causalidade entre a lei desobedecida e o dano sofrido nas mãos do Estado. O dever de obedecer é menor nas áreas diretamente ligadas ao sofrimento (Gargarella, 2007a: 371).

Gargarella reconhece também que na prática pode ser difícil saber quais leis contribuem para situação de miséria de uma parte da população. Além do mais, nem sempre é culpa do Estado que pessoas estejam em situação de miséria, pois pode ser que o estado não tenha tido alternativa para evitar que nenhum grupo fosse privado de bens básicos ou, então, pessoas chegaram a esta condição por culpa própria quando poderiam ter agido diferente. Nestes casos, não há uma injustiça causada pelo Estado e, portanto, «seus comandos não devem ser objetos de resistência» (Gargarella, 2007a: 371).

Além do mais, existe uma questão de respeito mútuo. Mesmo em situações de privação, não há uma carta branca de agir como quiser contra autoridades públicas e outros indivíduos. Podem não ter obrigação de cumprir a lei, mas não os exime de cumprir deveres básicos de respeito e reciprocidade com relação a outros. O exemplo dado por Gargarella é que não pagar impostos para sustentar um estado que trabalha em seu prejuízo não tem nada a ver com se negar a parar no trânsito quando o sinal estiver vermelho (Gargarella, 2007a: 371).

Deve também haver proporcionalidade. A desgraça sofrida não pode justificar imposição de sacrifícios desnecessários ao resto da sociedade. Por exemplo, machucar severamente alguém que tenta impedir uma ocupação de terra ou destruir uma loja onde pessoas famintas foram conseguir comida é, a priori, injustificável (Gargarella, 2007a: 372). O desafio à lei, mesmo quando justificado, deve causar o menor dano possível aos outros (Gargarella, 2007a: 372) e não deve ser violento (Gargarella, 2007b: 44).

Portanto, ainda que Gargarella afirme que sua teoria quer atingir casos em que a discordância é com o sistema normativo como um todo e que aqueles em situação de extrema privação não têm dever de seguir a lei, ele justifica a contrariedade apenas às leis que causem a situação de severa privação. Aquelas normas que não contribuem para a miséria das pessoas devem continuar sendo seguidas. Portanto, quando Gargarella tenta aplicar sua teoria a questões mais concretas, ela parece ter um alcance muito mais restrito.

Além do mais, Gargarella cita exemplos em que as pessoas reclamam pela ausência de ação estatal na realização de direitos sociais e econômicos (por exemplo, trabalho, alimentação e acesso a terra e moradia). Esses são direitos realizados por meio de ação estatal – políticas públicas – e não apenas um dever de não agir de forma a violá-los. Deste modo, a não observância da lei parece estar mais próxima de uma forma de chamar atenção (uma forma de desobediência civil persuasiva) ou, então, de forçar os governos (uma forma de desobediência civil não persuasiva) a agirem para que direitos sociais e econômicos sejam respeitados; e menos uma ação para derrubar o sistema político e jurídico vigente. Haveria algum contrassenso em exigir mais ação de um sistema político que se quer derrubar ou deslegitimar.

Portanto, o conceito de «resistência» de Gargarella possui muitas semelhanças com o de desobediência civil. Contudo, o que realmente diferencia Gargarella de Rawls e Dworkin é quanto à legitimidade da desobediência civil. Gargarella está buscando legitimar a desobediência às leis em situações em que está em questão problemas de justiça distributiva e de políticas públicas, aquilo que as teorias de Rawls e Dworkin afirmam geralmente não ser razões que justifiquem o desrespeito às leis.

A teoria de Gargarella precisa, contudo, lidar com o ônus de justificar que uma minoria possa contrariar decisões de uma maioria. Se o sistema democrático é um bem e deve ser protegido, não só porque gera inclusão social (Urbinati e Warren, 2008; Arato, 2002), mas também porque pode ser uma forma efetiva de pressão por políticas sociais (Shapiro, Swenson e Donno, 2008; Przeworski 1985; 2010), então a desobediência justificada às leis democraticamente criadas devem ser excepcionais.

Afirmar de forma mais geral que aqueles em situação de severa privação não precisam obedecer ao ordenamento jurídico, pois têm o «direito à resistência», tornaria a democracia em países em desenvolvimento impossível. Conforme visto, isso impossibilitaria o acordo entre massas e elites que viabiliza as regras do jogo democrático. No limite, o argumento de Gargarella poderia ser usado para justificar as ideias conservadoras que afirmavam que países desenvolvidos precisariam se modernizar antes de se democratizar.

Por outro lado, se considerarmos que o «direito à resistência» de Gargarella tem um alcance menor e deve atacar apenas leis pontuais que efetivamente colaboram para a situação de miséria de parte da população, então se tem o problema, reconhecido pelo próprio Gargarella, de que pode ser muito difícil estabelecer um nexo de causalidade entre uma determinada lei ou política e a situação de severa privação de uma parte da população.

Essa situação é culpa das próprias pessoas que não são produtivas ou de uma elite exploradora de mais-valia; de um mercado ineficiente protegido contra importações ou da abertura econômica que levou à desindustrialização nacional; de um Estado que não provê serviços básicos ou de um Estado paternalista e deficitário; de organismo econômicos internacionais que deixam de socorrer países em crise ou de organismos que impõem políticas econômicas ruins aos países? Como alertaram Rawls e Dworkin, questões de justiça distributiva e políticas públicas são de alta complexidade e dependem de alguma dose de crença especulativa.

Em conclusão, Gargarella problematizou a questão da obediência à lei em democracias relativamente jovens que precisam lidar com problemas que são menos marcantes em democracias consolidadas há mais tempo: alto índice de pobreza, miséria e desigualdade econômica. Contudo, a justificação da desobediência nesses casos ainda carece de melhor justificação teórica e respostas mais precisas devem ser dadas aos alertas de Rawls e Dworkin quanto ao uso de desobediência civil para casos de justiça distributiva e políticas públicas.

5. ESTUDO DE CASO: MOVIMENTOS SOCIAIS PELA TERRA NO BRASIL

Nas seções anteriores houve um debate teórico sobre a desobediência civil com foco na sua definição e divergências quanto à sua justificação. Esse debate é importante porque a desobediência civil, com todos os seus paradoxos, faz parte da vida política de democracias.

No Brasil esse tema apareceu com muita força com os movimentos sociais pela terra, que usavam táticas manifestamente ilegais, mas com fundamento em valores por todos compartilhados, como direitos econômicos e sociais e justiça social. Esses movimentos geraram um debate na opinião pública e no Judiciário, em que questões sobre a legitimidade da desobediência civil passaram a fazer parte de discussões entre ativistas políticos e também dos litígios judiciais.

O estudo de caso faz-se necessário para mostrar como o debate teórico da desobediência civil ajuda a pensar problemas concretos, embora não seja capaz de dar respostas peremptórias (nem é essa sua intenção), e de como questões reais podem ajudar a iluminar a teoria.

5.1 Invasão do laboratório da Aracruz: o debate na *Folha de S. Paulo*

A invasão do laboratório da empresa Aracruz por mulheres do Movimento dos Trabalhadores Rurais Sem Terra (MST) em 2006, com destruição de mudas de eucalipto preparadas para produção de celulose, foi um evento que ficou marcado não só pela repercussão na mídia, mas também porque gerou um debate sobre a desobediência civil entre dois importantes políticos de esquerda – Eduardo Suplicy e Plínio de Arruda Sampaio –, publicado em um dos jornais mais importantes do país, a Folha de São Paulo.

O MST justificou-se afirmando que era um ato em defesa da biodiversidade, pois a plantação de araucárias era uma monocultura; do meio ambiente, pois é uma plantação que consome muita água; e contra a concentração de terras, pois as araucárias seriam plantadas em latifúndios. O MST, portanto, buscou legitimar seu ato ilegal baseado em argumentos de justiça distributiva e direitos sociais e difusos a serem realizados por meio de políticas públicas.

Eduardo Suplicy escreveu uma carta direcionada ao MST, publicada pela Folha de São Paulo em 17 de março de 2006, em que reiterava seu apoio ao movimento pela reforma agrária e à sua causa contra o modelo de agronegócio em favor da biodiversidade. Contudo, criticou o uso da violência na invasão da Aracruz. Diz Suplicy:

> «Acredito que o MST consegue obter muito mais apoio do povo brasileiro para sua causa sempre que utiliza meios pacíficos, não-violentos, e de respeito aos seres humanos e ao que tiver sido construído honestamente por outros (...) utilizando muito mais a força da alma do que a força física.»

Suplicy lembrou também do exemplo de Martin Luther King e Mahatma Gandhi, que alcançaram seus objetivos por meios não-violentos. Embora Suplicy não tenha utilizado a palavra «desobediência civil», percebe-se que ela está presente, seja nos exemplos históricos usualmente associados a ela, bem como na referência a atos sabidamente ilegais, mas pacíficos, simbólicos e que buscam apoio da população. Eduardo Suplicy reconheceu a legitimidade do uso da desobediência civil na luta por políticas como reforma agrária e meio ambiente, mas não concorda com métodos violentos.

Por sua vez, Plínio de Arruda Sampaio, em 24 de março de 2006, no mesmo jornal, publica uma carta em resposta a Eduardo Suplicy, em que busca justificar a invasão da Aracruz com base na ideia de desobediência civil. Diz ele:

> «A ação das mulheres do MST, (...) foi um ato de desobediência civil – uma ação que desafia a lei, a medida ou a omissão injustas sem incitar agressão a pessoas (...) o objetivo das ações de desobediência civil é precisamente este: desassossegar consciências tranquilas, como um meio de fazê-las ver a responsabilidade que têm na manutenção de situações inaceitáveis, porém admitidas como normais e corretas. Trata-se de um gesto extremo para despertar

sociedades anestesiadas, incapazes de ouvir os clamores do povo. Vejamos, por exemplo, em que deu a marcha pacífica que os sem-terra realizaram em Brasília, no ano passado, a fim de pedir, de forma respeitosa e ordeira, a reforma agrária. Que resposta obtiveram do governo? Que solidariedade receberam da sociedade? Que noticiário deram os jornais? (...) Sem falar nos danos que esse tipo de agricultura causa ao meio ambiente, é preciso que todos saibam que se trata de uma forma de agricultura extremamente nociva à pequena agricultura. Poucos sabiam disso. Agora, com a cobertura que a imprensa deu ao episódio, todos ficaram sabendo. Nisso consiste a desobediência civil.»

Plínio de Arruda Sampaio identifica a desobediência civil como uma forma de fazer com que uma situação de injustiça seja explicitada para a opinião pública e que deve ser utilizada quando vias legais parecem não surtir o efeito desejado. O autor defende claramente a possibilidade da desobediência civil para mudanças na política de reforma agrária e de proteção ao meio ambiente. Além do mais, Plínio de Arruda Sampaio ressalta que o movimento se valeu, sem sucesso, de alternativas não legais para tentar atingir o mesmo fim, o que é um critério de legitimidade da desobediência civil.

Sobre a violência, Plínio de Arruda Sampaio diz que ela não se justifica contra pessoas, mas que pode ser usada contra bens, ainda que cause danos financeiros a quem a sofreu. Retomando o exemplo de Gandhi e Martin Luther King, Plínio de Arruda Sampaio disse que seus movimentos causaram prejuízos financeiros a alguns, mas que nem por isso deixam de ser justificadas.

Este debate mostra que o tema de desobediência civil é atual e relevante para se pensar o papel e limites de movimentos sociais que fazem uso da destas estratégias no Brasil. Embora não seja objetivo deste capítulo fazer um julgamento moral dessa referida ação, a discussão teórica feita anteriormente oferece alguns subsídios para um debate mais qualificado em torno deste e outros casos concretos.

5.2 Ocupações de terra e o Judiciário brasileiro

Pode-se perguntar qual a relevância de uma discussão sobre a legitimidade da desobediência civil para o direito. Ainda que se encontrem justificativas morais para a desobediência civil, pode-se argumentar que para o direito isso é pouco relevante. Pois, a resposta à pergunta «um ato de desobediência civil tem legitimidade política ou moral» não necessariamente precisa ter implicações para a resposta da pergunta «qual deve ser a resposta das autoridades perante um ato de desobediência civil».

Uma posição seria dizer que o desobediente civil, ainda que esteja legitimado politicamente, deve sofrer as consequências legais de seu ato. Afinal, *sed lex, dura lex.* Embora essa seja uma posição defensável, existem também boas razões para que o desobediente civil receba um tratamento diferenciado das autoridades, inclusive judiciárias.

Habermas (1985: 102) diz que aplicar a lei apenas porque é a lei é uma forma de autoritarismo legal. Ações de desobediência civil, embora sejam formalmente ilegais, diferenciam-se dos atos criminosos porque são realizadas com fundamento nas fundações legitimadoras da ordem constitucional. Elas devem, portanto, receber um tratamento diferenciado do criminoso comum: não ser processado ou, se processado, receber uma pena mais branda (Habermas, 1985: 99; Dworkin, 1997 e Rawls, 2005: 387). Dworkin (1997) adiciona que quando o Estado condena os desobedientes civis, está condenando alguns dos seus melhores cidadãos: aqueles mais preocupados com a justiça das leis de uma sociedade.

Frente a este debate, como o judiciário brasileiro se posiciona? A legitimidade política ou moral de uma desobediência civil tem algum impacto na argumentação de uma decisão judicial? Para responder a essas perguntas fez-se uma análise da jurisprudência brasileira nas duas cortes de mais alta hierarquia do Judiciário brasileiro: Supremo Tribunal Federal (STF) e Superior Tribunal de Justiça (STJ). Buscou-se por casos que tratavam de um tema que aparecia com frequência no Judiciário: a ocupação de terras por integrantes de movimentos sociais. Esse tema trazia um número relativamente grande de casos e permitiu uma análise mais sistemática do tratamento que os tribunais davam, implicitamente ou explicitamente, ao tema da desobediência civil.

A fonte de pesquisa foi os *sites* oficiais dos tribunais e buscou ser exaustiva, abarcando todas as decisões disponíveis sobre o tema. Foram analisados apenas decisões e votos pertinentes ao tema da desobediência civil.

5.2.1 Superior Tribunal de Justiça

No STJ foram analisados casos em que os réus, membros de movimentos sociais pela reforma agrária, estavam sendo acusados de esbulho possessório por participar de ocupações de terra.

No *Habeas Corpus* (HC) 4399, o Min. Adhemar Maciel considera a natureza política da ocupação de terra pelo MST e entende a ocupação como um meio possível na luta pela reforma agrária «de baixo para cima», uma forma de pressão social já que o governo está «tranquilo» e não cumpre o que está previsto na Constituição. Também questiona se essas ocupações não seriam uma forma de «direito de resistência».

O Min. Luiz Vicente Cernicchiaro reconhece que a conduta, ainda que represente una insubordinação às regras jurídicas, não configura crime de esbulho possessório em razão do contexto e da motivação do ato. Também ressalta que o governo tem a obrigação de concretizar a reforma agrária e sua lentidão é que gera reações «nem sempre cativas à extensão da norma jurídica». Afirma também que as classes sociais menos favorecidas não têm acesso político ao governo para conseguir preferência para a reforma agrária. Aquele que age com interesse na reforma agrária tem «uma conduta substancialmente distinta» do agente de crime de esbulho possessório. Este «investe contra a propriedade alheia para usufruir um de seus atributos», enquanto aquele faz «pressão social para concretização de um direito». Finalmente, afirma que, ainda que tivesse havido insubordinação «do ponto de vista formal», o seu fundamento ideológico dá à ocupação de terra um sentido mais amplo, pois a reforma agrária é uma causa «socialmente de maior grandeza».

No HC 5574, o Min. Luiz Vicente Cernicchiaro fez referência à obrigação do Estado de realizar a reforma agrária e ao direito do cidadão de reivindicar a realização dos princípios e normas constitucionais, o que legitima a pressão sobre os órgãos públicos competentes. Afirma, ainda, que o magistrado deve ter sensibilidade para diferenciar aquele que quer usurpar propriedade alheia e aquele que pressiona pela reforma agrária, pois «não é de confundir-se o ataque ao direito de patrimônio com o direito de reclamar a eficácia e efetivação de direitos (...). Isso não é crime; é expressão do direito de cidadania».

O HC 9896 traz o voto do Min. Vicente Leal, em que afirma não haver qualquer forma de violência na ação praticada e que a prisão dos ocupantes de terra teve o intuito de debilitar o movimento. Afirmou, ainda que a «Justiça não pode ser instrumento de ação política contra movimentos que se insurgem contra as desigualdades econômicas e sociais».

No HC 30629 há um debate sobre o caráter político das ocupações de terra. O voto do Min. Paulo Medina argumenta que os juízes devem ter «poder de reflexão e engajamento político judicial» para entender que os membros do MST não se uniram em quadrilha ou bando para cometer crimes, mas para fazer uma reivindicação política legítima. Para ele, é preciso refletir sobre o conteúdo político do movimento e a capacidade de, por meio de sua atuação, fazer com que haja uma reação das autoridades maiores do país, seja no Congresso Nacional ou no Judiciário, e de sensibilizar o país e os «homens de bem» sobre a questão da terra e a lentidão da reforma agrária. O Ministro termina seu voto concedendo o *Habeas Corpus* porque no seu entender não há crime a punir.

Em sentido contrario decide Min. Hamilton Carvalho, que entende ser «estranho à matéria das decisões judiciais a legitimidade dos movimentos sociais e, por maior razão, dos movimentos sócio-políticos dirigidos à tomada do poder, do mesmo modo lhes recuso, peremptoriamente, a imunidade penal, autorizativa de crimes». O Ministro afirma, ainda, que em um Estado Democrático de Direito os movimentos sociais devem ser obedientes aos «imperativos do sistema positivo de direito». Em conclusão, não concede o *Habeas Corpus* em razão da manutenção da ordem pública.

Por fim, no HC 33204, o Min. Paulo Gallotti nega o cabimento do termo «quadrilha» para os integrantes do MST e afirma que em um país com estrutura agrária injusta e com distorções sociais inaceitáveis, deve-se reconhecer a legitimidade da organização social de trabalhadores rurais na busca da «obtenção de um pedaço de chão para plantar, para viver, para dar um mínimo de dignidade às suas famílias». No mesmo *Habeas Corpus*, o Min. Paulo Medina ressalta a legitimidade dos movimentos envolvendo trabalhadores «sem terra» que exigem a transformação social do campo, conquistas sociais e ruptura da desigualdade econômica. Afirma que o Judiciário, não obstante apolítico, não é alheio à sociedade, às opiniões sociais e à «brutalidade que esmaga aqueles que querem ascender para sua dignidade pessoal».

Essa análise de jurisprudência mostra que alguns integrantes do STJ aceitaram a ideia de que a legitimidade de uma ação política, ainda que não restrita aos limites da lei, deve ser considerada pelo tribunal no momento de decidir. Entenderam também que as ocupações de terra são meio legítimo para chamar a atenção da opinião pública e de pressionar o poder público para a realização da política de reforma agrária. De alguma forma, corroboraram ideias semelhantes às apresentadas por Gargarella, de que pessoas em situação de maior vulnerabilidade social podem, em alguns casos, valer-se de métodos a priori não legais para fazer demandas por políticas que podem atenuar ou por fim a sua situação de severa privação.

5.2.2 Supremo Tribunal Federal

O HC 91616, embora não trate especificamente sobre ocupações de terra – os réus foram presos preventivamente acusados de diversos crimes, dentre os quais, furto, roubo, incêndio, dano e cárcere privado –, faz uma análise sobre a atuação dos movimentos sociais «sem terra».

Nesta decisão, os argumentos mais interessantes são apresentados pelo juiz de primeira instancia que decretou a prisão preventiva e cuja decisão foi mantida pelo STF: «A democracia há de tolerar protestos, interrupção de fluxos de veículos, manifestações públicas de discórdia com certos governos ou certas e políticas e, nalguns casos, até mesmo a desobediência civil».

Contudo, entende que a tolerância não deve ser estendida aos crimes ora avaliados, o que não é um caminho profícuo para o debate político. Argumenta que a prática destes crimes não poderia ser considerada como um ato de protesto, da afirmação de uma vontade política, mas como a criação de situação de instabilidade frente a proprietários de terra. O juiz ressalta, ainda, que o esbulho possessório, em si, não constitui crime, mas expressão do movimento social contra a inércia estatal para promoção de um «programa aceitável de reforma agrária». No entanto, a prática dos outros crimes citados transborda o que é «aceitável na atuação tendente aos objetivos que se buscam por intermédio das invasões de terra» e não merecem o mesmo tratamento, pois quando passaram dos limites do protesto e da ocupação de terras, saíram da esfera da luta social para entrar no âmbito dos ilícitos penais.

Portanto, a ocupação de terra em si não seria crime, mas manifestação da cidadania, e atos de desobediência civil podem ser tolerados. Contudo, a decisão demarca de forma clara o limite da violência, que não deve ser tolerada.

Na Ação Direta de Inconstitucionalidade 2213, busca-se declaração de inconstitucionalidade da Medida Provisória 2027-38, que determinava que «o imóvel rural objeto de esbulho possessório ou invasão motivada por conflito agrário ou fundiário de caráter coletivo não será vistoriado nos dois anos seguintes à desocupação do imóvel», e que «a entidade, a organização, a pessoa jurídica, o movimento ou a sociedade de fato que, de qualquer forma, direta ou indiretamente, auxiliar, colaborar, incentivar, incitar, induzir ou participar de invasão de imóveis rurais ou de bens públicos, ou em conflito agrário ou fundiário de caráter coletivo, não receberá, a qualquer título, recursos públicos».

Os autores da ADIn alegaram que a referida MP violaria direitos fundamentais como o direito de expressão, de pensamento e o de associação; e inviabilizaria a função social da propriedade, pois as ocupações seriam um instrumento legítimo e eficaz na luta pela concretização da reforma agrária.

O Min. Celso de Mello, em seu voto, entende que as regras previstas pela MP buscam neutralizar os excessos causados por grupos organizados de trabalhadores rurais que usam o esbulho possessório como instrumento de ação política e de pressão social «nem sempre legítima» sobre o Poder Público, com grave ofensa a valores constitucionais, além de consistir em ilícito civil e penal «que não deve ser tolerada pelo poder público». Ele reconhece a necessidade da reforma agrária no Brasil, mas afirma que ela não pode ser conduzida de modo arbitrário nem ofensivo à garantia constitucional da propriedade e ao devido processo legal para sua desapropriação. O Ministro ressalta que os movimentos sociais não estão autorizados a usar o emprego arbitrário da força e a realizar ocupações ilícitas, e que as ocupações de terra não são uma forma de manifestação da liberdade, pois esta só pode ser exercida quando há respeito à lei e à ordem jurídica. Afirma, ainda, que

> «(...) a força da lei, editada em harmonia com o estatuto constitucional, não pode ser comprometida por práticas ilícitas, ditadas por razões ideológicas – quaisquer que sejam – ou motivadas por inconformismo político ou social (...) eventuais contestações à autoridade da lei, quando tornadas inevitáveis, deverão efetivar-se com observâncias de mecanismos institucionais, que, estabelecidos pela própria Constituição (...) seja pela via política do processo legislativo, seja pela utilização do processo judicial.»

Por fim, conclui que não é lícito ao Estado aceitar passivamente que movimentos sociais organizados imponham uma «agenda político-social» caracterizada por prática ilegítima de invasão de propriedades rurais que, além da ilegalidade, causa tensão social.

O Min. Nelson Jobim questiona se a MP não estaria estabelecendo uma forma pela qual o governo poderia formular sua política pública de reforma agrária, uma vez que durante um período «o comando efetivo dos processos de desapropriação acabava sendo imposto pelo movimento social que praticava as invasões». Afirma que quando a lei determina que o imóvel objeto de invasão não pode ser desapropriado por dois anos, faz com que o poder público retome efetivamente o comando da política pública de reforma agrária, uma vez que as invasões de terra impedem o exercício discricionário do poder público de definir quais imóveis devem ser desapropriados.

O Min. Neri da Silveira reconhece que os movimentos sociais são produto da má distribuição de riquezas no país, mas reconhece a constitucionalidade do dispositivo legal ora tratado, pois, entre outros argumentos, busca ser um freio para que o processo social de reforma agrária não se degenere em um processo de violência e permite aos governantes a manutenção da ordem pública. O ministro defende que a reforma agrária deve ser feita por uma política conduzida pelo governo, de forma ordenada e que distribua terras «sem estrépito, sem violência».

Com posição oposta e minoritária, o Min. Sepúlveda Pertence afirma que a regra em discussão acaba por punir não só aqueles que invadem a terra, mas toda uma classe social de pessoas que não possuem terra para trabalhar. Ele entende, ainda, que a reforma agrária é uma política movida «por um processo social dinâmico», que se desenvolve em um ambiente de tensão, do qual as invasões de terra sempre foram um dos sintomas, «um dos sinais agudos da existência de uma situação de conflito que induz à reforma agrária. Trata-se de uma realidade sobre a qual a lei não consegue se impor».

Por fim, o Min. Marco Aurélio entende que esta Medida Provisória guarda «uma indesejável coerção política», pois, de um lado, o Estado não cumpre a Constituição Federal no que toca à reforma agrária e, de outro, busca impor uma coerção política a «um direito natural de ocupar latifúndios improdutivos».

No julgamento da ADIn 2213 prevaleceu o entendimento de que nenhuma forma de manifestação política fora dos parâmetros legais deve ser tolerada. Ainda que a causa seja legítima, a sua busca deve ser feita sem desrespeito à lei. Em algumas passagens as ocupações foram consideradas atos violentos, diferentemente do entendimento prevalecente no STJ.

Outro aspecto interessante é que muitos ministros ressaltaram que impedir a ocupação era uma forma do governo retomar o comando da política.

Passa-se a ideia de que as ocupações de terra estariam conduzindo a política de reforma agrária para um caminho diferente daquele preferível pelo governo, como se as ocupações fossem uma forma não persuasiva de desobediência.

Por fim, o tema dos movimentos sociais e seus atos de desobediência civil foram abordados no STF na ocasião da posse do Min. Gilmar Mendes na presidência do tribunal. Embora não tenha sido uma decisão, suas declarações merecem ser discutidas porque se deram em um contexto em que ele falava como presidente do STF.

Em seu discurso de posse, ele tratou das ações de movimentos sociais de forma mais ampla, não se restringindo às ocupações de terra. Afirmou:

> «Não resta dúvida de que a democracia brasileira adquiriu autonomia funcional, uma vez que todas as forças políticas relevantes aceitam submeter seus interesses e valores às incertezas do jogo democrático. Efetivamente tais forças políticas não colocam em xeque as linhas básicas do Estado de Direito, ainda que alguns movimentos sociais de caráter fortemente reivindicatório atuem, às vezes, na fronteira da legalidade.» (Mendes, 2008b)

Defendeu também que o Estado de Direito não pode tolerar manifestações ilegais, que devem ser combatidas com todo o rigor da lei:

> «Nesses casos, é preciso que haja firmeza por parte das autoridades constituídas. O direito de reunião e de liberdade de opinião devem ser respeitados e assegurados. A agressão aos direitos de terceiros e da comunidade em geral deve ser repelida imediatamente com os instrumentos fornecidos pelo Estado de Direito, sem embaraços, sem tergiversações, sem leniências. O Judiciário tem grande responsabilidade no contexto dessas violações e deve atuar com o rigor que o regime democrático impõe.» (Mendes, 2008b)

O Min. Gilmar Mendes, portanto, afirma a posição de que em um Estado Democrático de Direito não cabe a ideia de desobediência civil por parte de movimentos sociais e o Judiciário não deve considerar a legitimidade política de suas causas para justificar a não aplicação das sanções legais.

Em entrevista coletiva que sucedeu a sua posse, o Ministro voltou a tratar do tema quando perguntado sobre os movimentos sociais. Reafirmou sua posição sobre a intolerabilidade de ações ilegais e também usou como argumento que atos de desobediência desafiam decisões democraticamente tomadas e, por isso, não tem legitimidade. Afirmou:

> «Protesto, absolutamente natural, democracia se faz assim. Nós temos que conviver com isso. Agora, não pode haver comprometimento de serviços públicos, não pode haver comprometimento das atividades públicas. Não pode haver lesão a direito de outrem. Isso é elementar do sistema, basta olhar o artigo 5.º [da Constituição Federal], não estou falando nenhuma novidade. Então, a autoridade de segurança pública, responsável pelo funcionamento de um determinado órgão, deve agir com essas premissas. E, se houver dúvida, o

juiz não pode ter nenhuma dúvida quanto a isso: autorizar a desobstrução de áreas, autorizar a preservação do Estado de Direito.

No Estado de Direito todos estão submetidos à lei. Não há soberano. Se alguém pode invadir sem autorização judicial, ele se torna soberano, logo ele está num quadro de ilicitude. É preciso encerrar esse quadro.» (MENDES, 2008a).

6. CONCLUSÕES

Este capítulo procurou, primeiramente, explicitar o conceito de desobediência civil que guiou minha análise. Escolheu-se o conceito de John Rawls no livro *A Theory of Justice*. Não que seja o único conceito possível, mas é um conceito bastante difundido no pensamento político, e que foi trabalhado por Rawls com bastante rigor, precisão e coerência dentro de sua teoria da justiça para sociedades razoavelmente justas. Definir o que é, e o que não é, desobediência civil foi um primeiro passo para esclarecer ao leitor qual o universo de eventos a respeito dos quais esse capítulo se propôs a discutir.

Após definir desobediência civil, um segundo passo foi discutir sua legitimidade. Neste item ficou claro que na teoria liberal, que é a de Rawls e Dworkin, a desobediência civil é legitimada principalmente para proteção de direitos individuais e menos legitimada para questões de justiça distributiva e para questionar os méritos de uma política pública. A teoria liberal estabeleceu um limite claro e mais facilmente observável ao poder da maioria: ela não pode desrespeitar direitos civis e políticos.

Essa restrição da teoria liberal ao uso da desobediência civil é também um ponto de críticas. Foram discutidas visões de desobediência civil que, embora não se distanciem tanto da definição de Rawls, buscam outras formas de legitimá-la. Foram discutidas as teorias de Cohen e Arato, Habermas e Smith, que sugeriram o uso da desobediência civil como uma forma de aprofundamento da democracia. Também foi debatida a teoria de Gargarella, para quem a desobediência civil (que ele chama de direito de resistência) pode ser usada por pessoas em situação de séria privação para se contrapor às leis que colaboram para sua opressão e para demandar políticas que protejam direitos sociais e econômicos.

Todas essas críticas e alternativas apontam para caminhos interessantes para se repensar a teoria liberal da desobediência civil, porém ainda têm problemas para lidar com o conflito entre desobediência civil e democracia representativa, e com o fato de que questões de políticas e justiça distributiva tendem a ser muito complexas.

Por fim, foi mostrado como o tema da desobediência civil apareceu de forma importante no debate sobre a legitimidade e a legalidade das ações de movimentos sociais pela reforma agrária no Brasil. Na pesquisa de jurisprudência no STF e no STJ mostrou-se que há controvérsia sobre a possibilidade de movimentos sociais se valerem de atos de desobediência civil para fazerem suas demandas e, também, sobre se o caráter político dos atos deve ser considerado pelo Judiciário no momento de julgar membros deste movimento. Foi interessante notar que elementos debatidos teoricamente apareceram nos argumentos dos Ministros, o que mostra a importância da reflexão teórica para avaliar questões práticas e de como questões práticas enriquecem discussões teóricas.

BIBLIOGRAFIA

Arato, Andrew, 2002: «Representação, soberania popular e *accountability*». *Lua Nova*, 55/56.

Arendt, Hannah, 1999: «Desobediência civil». *Crises da República*. São Paulo: Perspectiva.

Cohen, Jean; Andrew, Arato, 1995: *Civil society and political theory*. Cambridge: MIT Press.

Cohen, Joshua, 2003: «For a Democratic Society». In Freeman, Samuel. *The Cambridge Companion to Rawls*. Cambridge: Cambridge University Press.

Dworkin, Ronald, 1977: *Taking Rights Seriously*. Cambridge: Harvard University Press.

____, 2005: *Uma questão de princípio*. São Paulo: Martins Fontes.

Gargarella, Roberto, 2007a: «The right of resistance in situations of severe deprivation». In: Pogge, Thomas. *Freedom from Poverty as a Human Right*. Oxford: Unesco e Oxford University Press.

____, 2007b: *El Derecho a la Protesta: el primer derecho*. Buenos Aires: Ad Hoc

Habermas, Jürgen, 1985: «Civil disobedience: litmus test for the democratic constitutional state», *Berkeley Journal of Sociology* 30: 95-116.

Harsanyi. John C., 1975: «Can the Maximin Principle Serve as a Basis for Morality? A Critique of John Rawls's Theory». *The American Political Science Review* 69(2).

Locke, John, 2002: *The Second Treatise of Government*. Mineola: Dover Publications, 2002 [1680].

Mendes, Gilmar, 2008a: Íntegra da entrevista coletiva do presidente do STF, Min. Gilmar Mendes. Disponível em: http://www.stf.gov.br/portal/cms/verNoticiaDetalhe.asp?idConteudo=87682.

____, 2008b: Discurso de posse do Min. Gilmar Mendes. Superior Tribunal Federal. Acesso em: http://www.stf.jus.br/arquivo/cms/noticiaNoticiaStf/anexo/posseGM.pdf.

Moisés, José Álvaro, 2010: «Democracia e desconfiança das instituições democráticas». In: Moisés, José Álvaro (org.). *Democracia e desconfiança*. São Paulo: EDUSP, 2010.

Morreall, John, 1976: The justifiability of violent civil disobedience. *Canadian Journal of Philosophy*, 6.

Przeworski, Adam, 2008: *Capitalism and Social Democracy*. Cambridge, Cambridge University Press.

____, 2010: *Democracy and the Limits of Self Government*. Cambridge: Cambridge University Press.

RAWLS, John, 1974: «Some reasons for the maximin criterion». *The American Economic Review*. 64(2).

____, 1993: *Political Liberalism*. New York: Columbia University Press.

____, 2003: *Justice as Fairness: a restatement*. Cambridge, Harvard University Press.

____, 2005: *A Theory of Justice*. Cambridge: Harvard University Press.

SHAPIRO, Ian; SWENSON, Peter e DONNO, Daniela, 2008: *Divide and Deal: the politics of distribution in democracies*. New York: New York University Press.

SMITH, William, 2004: «Democracy, deliberation and disobedience». *Res Publica*, 10.

____, 2008: «Civil disobedience and social power». *Contemporary Political Theory*, 7.

SPECTER, Mathew, 2010: *Habermas: an intellectual biography*. Cambridge, Cambridge University Press.

THOUREAU, Henry David, 1992: «Civil disobedience». In: BEDAU, Hugo Adam (ed.). *Civil Disobedience in Focus*. London e New York: Routledge.

TURENNE, Sophie, 2007: *Le Juge Face à la Désobéissance Civile*. Paris: L.G.D.J.

URBINATI, Nadia e WARREN, Mark, 2008: «The Concept of Representation in Contemporary Democratic Theory». *Annu. Rev. Polit. Sci.* 11:387-412.

VAN PARIJS, Philippe, 2003: «Difference Principles». In: FREEMAN, Samuel. *The Cambridge Companion to Rawls*. Cambridge: Cambridge University Press.